Maxime SA

28,50

**5e SECONDAIRE**

# Regards mathématiques

**514**

**TOME 1**

## GUY BRETON

## Claude Delisle

## André Deschênes

## Antoine Ledoux

avec la collaboration de

## Claire Bourdeau

**LES ÉDITIONS CEC**

QUEBECOR MEDIA

8101, boul. Métropolitain Est, Anjou, Qc, Canada. H1J 1J9
Téléphone: (514) 351-6010   Télécopieur: (514) 351-3534

Directrice de l'édition
*Suzanne Légaré*

Directrice de la production
*Lucie Plante-Audy*

Chargée de projet
*Diane Karneyeff*

Recherche iconographique et documentation
*Diane Karneyeff*
*assistée de Stéphane Bourgeois*

Réviseures linguistiques
*Monique Boucher*
*Diane Karneyeff*

Conception et réalisation graphique
*Productions Fréchette et Paradis inc.*

Illustrations
*Danielle Bélanger*

Infographie
*Dan Allen*

Illustrations techniques
*Marius Allen*
*Dan Allen*

Maquette et réalisation de la page couverture
*Matteau Parent Graphistes inc.*

Dans cet ouvrage, la féminisation des titres de fonctions et des textes s'appuie sur les règles d'écriture proposées par l'Office de la langue française dans le guide *Au féminin,* Les Publications du Québec, 1991.

Dépôt légal : 1e trimestre 1997

Bibliothèque nationale du Québec

Bibliothèque nationale du Canada

ISBN 2-7617-1434-2

Imprimé au Canada

4 5 6 7 8   08 07 06 05

## Remerciements

Les auteurs et l'éditeur tiennent à remercier les personnes suivantes qui ont collaboré au projet à titre de consultants ou consultantes :

*Sylvain Archambault,*
   enseignant, école secondaire Cap-Jeunesse

*Diane Demers,*
   consultante en mathématique

*Joseph Gabriel,*
   enseignant, école secondaire Saint-Maxime

*Jean Lamoureux,*
   enseignant, école secondaire Antoine-de-Saint-Exupéry

*Marcel Legault,*
   enseignant retraité, école secondaire Henri-Bourassa

*Suzanne Légaré,*
   animatrice pédagogique

*Guy Nadon,*
   enseignant, école secondaire Nicolas-Gatineau

ainsi que ceux et celles qui ont collaboré de près ou de loin au projet.

# TABLE DES MATIÈRES

Signification des pictogrammes — V

Avant-propos — VI

## Regard 1
## Les systèmes d'inéquations linéaires

Sujet 1 **Les inéquations** — 2

Vers les inéquations — 2

Traduction en inéquations — 3

*Investissement 1* — 4

Règles de transformation des inéquations — 6

Inéquations linéaires à une variable — 8

*Investissement 2* — 9

Inéquations linéaires à deux variables — 12

*Investissement 3* — 16

Sujet 2 **Les systèmes d'inéquations** — 20

Système d'équations — 20

Système d'inéquations — 21

*Investissement 4* — 23

Polygone de contraintes — 26

*Investissement 5* — 28

*Math Express 1* — 31

*Maîtrise 1* — 32

*Capsule d'évaluation 1* — 38

Sujet 3 **L'objectif visé** — 39

Solutions avantageuses — 39

*Investissement 6* — 42

Règle de l'objectif — 45

*Investissement 7* — 47

Sujet 4 **La prise de décision** — 50

Droite baladeuse — 50

*Investissement 8* — 54

Problèmes d'optimisation — 57

*Investissement 9* — 60

*Math Express 2* — 63

*Maîtrise 2* — 64

*Capsule d'évaluation 2* — 72

*Rencontre avec Ada Byron Lovelace* — 73

*Mes projets* — 75

*Leximath* — 76

## Regard 2
## La corrélation

Sujet 1 **Distribution à deux variables** — 78

Variables statistiques — 78

Association de variables statistiques — 78

Tableau à double entrée — 80

*Investissement 1* — 82

Sujet 2 **Relation entre les variables** — 89

Lien statistique — 89

Nuage de points — 90

Caractéristiques d'une corrélation — 91

*Investissement 2* — 93

Sujet 3 **Degré de corrélation** — 98

Coefficient de corrélation — 98

*Investissement 3* — 99

Estimation de la corrélation — 107

*Investissement 4* — 109

Droite de régression — 113

*Investissement 5* — 116

Sujet 4 **Interprétation de la corrélation** — 121

Types de liens — 121

Interprétation du coefficient de corrélation — 123

*Investissement 6* — 124

*Math Express 3* 129

*Maîtrise 3* 130

*Capsule d'évaluation 3* 140

*Rencontre avec Karl Pearson* 143

*Mes projets* 145

*Leximath* 146

## Regard 3
## Les distances

Sujet 1 **Distance entre deux points** 148

Accroissements des coordonnées 148

Segments horizontaux ou verticaux 149

Segments obliques 150

*Investissement 1* 152

Sujet 2 **Point de partage** 156

Partage d'un segment 156

Coordonnées du point de partage 158

*Investissement 2* 159

Point milieu 161

*Investissement 3* 162

*Math Express 4* 164

*Maîtrise 4* 165

*Capsule d'évaluation 4* 172

Sujet 3 **Comparaison de distances** 174

Rapports et différences 174

Minimiser une distance 175

Une méthode géométrique 176

*Investissement 4* 177

Sujet 4 **Problèmes de distance** 180

Résolution de triangles 180

Calcul d'aires 182

*Investissement 5* 183

Temps et vitesse 185

*Investissement 6* 188

Lieux géométriques 191

*Investissement 7* 193

*Math Express 5* 195

*Maîtrise 5* 196

*Capsule d'évaluation 5* 205

*Rencontre avec Benjamin Banneker* 207

*Mes projets* 209

*Leximath* 210

Index 211

Source des photos 213

Notations et symboles 215

# SIGNIFICATION DES PICTOGRAMMES

L'*Investissement* est une série d'exercices ou de problèmes qui permet d'appliquer immédiatement les notions de base qui viennent d'être apprises.

Le *Forum* est un moment de discussion, de mise en commun, d'approfondissement et d'appropriation de la matière nouvellement présentée.

La rubrique *Math Express* constitue la synthèse théorique des sujets traités précédemment. Elle rassemble les grandes idées mathématiques qu'il faut retenir.

La *Maîtrise* est une suite d'exercices et de problèmes visant à consolider l'apprentissage. Les couleurs des touches ont chacune une signification particulière :

- : exercices et problèmes de base;

- : problèmes d'applications et de stratégies;

- : problèmes favorisant le développement de la pensée inductive et déductive;

- : problèmes favorisant les liens et le réinvestissement des connaissances mathématiques;

- : problèmes intégrant l'usage de la calculatrice.

La *Capsule d'évaluation* permet de dépister toute faiblesse en cours d'apprentissage. On y mesure les acquis conformément aux objectifs à atteindre.

Sous la forme d'une entrevue, *Rencontre avec...* invite à connaître ceux et celles qui ont contribué à développer la mathématique à travers les âges.

La rubrique *Mes projets* est une invitation à mettre en application les apprentissages à travers une activité créatrice.

Le *Leximath* est un lexique mathématique. Il donne la signification des mots du langage mathématique. On y retrouve également les principales habiletés à acquérir au cours de l'itinéraire.

Ce pictogramme indique que cette page se retrouve dans le guide d'enseignement et peut être reproduite.

Cette cinquième et dernière année du secondaire t'amènera à choisir le chemin que tu emprunteras pour te réaliser dans la vie. Ce choix est important. *Regards mathématiques 514* veut te fournir l'occasion de te familiariser avec d'autres outils mathématiques qui pourront t'aider dans ce parcours. *Regards mathématiques 514* te convie à jeter un regard attentif et approfondi dans divers domaines afin de développer ta pensée mathématique. Aussi les auteurs se sont-ils efforcés d'utiliser les mises en situation les plus susceptibles de capter ton attention et de rejoindre tes intérêts. Tu constateras jusqu'à quel point les ramifications de la mathématique sont diverses et profondes. À travers les situations de vie et les activités proposées, *Regards mathématiques 514* vise à te fournir l'occasion de développer des concepts mathématiques importants, d'acquérir des connaissances solides et de maîtriser des habiletés fondamentales d'observation, d'analyse, de synthèse et de prise de décision.

Tous ces concepts, connaissances et habiletés toucheront des domaines très divers, que ce soit l'algèbre, la géométrie, la statistique, la probabilité ou la théorie des graphes. *Regards mathématiques 514* t'amènera à résoudre des problèmes d'optimisation, de corrélation, de minimisation de distances, de probabilités conditionnelle et géométrique.

Des mises en situation amorceront tes apprentissages en interaction avec ton enseignant ou enseignante qui les guidera et les évaluera. Les *Investissements* te permettront de les consolider. Par ailleurs, les *Forums* t'amèneront à t'exprimer, à intégrer ces nouveaux concepts et apprentissages, à t'enrichir de la pensée et des stratégies des autres élèves afin de pouvoir trouver, en équipe, des solutions originales aux problèmes proposés. La rubrique *Maîtrise* te permettra de raffiner tes connaissances, de découvrir leurs champs d'application et de développer des outils efficaces de résolution de problèmes.

*Regards mathématiques 514* t'invite également à faire connaissance avec des femmes et des hommes qui ont posé leur brique dans l'édification de la science mathématique, qui sera toujours inachevée. La rubrique *Mes projets* constitue une invitation à suivre leur exemple, à réaliser des projets à caractère mathématique qui te feront acquérir cette confiance en soi nécessaire aux constructeurs et constructrices du monde de demain.

Tu as en main de bons outils pour compléter cette dernière étape du secondaire. Fais en sorte qu'elle soit des plus profitables pour l'atteinte de tes objectifs de vie. Ne ménage pas tes efforts pour devenir celui ou celle que tout le monde souhaite. La vie a besoin de toi !

Guy Breton

# *Regard* 1

## LES SYSTÈMES D'INÉQUATIONS LINÉAIRES

### LES GRANDES IDÉES

- ▶ Inéquations.
- ▶ Système d'inéquations linéaires.
- ▶ Polygone de contraintes.
- ▶ Règle de l'objectif.
- ▶ Interprétation et prise de décision.

### OBJECTIF TERMINAL

- ▶ Résoudre des problèmes en utilisant un système d'inéquations linéaires.

### OBJECTIFS INTERMÉDIAIRES

- ▶ Traduire une situation par un système d'inéquations linéaires.
- ▶ Représenter graphiquement un système d'inéquations linéaires.
- ▶ Traduire en langage algébrique la règle de l'objectif.
- ▶ Déterminer, dans un ensemble de possibilités, la ou les meilleures solutions pour une situation donnée.
- ▶ Justifier le choix des valeurs qui optimisent la règle de l'objectif.

# LES INÉQUATIONS

VERS LES INÉQUATIONS
TRADUCTION EN INÉQUATIONS
RÈGLES DE TRANSFORMATION
INÉQUATIONS LINÉAIRES :
• À UNE VARIABLE
• À DEUX VARIABLES

## VERS LES INÉQUATIONS

### Des ensembles de nombres

Dans la vie de tous les jours, il arrive souvent que l'on décrive un événement ou le déroulement d'une situation donnée à l'aide d'un intervalle de nombres. Voici quatre de ces situations :

**①** Une personne est dans un état d'hypothermie lorsque la température interne ($t$) de son corps est **inférieure à 35 °C.**

$$t < 35$$

**②** Au Québec, les citoyens et citoyennes dont l'âge ($a$) est de **18 ans et plus** ont le droit de voter.

$$a \geqslant 18$$

**③** Sur une autoroute, un véhicule doit maintenir une vitesse ($v$) **minimale de 60 km/h et maximale de 100 km/h.**

$$60 \leqslant v \leqslant 100$$

MAXIMUM
**100**
MINIMUM
**60**

**④** Lors d'une manifestation, on estime que la foule composée d'hommes ($h$) et de femmes ($f$) est **inférieure à 6000 personnes.**

$$h + f < 6000$$

Ces situations donnent lieu à des inéquations.

***a)*** Décris en tes mots l'ensemble des valeurs que peuvent prendre les variables $t$, $a$, $v$, $h$ et $f$ dans les inéquations ci-dessus.

Lorsqu'une variable peut prendre **différentes valeurs** pour satisfaire à une situation donnée, on indique l'ensemble de ces valeurs sous la forme d'un **intervalle de nombres** en utilisant les symboles d'inégalités.

| SYMBOLES D'INÉGALITÉS | SIGNIFICATION |
|---|---|
| < | «... est inférieur à ...» |
| > | «... est supérieur à ...» |
| ⩽ | «... est inférieur ou égal à ...» |
| ⩾ | «... est supérieur ou égal à ...» |

*On doit l'introduction des symboles < et > au mathématicien d'origine anglaise Thomas Harriot (17ᵉ s.).*

***b)*** Qu'est-ce qui distingue la quatrième situation des trois autres ?

**2** REGARD 1

Une **inéquation** est un énoncé algébrique qui comporte une ou plusieurs variables et un symbole d'inégalité.

Les inéquations du premier degré à une ou plusieurs variables sont qualifiées de **linéaires.**

# TRADUCTION EN INÉQUATIONS

## Un plan d'évacuation

La crue des eaux résulte généralement de la fonte rapide des neiges ou de la formation d'embâcles sur un cours d'eau. Dans une petite municipalité située sur une île, on a élaboré un plan d'évacuation en cas d'inondations. On utilisera un hélicoptère pouvant transporter 5 passagers ou passagères et un bateau pouvant en transporter 12. On pense devoir évacuer tout au plus 100 personnes durant cette opération. Pour réduire les frais, l'hélicoptère et le bateau devront être remplis à capacité.

*Inondations à La Baie, au Saguenay, en juillet 1996.*

**a)** Si $x$ représente le nombre de voyages effectués par l'hélicoptère et $y$ le nombre de voyages effectués par le bateau, donne l'expression qui représente la quantité de personnes évacuées.

**b)** Par rapport à la situation, donne l'inéquation que l'on peut poser en utilisant l'expression précédente.

*L'armée canadienne a effectué plusieurs opérations de sauvetage et de ravitaillement lors des inondations au Saguenay en 1996.*

Pour **traduire une information** en une **inéquation,** on doit :

1° **identifier la ou les variables** dans la situation donnée ;

2° établir les expressions algébriques à comparer ;

3° **écrire l'inéquation** en choisissant le symbole d'inégalité approprié.

Une fois l'inéquation posée, il est utile de vérifier, à l'aide de valeurs numériques, si elle traduit bien l'information donnée.

**c)** Selon la situation décrite, est-il possible que l'on fasse :

1) 4 voyages en hélicoptère et 3 voyages en bateau ?

2) 8 voyages en hélicoptère et 5 voyages en bateau ?

3) 5 voyages en hélicoptère et 8 voyages en bateau ?

**Rock et jazz**

*Le jazz a été créé aux États-Unis par des musiciens noirs vers la fin du 19e s. Il a eu une grande influence sur la musique occidentale contemporaine.*

Jérémie est un adepte de la musique. Il aime particulièrement le rock. Sa collection de disques compacts comporte au moins 5 fois plus de disques de rock que de disques de jazz.

**a)** Dans cette situation, quelles sont les quantités que l'on compare?

**b)** Y a-t-il plus de disques de rock ou de disques de jazz dans la collection de Jérémie? Combien de plus?

**c)** Pose l'inéquation qui décrit cette situation.

**d)** Vérifie si l'inéquation posée est conforme à l'information donnée.

**e)** Donne aux variables des valeurs qui vérifient l'inéquation.

Les valeurs qui vérifient une inéquation sont appelées des **solutions** de l'inéquation. L'ensemble de ces valeurs est appelé l'**ensemble-solution.**

# INVESTISSEMENT 1

**1.** Traduis en mots les inégalités ou les inéquations suivantes.

**a)** $-9 < 5$

**b)** $x \geqslant 33$

**c)** $4 < 18 \leqslant 19$

**d)** $-9 \leqslant x < 0$

**e)** $a < b < c$

**f)** $0 \leqslant x \leqslant 0$

**2.** Plusieurs expressions décrivent des inégalités. Remplace chacune des expressions suivantes par un symbole d'inégalité.

**a)** $a$ est au moins égal à $b$.

**b)** $a$ vaut au maximum $b$.

**c)** $a$ vaut au minimum $b$.

**d)** $a$ n'est pas moins que $b$.

**e)** $a$ n'est pas plus grand que $b$.

**f)** $a$ est au moins autant que $b$.

> *Depuis toujours, les mathématiciens utilisent des expressions décrivant des inégalités. Ainsi, dans les écrits d'Eudoxe (vers 408-355 av. J.-C.), on retrouve l'axiome suivant : «Étant donné deux grandeurs ayant un rapport, on peut trouver un multiple de l'une ou l'autre qui excède l'autre.»*

**3.** Traduis les informations suivantes à l'aide d'inéquations linéaires.

**a)** La température ($t$) maximale enregistrée hier était de 29,3 °C.

**b)** L'âge ($a$) d'Andrée est au plus le double de l'âge ($d$) de Diana.

**c)** Le résultat ($h$) de Fabien à son test d'histoire est inférieur d'au moins 15 points au résultat ($c$) qu'il a obtenu en chimie.

**d)** La vente de billets pour un spectacle a rapporté plus de 1250 $. Un billet pour enfant coûtait 4 $ et un billet pour adulte, 7 $. Utilise la variable $e$ pour représenter le nombre de billets pour enfants et la variable $a$ pour le nombre de billets pour adultes.

**4.** On retrouve l'eau à l'état solide, liquide ou gazeux. L'eau pure se transforme en glace lorsque la température est inférieure ou égale à 0 °C et en vapeur lorsque la température est d'au moins 100 °C. Sinon, elle est à l'état liquide. En utilisant la variable $t$, pose sous la forme d'inéquations les conditions dans lesquelles l'eau pure existe :

**a)** à l'état solide; *[réponse manuscrite : $t \leq 0$]*

**b)** à l'état liquide; *[réponse manuscrite : $100 < t > 0$]*

**c)** à l'état gazeux. *[réponse manuscrite : $t \geq 100$]*

*La température d'ébullition de l'eau varie avec la pression. Ainsi, à Montréal (15 m d'altitude), la pression est de 101,1 kPa et l'eau bout à 100 °C. À Mexico (2277 m), la pression est de 76,8 kPa et l'eau bout à 93 °C. Sur l'Everest (8880 m), où la pression n'est que de 31,3 kPa, l'eau bout à 70 °C!*

**5.** Le coût d'entrée dans un parc d'attractions est de 5 $. On doit aussi débourser entre 1,50 $ et 3 $ pour chacun des manèges. Donne les inéquations qui indiquent la somme ($s$) que pourrait dépenser une personne si elle compte monter dans 10 manèges.

**6.** Explique l'ambiguïté de l'expression suivante qu'on entend souvent dans les annonces télévisées et radiophoniques : «Profitez de notre super solde! Tout est réduit jusqu'à 50 % et plus!» *[réponse manuscrite : tout les produits sont sont réduit au maximum de 50 %.]*

**7.**

*Le téléphone cellulaire est une version «cellulaire», c'est-à-dire à petite échelle, des grands systèmes de radiotéléphonie. Une région est divisée en petites unités, ou cellules, équipées chacune d'un transmetteur radio d'une portée de 13 à 19 km.*

Le coût d'utilisation d'un téléphone cellulaire varie selon le moment de la journée. Une compagnie offre les tarifs suivants : 0,50 $/min lors des heures de pointe et 0,10 $/min le reste du temps. On considère une facture dont le montant est supérieur à 80 $.

**a)** En faisant correspondre $x$ à la durée, en minutes, des appels effectués en période de pointe et $y$ à celle des appels effectués le reste du temps, traduis cette situation par une inéquation à deux variables. *[réponse manuscrite : $x > 80$]*

**b)** Donne trois couples de nombres de la forme ($x$, $y$) qui appartiennent à l'ensemble-solution. *[réponse manuscrite : $80 < 0$, $80 \leq x$, $x \geq x$]*

**8.** Dans un Salon de l'auto, 10 % des véhicules exposés appartiennent à la catégorie des voitures de sport et 18 % à la catégorie des berlines. On y dénombre plus de 60 véhicules appartenant à ces deux catégories.

**a)** Traduis cette situation par une inéquation où $x$ représente le nombre de véhicules exposés.

**b)** Détermine trois solutions de cette inéquation.

**9.** Le comptable d'une entreprise considère que celle-ci doit verser moins de 35 % de ses revenus en salaires pour être compétitive.

**a)** Si l'on associe la variable $r$ aux revenus de la compagnie, quelle expression correspond à 35 % de ces revenus? *[réponse manuscrite : $r < 35\%$]*

**b)** En faisant correspondre la variable $s$ au total des salaires versés par la compagnie, traduis l'affirmation du comptable par une inéquation à deux variables.

**a)** Si $a \leq b$ et que $b \leq c$, est-il possible que :

1) $a > c$ ? 2) $a < c$ ? 3) $a = c$ ?

**b)** Françoise affirme que l'inéquation $x^2 \geq x$ est toujours vraie. Pour le prouver, elle fait afficher les deux écrans ci-dessous. Êtes-vous d'accord avec Françoise? Justifiez votre réponse.

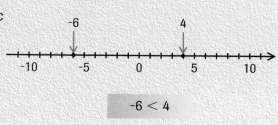

# RÈGLES DE TRANSFORMATION DES INÉQUATIONS

## Des inégalités «renversantes»

À partir de deux nombres différents, on peut aisément établir une inégalité. Par exemple, avec -6 et 4, on peut poser l'inégalité $-6 < 4$ puisque, selon l'ordre des nombres réels, -6 vient avant 4. Mais qu'advient-il de cette inégalité si on applique diverses opérations à chacun de ses membres? En d'autres mots, les règles de transformation des inégalités et des inéquations sont-elles les mêmes que les règles de transformation des égalités et des équations?

$-6 < 4$

**a)** Quelles sont les règles de transformation des équations?

### ADDITION OU SOUSTRACTION

**b)** Si l'on additionne ou soustrait 2 à chaque membre de l'inégalité $-6 < 4$, obtient-on une inégalité de même sens?

$$-6 < 4$$
$$-6 + 2 \; ? \; 4 + 2$$
$$-6 - 2 \; ? \; 4 - 2$$

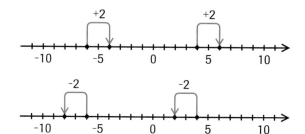

**c)** Si l'on additionne ou soustrait un même nombre à chacun des membres de l'inégalité $-6 < 4$, le membre de gauche sera-t-il toujours inférieur au membre de droite? Justifie ta réponse à l'aide d'exemples.

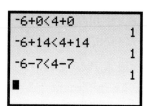

## MULTIPLICATION OU DIVISION

**d)** Si l'on multiplie ou divise chacun des membres de l'inégalité -6 < 4 par 2, obtient-on une inégalité de même sens?

$$-6 < 4$$
$$-6 \times 2 \; ? \; 4 \times 2$$
$$\frac{-6}{2} \; ? \; \frac{4}{2}$$

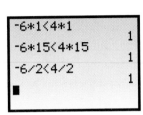

**e)** Si l'on multiplie ou divise chacun des membres de l'inégalité -6 < 4 par un nombre strictement positif, le membre de gauche sera-t-il toujours inférieur au membre de droite? Justifie ta réponse à l'aide d'exemples.

```
-6*1<4*1
-6*15<4*15        1
-6/2<4/2          1
■                 1
```

**f)** Si l'on multiplie ou divise chacun des membres de l'inégalité -6 < 4 par -2, obtient-on une inégalité de même sens?

$$-6 < 4$$
$$-6 \times -2 \; ? \; 4 \times -2$$
$$\frac{-6}{-2} \; ? \; \frac{4}{-2}$$

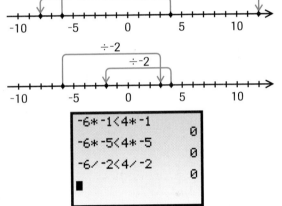

**g)** Si l'on multiplie ou divise chacun des membres de l'inégalité -6 < 4 par un nombre strictement négatif, le membre de gauche sera-t-il toujours inférieur au membre de droite? Justifie ta réponse à l'aide d'exemples.

```
-6*-1<4*-1
-6*-5<4*-5        0
-6/-2<4/-2        0
■                 0
```

**h)** Qu'obtient-on quand on multiplie les deux membres d'une inégalité par 0?

Ces propriétés des inégalités permettent de définir les règles de transformation suivantes pour les inéquations.

### RÈGLES DE TRANSFORMATION DES INÉQUATIONS

**1° Règle d'addition ou de soustraction**

L'addition ou la soustraction d'une même quantité aux deux membres d'une inéquation conserve le sens de cette inéquation.

**2° Règle de multiplication ou de division**

La multiplication ou la division des deux membres d'une inéquation par un nombre strictement positif conserve le sens de cette inéquation.

La multiplication ou la division des deux membres d'une inéquation par un nombre strictement négatif inverse le sens de cette inéquation.

Ces règles permettent de transformer une inéquation en des inéquations équivalentes, c'est-à-dire qui ont le même ensemble-solution.

# INÉQUATIONS LINÉAIRES À UNE VARIABLE

## Des jumeaux identiques

Tout juste avant de donner naissance à des jumeaux, Janine pesait 74 kg. Après l'accouchement, on a vérifié l'état de santé de la mère et des nouveau-nés. Les deux bébés avaient exactement la même masse. Quant à la maman, le pèse-personne indiquait moins de 67 kg. On recherche la masse minimale de chaque bébé.

**a)** Selon le contexte, donne la signification de l'expression $74 - 2x$, où $x$ correspond à la masse d'un bébé.

Cette situation se traduit par l'inéquation $74 - 2x < 67$. Il est possible de transformer cette inéquation en différentes inéquations équivalentes simplement en appliquant les règles de transformation des inéquations.

*Environ une naissance sur 80 est double (jumeaux), une sur 10 000 est triple (triplés) et une sur 1 000 000 est quadruple (quadruplés). Le nombre de naissances multiples est toutefois en hausse en Occident depuis les années 1980.*

**b)** Indique la règle de transformation qui permet de passer :

1) de l'inéquation ① à l'inéquation ② ;

2) de l'inéquation ② à l'inéquation ③.

① $\qquad 74 - 2x < 67$

$\Updownarrow$

② $\qquad -2x < -7$

$\Updownarrow$

③ $\qquad x > 3{,}5$

**c)** En tenant compte du contexte, indique la signification de l'inéquation $x > 3{,}5$.

**d)** À partir des données du problème, donne différentes masses possibles pour les bébés.

Déterminer les valeurs qui vérifient une inéquation, c'est **résoudre** cette inéquation. Pour résoudre des inéquations linéaires à **une variable,** on recherche des **inéquations équivalentes de plus en plus simples.**

> Les **inéquations linéaires à une variable les plus simples** sont de la forme «$x <$ constante», «$x >$ constante», «$x \leq$ constante» ou «$x \geq$ constante»; ces formes permettent de lire directement les solutions ou l'ensemble des solutions.

On utilise généralement une inéquation simple ou un intervalle sur une droite pour décrire l'ensemble-solution. Ainsi, l'ensemble-solution de $74 - 2x < 67$ est $x > 3{,}5$, que l'on représente sur une droite de la façon suivante :

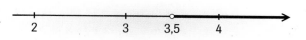

Par exemple, pour résoudre l'inéquation $18 - 4x \geqslant x + 33$, on procède comme suit :

$$18 - 4x \geqslant x + 33$$
$$18 - 18 - 4x \geqslant x + 33 - 18$$
$$-4x \geqslant x + 15$$
$$-4x - x \geqslant x - x + 15$$
$$-5x \geqslant 15$$
$$\frac{-5x}{-5} \leqslant \frac{15}{-5}$$
$$x \leqslant -3$$

Par conséquent, l'ensemble-solution de l'inéquation $18 - 4x \geqslant x + 33$ est $x \leqslant -3$, dont voici la représentation sur une droite numérique :

# INVESTISSEMENT 2

1. D'un simple coup d'oeil, détermine si les inéquations suivantes sont équivalentes à $x > -6$.

   **a)** $x + 4 > -6 + 4$

   **b)** $x - 10 < -6 - 10$

   **c)** $-x > 6$

   **d)** $6 > -x$

   **e)** $-4x < 24$

   **f)** $\dfrac{x - 6}{-3} > \dfrac{-6 - 6}{-3}$

2. En utilisant la variable $x$, détermine la ou les inéquations associées à chacune des représentations suivantes :

   **a)**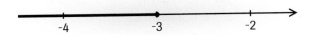

   $x \geqslant 18$

   **b)**

   $x < 35$

   **c)**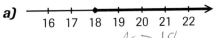

   $x \leqslant 0$

   **d)**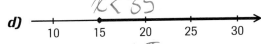

   $x \geqslant 15$

   **e)**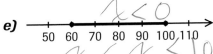

   $x \leqslant x \leqslant 100$

   **f)**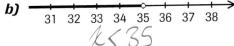

   $x \leqslant -2$ ou $x > -1$

3. La consommation d'essence d'une automobile varie selon la vitesse à laquelle on roule. La fiche technique d'une voiture donnée fournit les renseignements suivants : la consommation d'essence est en tout temps supérieure à 9 l/100 km et, en ville, elle peut atteindre 15 l/100 km. Représente sur une droite numérique l'intervalle qui correspond à la consommation d'essence possible, en litres par 100 km, pour cette voiture.

Certaines compagnies pétrolières additionnent de l'éthanol, produit par les jus de fermentation du maïs, aux essences de pétrole. Le carburant ainsi obtenu est moins polluant.

$9 < x \leqslant 15$

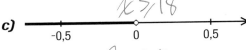

$0 \quad 3 \quad 6 \quad 9 \quad 12$

**4.** À l'écran ci-contre est affichée la démarche de résolution d'une inéquation du premier degré à une variable.

   **a)** À l'aide des règles de transformation des inéquations, justifie chacune des étapes affichées.

   **b)** Par quel symbole d'inégalité doit-on remplacer le curseur pour compléter la résolution de cette inéquation ?

```
88-4X>X+3
                    1
-4X>X-85
                    1
-5X> -85
                    1
X■17
```

**5.** Résous les inéquations suivantes en justifiant chacune des étapes de la résolution. Illustre l'ensemble-solution sur une droite numérique.

   **a)** $14 + 2x < 6$

   **b)** $3x - 4 > 6 - x$ $(+4)(+x)$

   **c)** $12 - 11x \leqslant 8 - (6 + x)$

   **d)** $2{,}5x + 14 \geqslant 6{,}5x$

   **e)** $\dfrac{6 - x}{3} > 14$

   **f)** $\dfrac{2x - 6}{-2} \leqslant \dfrac{1 - x}{3}$

**6.** Voici un rectangle dont la largeur mesure 4 cm de moins que le double de la longueur.

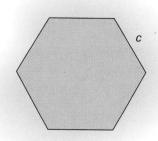

   **a)** Pour quelles valeurs de $x$ le rectangle existe-t-il ?

   **b)** Pour quelles valeurs de $x$ le périmètre du rectangle est-il inférieur à 52 cm ?

   **c)** Pour quelles valeurs de $x$ le périmètre du rectangle est-il supérieur à 10 cm ?

   **d)** À quelle condition la longueur de ce rectangle est-elle supérieure à sa largeur ?

**7.** Lors d'un saut à l'élastique, la longueur de l'élastique en extension au premier étirement est de 120 m. Elle excède alors d'au moins 10 m le double de la longueur initiale. Détermine cette longueur initiale.

**8.** Le périmètre d'un hexagone régulier est au plus égal à 72 cm. Détermine la mesure des côtés de cet hexagone.

**9.** Détermine la valeur de $a$ de sorte que le rapport $\dfrac{3a + 18}{5}$ soit supérieur ou égal à $a$.

**10.** Généralement, on utilise les règles de transformation des inéquations pour réduire une inéquation à sa plus simple expression. On peut aussi utiliser ces règles pour rendre complexe une inéquation simple. Crée une inéquation complexe en appliquant, une fois, chacune des règles de transformation des inéquations.

**11.** Lucy compte obtenir une moyenne d'au moins 80 % en français pour l'ensemble de l'année scolaire, qui est subdivisée en quatre étapes. Aux trois premières étapes, ses résultats ont été de 77 %, 68 % et 84 %. Quel résultat doit-elle obtenir à la dernière étape pour atteindre son objectif si chaque étape a la même pondération?

**12.** On désire résoudre l'inéquation $-2x + 1 \geqslant 5$ à l'aide d'une calculatrice à affichage graphique. Voici comment on peut y parvenir.

    **a)** Entre l'équation $y = -2x + 1$ à l'écran d'édition.

    **b)** Affiche la table de valeurs associée à l'équation.

    **c)** Dans la colonne $Y_1$, recherche le nombre 5.

    **d)** Pour quelle valeur de $x$ a-t-on $-2x + 1 \geqslant 5$?

    **e)** En utilisant la même méthode, résous l'inéquation $8x + 3 < 35$.

```
Y1■-2X+1
Y2=
Y3=
Y4=
Y5=
Y6=
Y7=
Y8=
```

```
 X    │ Y1
-5    │ 11
-4    │ 9
-3    │ 7
-2    │ 5
-1    │ 3
 0    │ 1
 1    │ -1
─────────────
Y1=5
```

## FORUM

**a)** Pour résoudre l'inéquation $3 - 4x \geqslant x + 18$, Zoé affirme qu'on doit inverser le signe d'inégalité. Contrairement à Zoé, Tarek affirme qu'il est possible de résoudre l'inéquation en conservant le même symbole d'inégalité. Pour sa part, Tina pense qu'il est plus facile de résoudre d'abord l'équation associée à l'inéquation $3 - 4x \geqslant x + 18$ puis, à la toute fin, de remplacer le symbole d'égalité par le symbole d'inégalité original. Voici la démarche de résolution de chacun et chacune :

| **ZOÉ** | **TAREK** | **TINA** |
|:---:|:---:|:---:|
| $3 - 4x \geqslant x + 18$ | $3 - 4x \geqslant x + 18$ | $3 - 4x = x + 18$ |
| $-4x \geqslant x + 15$ | $-15 - 4x \geqslant x$ | $-4x = x + 15$ |
| $-5x \geqslant 15$ | $-15 \geqslant 5x$ | $-5x = 15$ |
| $x \leqslant -3$ | $-3 \geqslant x$ | $x = -3 \Rightarrow x \geqslant -3$ |

Ces méthodes sont-elles valables? Justifiez votre réponse.

**b)** Comparez les règles de transformation des équations et des inéquations. Qu'ont-elles en commun? Qu'est-ce qui les distingue?

# INÉQUATIONS LINÉAIRES À DEUX VARIABLES

## Une forêt fournie

*Technicien en foresterie mesurant le diamètre d'un arbre.*

Les ingénieures et ingénieurs forestiers classifient parfois les forêts selon leur densité. On qualifie une forêt de «dense» lorsqu'on y dénombre plus de 1000 arbres par hectare. On s'intéresse au nombre de conifères ($x$) et de feuillus ($y$) par hectare qui peuplent une forêt du nord de l'Abitibi dans le but de classifier cette forêt.

**a)** Explique à quelle condition cette forêt d'Abitibi peut être qualifiée de «dense».

Cette condition permet de poser l'inéquation $x + y > 1000$.

**b)** Exprime cette dernière inéquation sous la forme $y > ax + b$ et donne au moins cinq couples de nombres de la forme $(x, y)$ qui satisfont cette inéquation.

Dans le premier quadrant d'un plan cartésien, on a représenté en pointillé la droite d'équation $y = -x + 1000$, partageant ainsi ce premier quadrant en trois régions : les points sur la ligne pointillée, les points au-dessus de la ligne pointillée et les points au-dessous de la ligne pointillée.

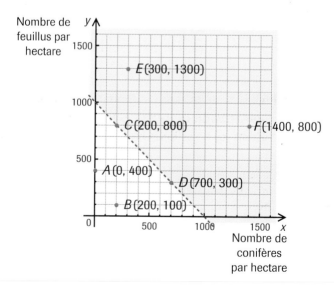

**c)** Parmi les points *A*, *B*, *C*, *D*, *E* et *F*, quels sont ceux dont les coordonnées sont des solutions de l'inéquation $y > -x + 1000$ ?

***d)*** Que peut-on affirmer quant aux coordonnées des points qui sont situés :

1) sur la ligne pointillée?

2) au-dessus de la ligne pointillée?

3) au-dessous de la ligne pointillée?

Cette situation fait référence au modèle mathématique ci-dessous.

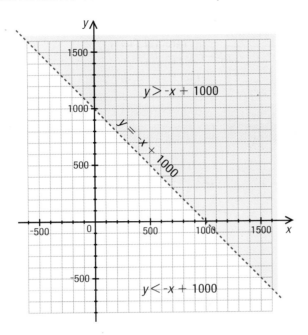

Le mélèze est un conifère d'un genre particulier. Contrairement aux autres conifères, il se dépouille de ses feuilles (aiguilles) à l'approche de l'hiver.

***e)*** Est-il vrai que :

1) Tous les points sur la droite ont des coordonnées qui vérifient l'équation $y = -x + 1000$?

2) Tous les points au-dessus de la droite ont des coordonnées qui vérifient l'inéquation $y > -x + 1000$?

3) Tous les points au-dessous de la droite ont des coordonnées qui vérifient l'inéquation $y < -x + 1000$?

Tous les points dont les coordonnées vérifient une inéquation sont situés du même côté de la **droite correspondant à l'équation formée à partir de cette inéquation.** L'ensemble de ces points forme un **demi-plan** qui représente l'**ensemble-solution** de cette inéquation.

On représente la droite frontière du demi-plan par une ligne droite **pleine** lorsque l'équation fait partie de l'inéquation ($\leq$ ou $\geq$) ou par une ligne droite **pointillée** lorsque l'équation en est exclue ($<$ ou $>$). Habituellement, on colorie ou on hachure ce demi-plan.

Un demi-plan est **fermé** lorsque sa droite frontière est représentée par un trait plein et **ouvert** lorsque cette droite correspond à un trait pointillé.

## Une flotte aérienne

La flotte d'avions de la compagnie aérienne Réact-Air se compose de bimoteurs et de trimoteurs pouvant transporter respectivement 40 et 80 passagers ou passagères. Un certain jour de fête, tous les vols de la compagnie affichent complet. Ce jour-là, au moins 4800 personnes ont voyagé avec Réact-Air. On s'intéresse au nombre de vols effectués par chacun des types d'avions dont dispose la compagnie.

*Les métiers reliés à l'aviation commerciale sont nombreux : employé à l'aérogare, agent de bord, mécanicien, contrôleur aérien, signaleur, etc.*

**a)** En associant le nombre de vols effectués par les bimoteurs à la variable *x* et le nombre de vols effectués par les trimoteurs à la variable *y*, traduis cette situation par une inéquation linéaire.

**b)** En utilisant les règles de transformation des inéquations, exprime cette inéquation sous la forme $y \geq ax + b$.

Écrire une inéquation linéaire sous la forme $y < ax + b$, $y > ax + b$, $y \leq ax + b$ ou $y \geq ax + b$ permet d'obtenir **directement** le **taux de variation a** et la **valeur initiale b** de l'équation représentée par la droite frontière du demi-plan.

**c)** Réfère-toi à l'inéquation de la présente situation.

1) L'équation fait-elle partie de l'inéquation?

2) Donne le taux de variation et la valeur initiale de l'équation associée à cette inéquation.

3) Dans un plan cartésien, trace la droite correspondant à l'équation associée à cette inéquation.

4) Colorie ou hachure le demi-plan correspondant à l'inéquation en tenant compte du signe d'inégalité de l'inéquation.

**d)** Le demi-plan qui correspond à une inéquation s'identifie aisément. Voici d'abord quatre demi-plans associés à des inéquations de la forme $y \leqslant$ ■■, puis quatre demi-plans associés à des inéquations de la forme $y \geqslant$ ■■. Analyse ces demi-plans et formule une hypothèse.

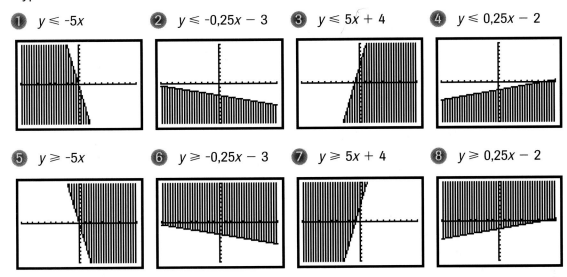

**1** $y \leqslant -5x$   **2** $y \leqslant -0{,}25x - 3$   **3** $y \leqslant 5x + 4$   **4** $y \leqslant 0{,}25x - 2$

**5** $y \geqslant -5x$   **6** $y \geqslant -0{,}25x - 3$   **7** $y \geqslant 5x + 4$   **8** $y \geqslant 0{,}25x - 2$

Cette hypothèse se justifie ainsi : par rapport à un point situé sur la droite frontière, tous les points de même abscisse ont une ordonnée supérieure à celle de ce point s'ils sont au-dessus de la droite frontière et inférieure s'ils sont au-dessous.

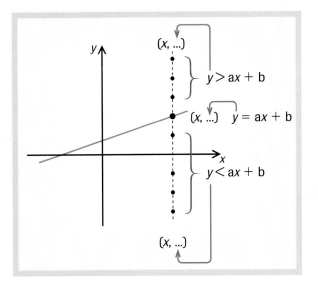

Les questions précédentes suggèrent la démarche suivante pour déterminer l'ensemble-solution d'une inéquation du premier degré à deux variables.

1° Écrire l'inéquation sous la forme $y < ax + b$, $y > ax + b$, $y \leqslant ax + b$ ou $y \geqslant ax + b$.

2° Tracer la droite frontière d'équation $y = ax + b$ d'un trait **plein** ou **pointillé** selon que l'équation fait partie ou non de l'inéquation.

3° Colorier ou hachurer le demi-plan au-dessous de la droite si le symbole est $<$, ou au-dessus de la droite si le symbole est $>$.

On peut également résoudre des inéquations linéaires à l'aide d'une calculatrice à affichage graphique.

**e)** Voici deux séquences d'écrans qui montrent comment résoudre une inéquation linéaire. Si tu disposes d'une calculatrice d'un modèle différent, recherche de quelle façon tu peux l'utiliser pour résoudre une inéquation.

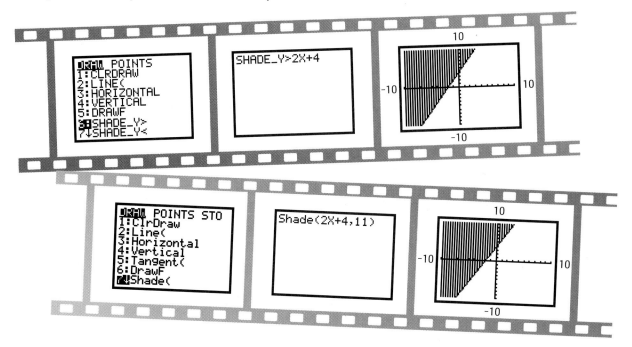

On observe qu'il faut décider soi-même si le demi-plan est ouvert ou fermé.

**f)** À l'aide d'une calculatrice à affichage graphique, résous les inéquations suivantes. Exprime ta réponse sur papier en tenant compte de l'aspect de la droite frontière.

1) $y < 5x - 2$          2) $y \geqslant -2,5x - 4$

3) $y > x + 7$          4) $y \leqslant -4x$

La calculatrice à affichage graphique permet de représenter rapidement l'ensemble-solution d'une inéquation linéaire.

 INVESTISSEMENT 3

**1.** Donne, sous la forme $y = ax + b$, l'équation de la droite frontière associée à chacune des inéquations suivantes :

**a)** $y \leqslant -3x + 10$          **b)** $-10x - y < -6$          **c)** $2y + 8 > -10x$

**d)** $-3x + 1,5y + 6 < 0$          **e)** $0 \geqslant 12x - 3y$          **f)** $2x - 7,5 < y$

**2.** Pour chacune des inéquations précédentes, indique si la représentation graphique de la droite frontière correspond à un trait plein ou pointillé.

**3.** Détermine l'inéquation associée à chacun des ensembles-solutions représentés ci-dessous. L'équation de la droite frontière est indiquée.

**a)**

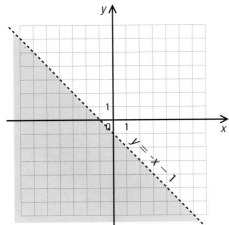

**b)**

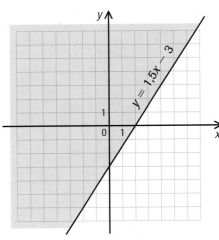

**c)**

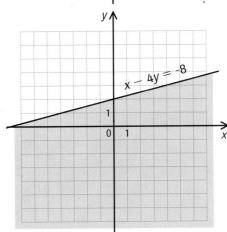

**d)**

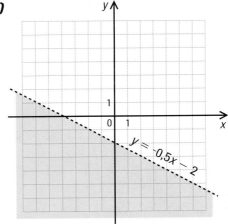

**4.** Si $x < 2$ définit le demi-plan ci-contre, représente le demi-plan correspondant à :

**a)** $x < -3$  **b)** $x \geqslant 4$

**c)** $y > -2$  **d)** $y \leqslant 3$

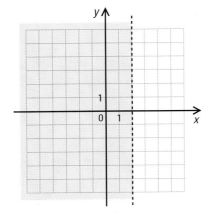

**5.** Détermine si le couple de nombres (2, 8) fait partie ou non de l'ensemble-solution des inéquations suivantes :

$y = -10 + 5$    $y = 4 + 24$

**a)** $y \leqslant 4x - 2$  **b)** $5x - y < 10$  **c)** $-6x + 3y < 12$

**d)** $0 \geqslant 4x - y$  **e)** $x > 5$  **f)** $y > 5$

**6.** Un distributeur de papier peint envoie à ses meilleurs clients et clientes des coupons rabais applicables sur leurs prochains achats. L'envoi des coupons coûte 0,50 $ par le service de messageries locales et 1,50 $ par le service de messageries longue distance. Pour l'ensemble des envois, on dispose d'un budget maximal de 120 $. Voici la représentation graphique correspondant à cette situation :

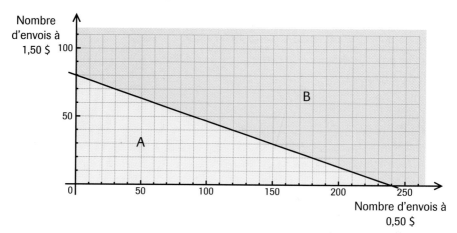

**a)** Donne l'inéquation qui traduit cette situation.

**b)** Détermine la valeur du paramètre a (taux de variation) et du paramètre b (valeur initiale) dans cette situation.

**c)** Quelle est l'équation de la droite frontière associée à cette inéquation ?

**d)** Donne les coordonnées de deux points de cette droite.

**e)** Explique pourquoi les points de la droite frontière font partie de l'ensemble-solution.

**f)** Des régions A et B, laquelle représente l'ensemble-solution de l'inéquation traduisant cette situation ?

**7.** Résous les inéquations suivantes en représentant graphiquement leur ensemble-solution.

**a)** $y \leqslant x$

**b)** $y < -2x + 6$

**c)** $y \geqslant 5x - 5$

**d)** $-5x + 2,5y > 0$

**e)** $9 \geqslant 12x - 3y$

**f)** $6x + 1,5y - 9 < 0$

**8.** Traduis chacune des situations suivantes par une inéquation linéaire et représente l'ensemble-solution du modèle mathématique de cette inéquation sur papier ou à l'aide d'une calculatrice à affichage graphique.

**a)** Mike est propriétaire d'un camion qui consomme du carburant pour diesel et d'une auto qui consomme de l'essence sans plomb. Le coût du carburant pour diesel est de 0,40 $/l et celui de l'essence sans plomb est de 0,60 $/l. En un mois, il dépense plus de 72 $ pour les deux types de carburant. Utilise la variable *x* pour représenter le nombre de litres de carburant pour diesel et la variable *y* pour le nombre de litres d'essence sans plomb consommés en un mois.

*Le caractère économique d... moteur diesel (du nom de s... inventeur, Rud... Diesel) tient à ... faible consom-mation d'huile lourde, un combustible meilleur marché que l'essence.*

**b)** Le périmètre d'un rectangle est d'au moins 80 cm. Utilise la variable *x* pour représenter la longueur du rectangle et la variable *y* pour représenter la largeur.

**c)** Une entreprise fabrique des balles de ping-pong blanches et des balles de ping-pong orange. Les balles blanches se vendent 0,15 $ l'unité et les balles orange, 0,25 $ l'unité. Un magasin de sports en achète pour au plus 300 $. Utilise la variable *x* pour représenter le nombre de balles blanches et la variable *y* pour le nombre de balles orange.

*Le ping-pong, ou tennis de table, a fait son apparition en Angleterre vers 1880. C'est actuellement la Chine qui produit les plus grands champions.*

**d)** Dans une piscine municipale, on utilise un mélange de chlore et de brome pour stériliser l'eau. Un litre de chlore se vend 8 $ et un litre de brome, 16 $. La responsable de la piscine achète de ces produits pour un montant total d'au moins 240 $. Utilise la variable *x* pour représenter le nombre de litres de chlore et la variable *y* pour représenter le nombre de litres de brome.

**9.** Associe chacun des écrans graphiques ci-dessous à l'une des inéquations ci-contre.

| | | |
|---|---|---|
| $y_1 \geqslant 2x + 3$ | $y_2 \geqslant -3x - 2$ | $y_3 \geqslant -2$ |
| $y_4 \leqslant 2x + 3$ | $y_5 \leqslant -3x - 2$ | $y_6 \leqslant -2$ |

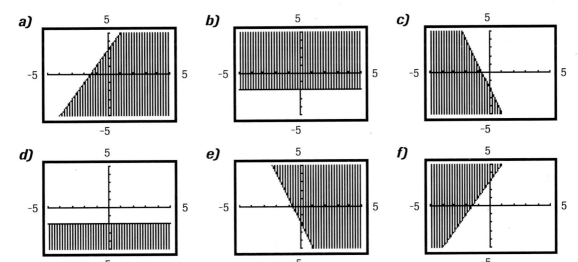

**a)** **b)** **c)**

**d)** **e)** **f)**

## FORUM

**a)** Combien d'inéquations ont une droite frontière dont l'équation est $y = 4x - 2$? Tracez chacun des demi-plans associés à ces inéquations dans un plan cartésien.

**b)** Donnez deux inéquations dont l'intersection des demi-plans est un ensemble vide et dont l'union des demi-plans correspond au plan cartésien tout entier.

**c)** Référez-vous aux situations présentées à l'exercice 8. Dans ces situations, si l'on intervertissait les variables, obtiendrait-on le même ensemble-solution? Justifiez votre réponse à l'aide d'un exemple graphique.

# LES SYSTÈMES D'INÉQUATIONS

SYSTÈME D'ÉQUATIONS
SYSTÈME D'INÉQUATIONS
POLYGONE DE CONTRAINTES

## SYSTÈME D'ÉQUATIONS

### Un espoir olympique

Marie-Claude est une bonne nageuse. Elle aimerait bien participer un jour aux Jeux olympiques. Chaque semaine, elle s'entraîne à la piscine pour perfectionner sa technique, et au gymnase pour améliorer sa condition physique. La semaine dernière, elle a fait 8 entraînements à la piscine et 4 au gymnase pour une durée totale de 20 h. Cette semaine, elle compte s'entraîner 6 fois à la piscine et 6 fois au gymnase pour une durée totale de 21 h.

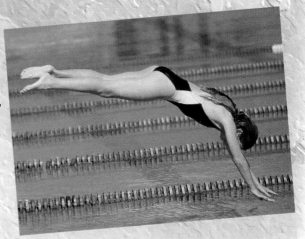

*a)* Si *x* représente le temps, en heures, d'un entraînement à la piscine et *y* le temps, en heures, d'un entraînement au gymnase, détermine les deux équations qui traduisent cette situation.

$$y = -x + 3,5 \qquad y = -2x + 5$$

**Deux équations ou plus** issues d'une même situation et composées des mêmes variables forment un **système d'équations.**

Voici la représentation graphique du système d'équations de cette situation.

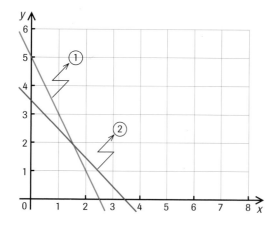

*b)* Associe à chaque droite l'équation qui lui correspond.

*c)* Donne les coordonnées de trois points qui vérifient :

1) la première équation;

2) la seconde équation.

*d)* Donne les coordonnées du point qui vérifient à la fois les deux équations.

Dans la représentation cartésienne, les **coordonnées *x* et *y* du point d'intersection** de deux droites constituent la **solution** du système d'équations linéaires représentées par ces deux droites. On exprime généralement cette solution sous la forme d'un **couple (*x, y*).**

Au point d'intersection des deux droites, la variable $y$ dans la première équation a la même valeur que la variable $y$ dans la seconde équation, ce qui entraîne l'égalité des seconds membres :

$$\begin{aligned} y &= -2x + 5 \\ y &= -x + 3{,}5 \end{aligned} \Rightarrow \quad -2x + 5 = -x + 3{,}5$$

**e)** En utilisant les règles de transformation des équations, résous l'équation $-2x + 5 = -x + 3{,}5$.

**f)** Quelle est la durée d'un entraînement :

    1) en piscine ?               2) au gymnase ?

On peut résoudre un système d'équations graphiquement mais, pour plus de précision, on utilise une méthode **algébrique.**

*Déjà, au Moyen Âge, le mathématicien Al-Khwarizmi énonçait dans ses écrits les règles de transformation des équations. Entre autres, on y retrouve l'opération al-jabr qui veut dire «complément» ou «remplissage», et l'opération al-muqabala qui signifie «mise en opposition» ou «balancement».*

# SYSTÈME D'INÉQUATIONS

## *Quatre saisons* et peu «de vents»

Un chef d'orchestre considère que la sonorité des *Quatre Saisons* de Vivaldi est de bonne qualité lorsque l'orchestre compte au moins 2 fois plus d'instruments à cordes que d'instruments à vent. Pour interpréter cette pièce lors d'une cérémonie, le chef d'orchestre doit sélectionner moins de 30 musiciennes et musiciens jouant de l'un ou l'autre de ces types d'instruments.

On peut traduire cette situation à l'aide des inéquations $x \geqslant 2y$ et $x + y < 30$.

**a)** Que représentent les variables $x$ et $y$ dans chacune des inéquations précédentes ?

**b)** Isole $y$ dans chacune de ces inéquations.

**Deux inéquations ou plus** issues d'une même situation et composées des mêmes variables forment un **système d'inéquations.**

**c)** Voici la représentation graphique de l'ensemble-solution de chacune de ces inéquations. L'ensemble-solution est constitué de tous les couples de valeurs qui vérifient l'inéquation. Associe chaque graphique à l'une des inéquations du système.

*Antonio Vivaldi (1678-1741)*

*La suite des Quatre Saisons est tirée d'un concerto du compositeur italien Vivaldi, qui fut aussi un violoniste virtuose. Son oeuvre comprend plus de 450 concertos pour violon et autres instruments.*

①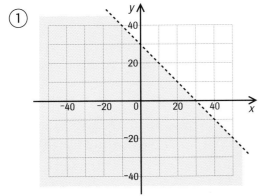

②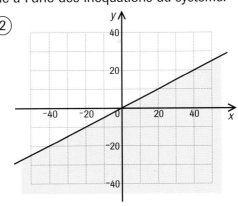

**d)** Donne les coordonnées d'au moins cinq points qui vérifient chaque inéquation.

**e)** Complète le tableau suivant en indiquant si les coordonnées des points suggérés sont des solutions de l'une ou l'autre des inéquations.

| | $y \leqslant \dfrac{x}{2}$ | $y < 30 - x$ |
|---|---|---|
| $A(20, 20)$ | ▬ | ▬ |
| $B(40, 10)$ | ▬ | ▬ |
| $C(10, 10)$ | ▬ | ▬ |
| $D(20, 5)$ | ▬ | ▬ |

**f)** Lequel de ces points a des coordonnées qui vérifient simultanément les deux inéquations?

**g)** Donne les coordonnées de cinq autres points qui appartiennent à la fois aux deux ensembles-solutions.

> L'ensemble-solution d'un système d'inéquations du premier degré à deux variables est composé de tous les couples $(x, y)$ vérifiant **simultanément** toutes les inéquations du système.

Puisque $x$ et $y$ représentent les mêmes quantités dans les deux inéquations, on peut les représenter dans un même plan cartésien.

Les deux droites partagent le plan en quatre régions.

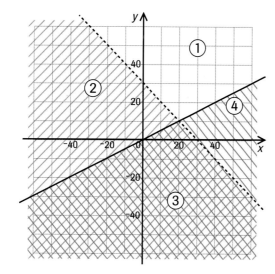

**h)** Laquelle ou lesquelles de ces régions regroupent les points dont les coordonnées satisfont:

1) à l'inéquation $y \leqslant \dfrac{x}{2}$?

2) à l'inéquation $y < 30 - x$?

3) à la fois à l'inéquation $y \leqslant \dfrac{x}{2}$ et à l'inéquation $y < 30 - x$?

**i)** Décris en mots la région du plan correspondant à l'ensemble-solution de ce système d'inéquations.

**j)** Est-ce que le point d'intersection des deux droites frontières fait partie de l'ensemble-solution du système d'inéquations précédent? Justifie ta réponse.

> Graphiquement, l'ensemble-solution d'un système d'inéquations du premier degré à deux variables correspond à la **région du plan commune aux ensembles-solutions** de toutes les inéquations formant le système.

1. Donne une solution approximative de chacun des systèmes d'équations suivants en représentant graphiquement le système.

**a)** $y = x$
$y = -x + 2$

**b)** $y = 3x + 1$
$y = 7x$

**c)** $y = 5$
$y = 3x - 13$

**d)** $-4x + y = 10$
$x - 2y = -6$

2. Pour chacun de ces graphiques, décris en mots la région qui correspond à l'ensemble-solution d'un système composé de deux inéquations linéaires.

**a)**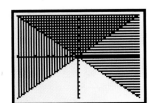

**b)**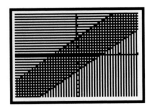

**c)**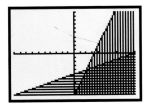

3. Dans le graphique ci-contre, on a représenté les droites frontières associées à un système formé de deux inéquations. Donne le système d'inéquations qui représente chaque région du plan ainsi délimitée.

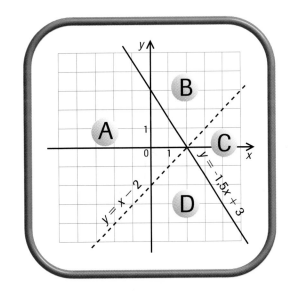

4. Résous les systèmes d'équations suivants en utilisant une méthode algébrique.

**a)** $y_1 = 5x - 2$
$y_2 = -3x - 2$

**b)** $y_1 = -x + 18$
$y_2 = 3x - 6$

**c)** $y_1 = -3,5x + 10$
$y_2 = 0,5x$

5. Représente dans un plan cartésien l'ensemble-solution des systèmes d'inéquations suivants.

**a)** $y \leqslant x$
$y \geqslant -x$

**b)** $y < -2x + 3$
$y > x - 5$

**c)** $y \geqslant 0$
$y < -5x + 20$

**d)** $-2x + y \leqslant 0$
$8x - 2y > -6$

6. Parmi les systèmes de l'exercice précédent, lesquels ont le couple (2, 3) dans leur ensemble-solution?

**7.** Les graphiques ci-dessous représentent l'ensemble-solution de systèmes formés de deux inéquations.

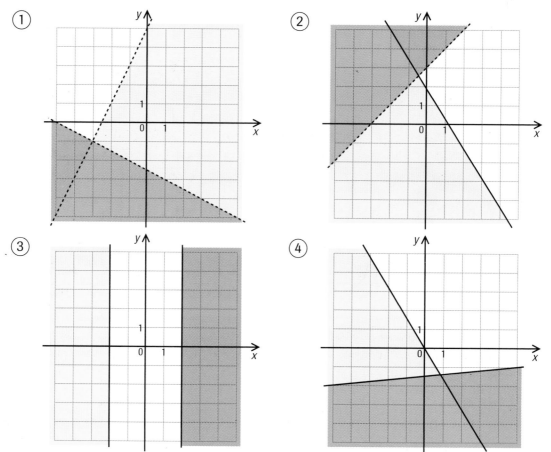

Parmi ces systèmes :

**a)** Lequel a un ensemble vide comme ensemble-solution?

**b)** Quel est celui dont les coordonnées du point d'intersection des droites frontières appartiennent à l'ensemble-solution?

**c)** Lequel a un ensemble-solution qui correspond à la partie commune de deux demi-plans ouverts?

**8.** Dans chacune des situations suivantes, identifie les variables et pose un système d'inéquations. Résous ensuite graphiquement ce système.

**a)** Dans un jardin municipal fleurissent des tulipes noires et des tulipes blanches. Au total, on dénombre plus de 4000 tulipes. Le nombre de tulipes blanches augmenté de 500 est supérieur au double du nombre de tulipes noires.

**b)** La longueur d'un rectangle est au moins deux fois plus grande que sa largeur. Quant à son périmètre, il est inférieur à 100 cm.

**c)** Dans un sac de golf, on retrouve deux types de bâtons : des bois et des fers. Dans le sac de Sheila, moins du tiers des bâtons sont des bois. Au total, elle transporte habituellement moins de 16 bâtons dans son sac quand elle joue au golf.

*Les tulipes qui ornent les parterres du Parlement d'Ottawa proviennent de bulbes gracieusement fournis par les Pays-Bas.*

**9.** Après avoir détecté une fuite de gaz naturel, on évacue les alentours par mesure de précaution. Le responsable des opérations détermine sur un plan du quartier la région à évacuer. Cette région est définie par la représentation graphique du système d'inéquations ci-contre.

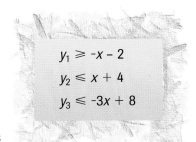

$$y_1 \geqslant -x - 2$$
$$y_2 \leqslant x + 4$$
$$y_3 \leqslant -3x + 8$$

**a)** Dans un plan cartésien, trace les droites frontières associées aux inéquations de ce système.

**b)** Les graphiques ci-dessous représentent chacun l'ensemble-solution de l'une des inéquations du système. Associe chaque graphique à l'inéquation correspondante.

1)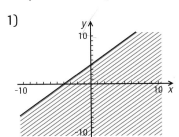

2)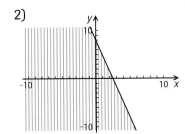

3)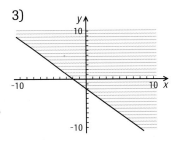

**c)** En superposant les trois graphiques, on remarque qu'une des régions du plan est triplement hachurée. Que représente cette région?

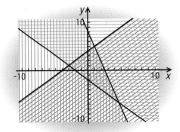

**d)** Donne les coordonnées de trois points situés :

1) à l'intérieur de la région à évacuer;

2) sur la frontière de la région à évacuer;

3) à l'extérieur de la région à évacuer.

## FORUM

**a)** Quel est le système d'inéquations dont l'ensemble-solution correspond :

1) au premier quadrant du plan cartésien?    2) au deuxième?

3) au troisième?    4) au quatrième?

**b)** Comparez la résolution d'un système d'équations à celle d'un système d'inéquations. Qu'ont-elles en commun? Qu'est-ce qui les distingue?

**c)** L'une des deux inéquations formant un système est $y \leqslant 4x + 3$. Quelle est l'expression de l'autre inéquation si la représentation graphique de l'ensemble-solution correspond à :

1) une droite?    2) un ensemble vide?

**d)** Dans un système d'inéquations, si les droites frontières des deux demi-plans sont parallèles, quels sont les ensembles-solutions possibles?

# POLYGONE DE CONTRAINTES

## Un avion qui a de la classe!

Pour concevoir un avion, on doit tenir compte de plusieurs exigences. Certaines concernent le nombre de sièges pour les passagers et passagères.
Un avion de type DC-W comporte deux sections : la classe affaires et la classe économique. Étant donné les dimensions de cet avion, le nombre total de sièges doit être inférieur ou égal à 100. Pour répondre aux besoins de la clientèle, il doit y avoir au moins 4 fois plus de sièges en classe économique qu'en classe affaires.

***a)*** Pour ce type d'avion, énumère les conditions relatives aux sièges dont on doit tenir compte.

Mathématiquement, les conditions à respecter dans une situation sont appelées des **contraintes.** Les contraintes sont généralement exprimées à l'aide d'inéquations.

*Dans le livre V des Éléments d'Euclide, on retrouve les expressions «excède», «égal» et «plus petit» pour comparer des grandeurs données.*

Pour traduire des contraintes en inéquations, il faut d'abord **identifier les variables.** On utilise généralement les variables $x$ et $y$.

***b)*** Si $x$ représente le nombre de sièges en classe affaires, que peut représenter $y$ ?

$x$ : nombre de sièges en classe affaires

$y$ : nombre de ��

Il faut ensuite **rechercher toutes les contraintes** exprimées dans la situation et **les traduire en inéquations.**

***c)*** Voici les principales contraintes dans cette situation. Exprime-les sous forme d'inéquations.

1° Le nombre total de sièges doit être inférieur ou égal à 100 :
$x +$ ▇ $\leqslant$ ▇ ou $y \leqslant$ ▇

2° Il doit y avoir au moins 4 fois plus de sièges en classe économique qu'en classe affaires : $y \geqslant$ ▇

De plus, dans les situations réelles, les variables prennent rarement des valeurs négatives. On ajoute donc deux autres inéquations, appelées **contraintes de «non-négativité».**

3° $x \geqslant 0$

4° $y \geqslant 0$

On obtient ainsi un système formé de quatre inéquations.

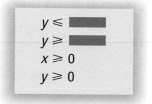

$y \leqslant$ ▇
$y \geqslant$ ▇
$x \geqslant 0$
$y \geqslant 0$

L'ensemble-solution de ce système d'inéquations correspond à la région illustrée ci-dessous. Lorsque les inéquations du système traduisent des contraintes, l'ensemble-solution est appelé **polygone de contraintes.**

**d)** On s'intéresse aux coordonnées des sommets de ce polygone qui correspond à un triangle.

   1) Pourquoi peut-on affirmer qu'il est facile de déterminer les coordonnées des sommets *A* et *C*? Quelles sont-elles?

   2) Comment peut-on déterminer de façon précise les coordonnées du troisième sommet? Quelles sont-elles?

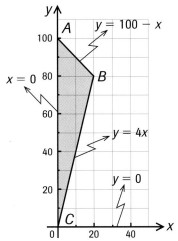

Pour calculer avec précision les coordonnées d'un des sommets d'un polygone de contraintes, on doit **résoudre le système formé des deux équations** associées aux droites frontières formant ce sommet.

## Opération lave-auto

Un groupe de jeunes désirant participer à une bonne oeuvre ont organisé un lavothon. On demande 4 $ pour le lavage extérieur d'une voiture et 6 $ pour un lavage complet incluant l'intérieur. Durant l'avant-midi, Arif a amassé au plus 28 $. Il a fait au moins autant de lavages complets que le double de lavages extérieurs diminué de 6. À partir de ces informations, on se demande combien de lavages de chaque type il a pu faire.

**a)** Identifie les variables dans cette situation.

   *x* : ▓▓▓▓▓▓▓▓▓▓▓▓▓▓▓▓▓▓▓▓▓▓▓▓

   *y* : ▓▓▓▓▓▓▓▓▓▓▓▓▓▓▓▓▓▓▓▓▓▓▓▓

**b)** Énonce en mots les contraintes de la situation et traduis-les en inéquations.

   − ▓▓▓▓▓▓▓▓▓▓▓▓▓▓▓▓▓▓ : ▓▓▓▓▓▓▓▓▓▓▓

   − ▓▓▓▓▓▓▓▓▓▓▓▓▓▓▓▓▓▓ : ▓▓▓▓▓▓▓▓▓▓▓

**c)** En ajoutant les contraintes de non-négativité, donne le système complet et détermine son ensemble-solution.

**d)** Donne les coordonnées des sommets du polygone de contraintes ainsi obtenu.

La recherche des solutions d'un système d'inéquations provenant de contraintes suppose la démarche suivante :

1° Identifier clairement les variables.

2° Énoncer toutes les contraintes sans oublier celles de non-négativité.

3° Traduire les contraintes en inéquations dans lesquelles la variable *y* est isolée.

4° Représenter l'ensemble-solution du système.

5° Déterminer les coordonnées des sommets du polygone en résolvant les systèmes formés des équations des droites frontières du polygone.

## INVESTISSEMENT 5

**1.** Trace le polygone de contraintes correspondant à chaque système d'inéquations.

**a)** $y \leq -x + 10$
$y \geq -x + 5$
$x \geq 0$
$y \geq 0$

**b)** $y \leq 4x$
$y \leq 2x + 10$
$x \geq 0$
$y \geq 0$

**c)** $x \geq 0$
$y \geq 0$
$x \leq 5$
$y \leq 5$

**d)** $-4x + y \leq 20$
$4x + 2y \leq 20$
$x - y \leq 0$

**2.** Détermine algébriquement les coordonnées des sommets *A*, *B* et *C* de chacun des polygones de contraintes suivants.

**a)**

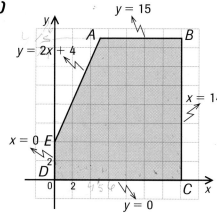

**b)**

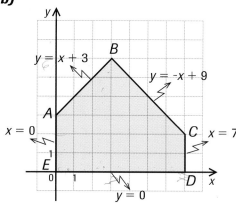

**c)**

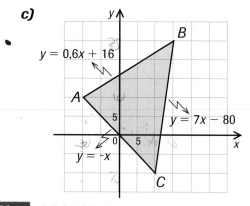

**d)**

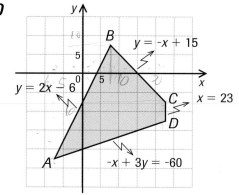

**3.** Un camion transporte des matelas et des oreillers emballés individuellement dans des boîtes. Le transport d'un oreiller rapporte au camionneur 1,50 $ et celui d'un matelas, 17 $. Il n'y a pas plus de 75 boîtes dans le camion. Si on ajoute 8 oreillers, le nombre d'oreillers est au moins 3 fois plus grand que le nombre de matelas. Ce transport doit rapporter au camionneur au moins 330 $. En utilisant la variable *x* pour représenter le nombre d'oreillers et la variable *y* pour représenter le nombre de matelas, exprime les contraintes suivantes sous forme d'inéquations.

$1,50x$
$x+y \leq 75$

**a)** Le nombre d'oreillers et le nombre de matelas doivent être positifs.

**b)** Il n'y a pas plus de 75 boîtes dans le camion. $y+x \leq 75$

**c)** Si on ajoute 8 oreillers, le nombre d'oreillers est au moins 3 fois plus grand que le nombre de matelas. $x+8 \geq 3y$

**d)** Ce transport doit rapporter au camionneur au moins 330 $.
$1,5x+7y \geq 330$

**4.** Chaque année, la région Mauricie–Bois-Francs produit un guide touristique. Cette année, le comité responsable de la conception du guide prévoit produire un document composé d'au moins 30 pages en couleurs et d'un certain nombre de pages en noir et blanc. Le comité estime que le guide contiendra au moins 60 pages. Toutefois, vu le budget restreint, il comprendra au plus 100 pages.

*Site historique des Forges du Saint-Maurice, Trois-Rivières, région Mauricie-Bois-Francs, Québec.*

**a)** Quelles sont les deux variables dans cette situation?

**b)** Traduis en inéquations les contraintes de non-négativité.

**c)** Exprime sous forme d'inéquations les restrictions suivantes :

1) Produire un guide composé d'au moins 30 pages en couleurs.

2) Le guide contiendra au moins 60 pages.

3) Le guide comprendra au plus 100 pages.

**5.** À l'aide d'une calculatrice à affichage graphique, on a représenté un polygone de contraintes ayant la forme d'un triangle.

**a)** Associe chacune des équations de l'écran d'édition à l'un des côtés du polygone de contraintes de l'écran graphique.

**b)** Donne le système d'inéquations qui est représenté.

$AC = y_1$
$BC = y_2$
$CB = y_3$

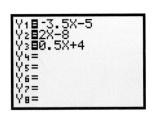

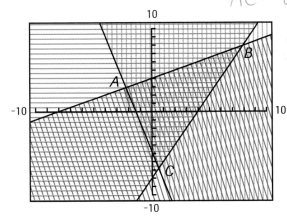

Dans un écrit de 1634, Pierre Herigone fut l'un des premiers à utiliser un symbole pour représenter un angle. Il utilisait alors sans distinction les symboles < et ∠ et ce, même si le symbole < était déjà réservé à l'expression «inférieur à».

**6.** Représente chacun de ces systèmes d'inéquations dans un plan cartésien et détermine algébriquement les coordonnées des sommets du polygone de contraintes.

**a)** $y \leqslant -x + 10$
$y \geqslant -x + 5$
$x \geqslant 0$
$y \geqslant 0$

**b)** $y \leqslant 4x$
$y \leqslant 2x + 10$
$x \geqslant 0$
$y \geqslant 0$

**c)** $y \geqslant x$
$y \geqslant 5x$
$y \leqslant -3x + 16$

**7.** Géraldine est propriétaire d'un verger. À l'automne, une fois la cueillette des pommes terminée, elle sélectionne celles de moins belle apparence pour en faire du jus qu'elle vend dans des contenants de 1 l et de 2 l. Cette année, elle a produit au moins 100 l de jus. Géraldine a observé que le format de 1 l est au moins 5 fois plus en demande que le format de 2 l. En tout, elle dispose au maximum de 94 contenants. On s'intéresse à la répartition du jus dans les contenants de 1 l et de 2 l pour la vente.

*Cueillette de pommes à Rougemont, en Montérégie. Cette région compte environ 290 pomiculteurs et pomicultrices.*

**a)** Traduis les contraintes de cette situation par un système d'inéquations.

**b)** Représente graphiquement l'ensemble-solution de ce système.

**c)** Détermine les coordonnées des sommets du polygone de contraintes ainsi formé.

*La pomme McIntosh, sans doute la plus connue, est cultivée à 75 % au Québec.*

**8.** Un réparateur d'appareils électroménagers envoie par la poste les factures de ses clients et clientes. En associant à *x* le nombre d'enveloppes et à *y* le nombre de timbres utilisés, exprime en mots la contrainte correspondant à chacune des inéquations suivantes :

**a)** $x \geqslant 0$

**b)** $y \geqslant 0$

**c)** $x + y \geqslant 120$

**d)** $y \leqslant 2x$

**e)** $y \geqslant x + 30$

**f)** $x + y \leqslant 180$

**a)** Donnez un système d'inéquations dont la représentation graphique est un polygone de contraintes qui a la forme d'un parallélogramme.

**b)** Est-il possible que la représentation graphique de l'ensemble-solution d'un système d'inéquations donne lieu à un polygone de contraintes concave? Expliquez.

**c)** Annie-Claude affirme que la représentation graphique de l'ensemble-solution d'un système formé de quatre inéquations correspond toujours à un quadrilatère. Qu'en pensez-vous? Pouvez-vous trouver un contre-exemple à cette affirmation?

L'utilisation de symboles d'inégalité ($<$, $>$, $\leq$, $\geq$) et de variables permet de définir les **inéquations.**

On transforme une inéquation en une **inéquation équivalente** en utilisant les règles de transformation des inéquations. Ces règles sont les suivantes :

- L'addition ou la soustraction d'une même quantité aux deux membres d'une inéquation **conserve le sens** de cette inéquation.

- La multiplication ou la division des deux membres d'une inéquation par un nombre strictement positif **conserve le sens** de cette inéquation.

- La multiplication ou la division des deux membres d'une inéquation par un nombre strictement négatif **inverse le sens** de cette inéquation.

Ces règles de transformation sont particulièrement utiles pour résoudre une inéquation linéaire à une variable. Dans les inéquations linéaires à deux variables, on les utilise pour isoler la variable $y$.

Pour représenter l'ensemble-solution d'une inéquation linéaire dans un plan, on doit :

1° Écrire l'inéquation dans laquelle la variable $y$ est isolée.

2° Tracer la droite frontière d'équation $y = ax + b$ d'un trait **plein** ou **pointillé** selon que l'équation fait partie ou non de l'inéquation.

3° Colorier ou hachurer le demi-plan au-dessous de la droite si le symbole d'inégalité est $<$ ou le demi-plan au-dessus de la droite si le symbole d'inégalité est $>$.

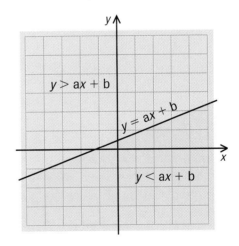

L'ensemble de ces points forme un **demi-plan** ouvert ou fermé qui représente l'ensemble-solution de cette inéquation.

Deux inéquations ou plus issues d'une même situation forment un **système d'inéquations.** L'ensemble-solution d'un tel système correspond à la **région du plan qui est commune** aux demi-plans.

Lorsqu'un système d'inéquations traduit un ensemble de contraintes, la représentation graphique de l'ensemble-solution est un **polygone de contraintes.** On détermine les coordonnées d'un sommet du polygone de contraintes en résolvant le système d'équations associées aux droites frontières formant ce sommet.

**1** Effectue mentalement les opérations suivantes le plus rapidement possible.

**a)** 78 + 21      **b)** 43 + 58      **c)** 357 + 32      **d)** 709 + 542

**e)** 116 − 93     **f)** 53 − 38      **g)** 42 − 23       **h)** 145 − 46

**i)** 345 − 197    **j)** 7 × 18       **k)** 15 × 14       **l)** 324 × 4

**m)** 54 ÷ 9       **n)** 96 ÷ 8       **o)** 603 ÷ 9       **p)** 284 ÷ 4

**2** Justifie cette égalité : 142 − 97 = 142 − 90 − 7.

**3** Détermine le prix d'un objet :

**a)** si le montant total à payer, incluant les taxes (TPS et TVQ), est de :

1)  4 $          2)  20 $

3)  45 $         4)  4820 $

**b)** si on le paie 200 $ après un rabais de 20 %.

**4** Estime la mesure du côté du carré dont l'aire est de 2456 m².

**5** Traduis algébriquement les situations suivantes en inéquations linéaires à une variable.

**a)** La variable *x* est un nombre positif.

**b)** En juillet, plus de 67 mm de pluie sont tombés au sol.

**c)** L'auditorium d'une école peut accueillir 485 personnes. Un minimum de 110 élèves seront honorés lors de la cérémonie de remise des diplômes. On s'intéresse au nombre d'invités et invitées qui pourront assister à l'événement.

**d)** Sur une feuille de pétition, 60 espaces sont réservés aux signatures. Sur cette feuille, plus du tiers des espaces sont remplis. On s'intéresse au nombre d'espaces libres.

**6** Donne l'inéquation linéaire à une variable associée à chacune des représentations suivantes.

**a)**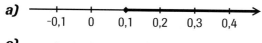

**b)**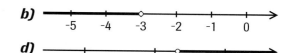

**c)**

**d)**

**7** Décris en tes mots chaque étape de la résolution de l'inéquation $3x - 17 > 5x + 9$.

**8** Détermine algébriquement l'ensemble-solution de chaque inéquation, puis représente-le sur une droite numérique.

**a)** $8 - 2x > x + 5$    **b)** $7x - 4 \geqslant 1 - (2 - 8x)$    **c)** $\dfrac{6 - x}{-2} < \dfrac{3 + 2x}{3}$

**9** Marie-Ève organise une fête pour son anniversaire de naissance. Elle a déjà invité plusieurs amis et amies et il y en a 12 autres avec lesquels elle doit prendre contact. Avec l'ajout possible de ces personnes, il pourrait y avoir plus de 30 jeunes à la fête. Combien de personnes Marie-Ève avait-elle invitées dans un premier temps?

**10** Une équipe de hockey dispose d'au plus 3150 $ pour l'achat de bâtons de hockey. Un bâton coûte 15 $. Combien de bâtons l'équipe peut-elle se procurer si on lui accorde un rabais de 25 %?

**11** Pour quelles valeurs de $c$ le périmètre de ce trapèze isocèle est-il supérieur à 79 cm?

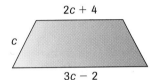

**12** Une baleine donne naissance à un baleineau dont la masse est d'environ 1800 kg. Durant la période d'allaitement, le baleineau grossit en moyenne de 90 kg par jour. Pendant combien de jours ce baleineau a-t-il été allaité si sa masse atteint au plus 7200 kg à la fin de l'allaitement?

*Le rorqual à bosse peut effectuer des sauts spectaculaires. Il fréquente l'Atlantique et le Pacifique. Au Canada, on considère cette espèce comme menacée.*

**13** Quels peuvent être les quatre nombres entiers consécutifs dont la somme est d'au moins 90?

**14** Soit $x - y < 6$, une inéquation linéaire à deux variables.

**a)** Décris en une phrase la caractéristique que doit avoir un couple de nombres $(x, y)$ pour faire partie de l'ensemble-solution de cette inéquation.

**b)** Donne deux couples de nombres qui ne font pas partie de l'ensemble-solution.

**c)** Le couple de nombres (-17, -23) est-il une solution de cette inéquation? Explique.

**15** Une maison est munie d'un système de chauffage bi-énergétique. Selon la température extérieure, le système actionne le chauffage à l'électricité ou celui au mazout. Après avoir utilisé ce système de chauffage pendant tout un hiver, on s'aperçoit qu'il opte au moins 5 fois plus souvent pour le chauffage à l'électricité que pour le chauffage au mazout.

**a)** En faisant correspondre la variable $x$ au nombre de jours de chauffage à l'électricité et la variable $y$ au nombre de jours de chauffage au mazout, traduis cette situation par une inéquation à deux variables.

**b)** Donne deux couples de valeurs qui vérifient cette inéquation.

**16** Voici la représentation graphique d'une inéquation linéaire.

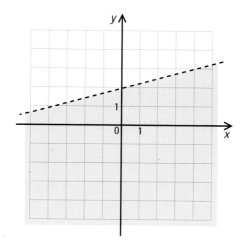

**a)** L'ensemble-solution représenté dans le graphique correspond-il à l'une des inéquations suivantes? Si oui, à laquelle?

$$2x + y > 4$$
$$x - 4y > -8$$
$$y < 2x + 0,25$$

**b)** Détermine si les points suivants appartiennent ou non à l'ensemble-solution de chacune des inéquations précédentes.

1) $A(-3,5, 1)$    2) $B(0, 2)$    3) $C(3, 2,5)$

**17** Le système d'éclairage d'une salle de conférence comprend des ampoules électriques et des tubes fluorescents. Puisque les tubes fluorescents consomment moins d'énergie que les ampoules, on a équipé la salle d'au moins 10 tubes fluorescents de plus que le triple du nombre d'ampoules.

**a)** Pose l'inéquation linéaire qui traduit cette situation.

**b)** Quelle est l'équation de la droite frontière associée à cette inéquation?

**c)** La représentation de l'ensemble-solution de cette inéquation correspond-elle au demi-plan qui est situé au-dessus ou au-dessous de la droite frontière?

**d)** Peut-on affirmer que les coordonnées des points qui sont situés sur la droite frontière font partie de l'ensemble-solution de cette inéquation? Justifie ta réponse.

**18** Représente l'ensemble-solution des inéquations suivantes dans un plan cartésien.

**a)** $y > 3x + 8$

**b)** $y \geqslant x - 12$

**c)** $10x + 5y < 5$

**d)** $49x - 11y \leqslant 121 - 6x$

**19** Un traversier transporte des voitures et des autocars. L'aire de la surface réservée au stationnement des véhicules est d'au plus 1056 m². Il faut environ 12 m² pour garer une voiture et environ 48 m² pour un autocar.

**a)** Traduis cette situation par une inéquation linéaire à deux variables.

**b)** Représente graphiquement l'ensemble-solution de cette inéquation.

**c)** Lors d'une traversée, on prévoit l'embarquement de 24 voitures. Quel est le nombre maximal d'autocars qu'on peut alors prendre à bord?

**d)** Est-il possible d'embarquer 76 voitures et 3 autocars? Explique.

*Des traversiers assurent la liaison entre certaines municipalités du Québec que sépare le Saint-Laurent, par exemple Rivière-du-Loup et Saint-Siméon. Plusieurs ne sont pas en service l'hiver.*

**20** Décris une situation issue de la vie de tous les jours qui peut être exprimée par :

**a)** l'inéquation $x > 18$;

**b)** l'inéquation $x - 33 \geq 50$;

**c)** la double inéquation $-4 < x \leq 10$;

**d)** l'inéquation $x + y < 56{,}5$.

**21** Un paquebot transporte des touristes en vacances ainsi que les membres de l'équipage. Pour assurer un bon service, on considère que l'équipage doit constituer au moins le dixième du nombre total de personnes à bord. En tout, il y a moins de 600 personnes à bord du paquebot.

**a)** Identifie les deux variables dans cette situation.

**b)** Traduis chacune des conditions suivantes par une inéquation :

1) L'équipage doit constituer au moins le dixième du nombre total de personnes à bord.

2) En tout, il y a moins de 600 personnes à bord du paquebot.

**c)** Représente graphiquement l'ensemble-solution de ce système d'inéquations.

**22** Voici la représentation graphique des droites frontières associées à un système formé de deux inéquations.

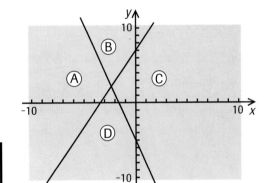

**a)** Associe une région du graphique à chacun des écrans ci-dessous.

1)
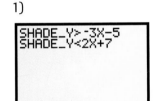

2)
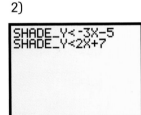

**b)** Vérifie tes associations à l'aide d'une calculatrice à affichage graphique.

**c)** Donne les systèmes d'inéquations dont les ensembles-solutions correspondent aux deux autres régions du graphique.

**23** Tout comme les systèmes d'équations, il arrive parfois qu'un système d'inéquations n'ait pas de solution. On considère un système formé de deux inéquations.

**a)** Est-ce que les deux demi-plans associés à ces inéquations ont une région commune :

1) si leurs droites frontières sont sécantes?

2) si leurs droites frontières sont parallèles et que chaque demi-plan correspond à la région située au-dessus de la droite frontière?

3) si leurs droites frontières sont parallèles et que chaque demi-plan correspond à la région située au-dessous de la droite frontière?

**b)** À quelle condition un système formé de deux inéquations n'a-t-il aucune solution?

**24** Aline organise une corvée pour refaire le revêtement du toit de sa maison. Plus de 6 personnes ont déjà confirmé leur présence. Pour le dîner, elle prévoit commander au restaurant des spaghettis ou des poutines. Un plat de spaghettis coûte 6 $ et une poutine, 4 $. Elle dispose d'au plus 80 $ pour régler la facture du restaurant.

**a)** Traduis cette situation à l'aide d'un système d'inéquations.

**b)** Sans tenir compte de la situation, représente graphiquement l'ensemble-solution de ce système.

**c)** Détermine les coordonnées du point de rencontre des deux droites frontières.

**d)** Ces coordonnées sont-elles une solution du système? Justifie ta réponse.

**e)** Comment détermine-t-on si un couple de nombres fait partie ou non de l'ensemble-solution d'un système d'inéquations? Explique le procédé graphique et le procédé algébrique.

**25** Durant les fins de semaine, Marc-Antoine garde des enfants pour se faire de l'argent de poche. Il demande 4 $/h le jour et 5 $/h la nuit. Le mois prochain, Marc-Antoine prévoit être disponible pour garder au maximum 18 h durant le jour et au maximum 15 h durant la nuit. Il s'attend à gagner un minimum de 120 $.

**a)** Quelles sont les deux variables qui interviennent dans cette situation?

**b)** Traduis en inéquations les contraintes de non-négativité.

**c)** Quelles sont les autres contraintes dont Marc-Antoine doit tenir compte?

**d)** Représente par un graphique l'ensemble des inéquations issues de ces contraintes.

**e)** Détermine les coordonnées des sommets du polygone de contraintes ainsi obtenu.

**26** Décris une situation issue de la réalité et qui se traduit par le système d'inéquations ci-contre. Trace ensuite le polygone de contraintes.

> X≥0
> Y≥0
> 12X+3Y≤27
> Y≥5X

**27** ## L'INÉGALITÉ DANS UN TRIANGLE

La mesure de chaque côté d'un triangle est inférieure à la somme des mesures des deux autres côtés. Cet énoncé correspond à une inéquation. Pour le triangle ci-contre, donne l'inéquation associée à chacun des côtés, puis résous-la. Donne les valeurs de $x$ qui vérifient simultanément les trois inéquations.

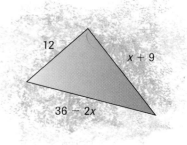

12

$x + 9$

$36 - 2x$

**28** ## DROITIER, GAUCHER OU AMBIDEXTRE?

On considère qu'environ 8 % des gens sont gauchers et que 2 % sont ambidextres. On s'intéresse au nombre de personnes présentant l'une ou l'autre de ces caractéristiques dans une école d'au moins 670 élèves. Traduis cette situation par une inéquation linéaire à deux variables.

## 29 LES SÉRIES ÉLIMINATOIRES

Lors de la saison régulière, chaque équipe de hockey dispute 84 matchs contre les autres équipes de la ligue. Avant même d'atteindre la mi-saison, une équipe remporte 28 victoires et est en voie d'atteindre l'objectif que son entraîneur s'était fixé, soit remporter au moins 60 % des matchs disputés. On pense avoir ainsi d'excellentes chances de participer aux séries éliminatoires.

*a)* En tenant compte de la situation, donne la signification de l'inéquation suivante :

$$\frac{28 + x}{84} \geqslant 0{,}60$$

*b)* Résous algébriquement cette inéquation en indiquant la règle de transformation des inéquations utilisée à chaque étape.

## 30 UNE PROMENADE SUR LE LAC

Le comité des loisirs du quartier dispose d'un maximum de 840 $ pour organiser une excursion en chaloupe dans un parc provincial. Il peut réserver des chaloupes en bois ou en aluminium. La location d'une chaloupe en bois coûte 40 $ et celle d'une chaloupe en aluminium, 60 $. Pour profiter de ces bas prix, il faut louer au moins 6 chaloupes. En tenant compte du nombre d'inscriptions reçues, le comité opte pour la location d'au moins 2 fois plus de chaloupes en bois que de chaloupes en aluminium.

*Le mont Richardson, parc provincial de la Gaspésie.*

*a)* En tenant compte de la réalité, tire un système d'inéquations linéaires de cette situation. Représente ensuite ce système dans un plan cartésien.

*b)* Détermine les coordonnées des sommets du polygone de contraintes ainsi obtenu.

## 31 JOUER AU GOLF POUR JOUER AU BILLARD

*La première partie de billard a été disputée au 14ᵉ s. Il se jouait alors à même le sol. Il existe maintenant plusieurs variantes du jeu, dont le billard américain ou «pool» qui compte de nombreux adeptes dans le monde.*

Une maison des jeunes aimerait aménager une salle de billard. On organise donc un tournoi de golf suivi d'un souper-bénéfice afin d'amasser des fonds. Une simple inscription au golf rapporte 10 $ alors qu'une inscription au golf et au souper rapporte 20 $. La salle dans laquelle aura lieu le souper peut accueillir au plus 60 personnes et le club de golf peut inscrire un nombre maximal de 80 joueurs ou joueuses. On prévoit que l'aménagement de la salle de billard nécessitera un investissement minimal de 1100 $.

*a)* Traduis chacune des contraintes de cette situation par une inéquation.

*b)* Représente ces inéquations dans un même plan, puis détermine les coordonnées des sommets de la région commune.

1. Résous les inéquations suivantes et représente leur ensemble-solution sur une droite.

   **a)** $\dfrac{x + 3}{2} \geqslant 4$    **b)** $2x + 5 < 3x - 2$    **c)** $2,5x \leqslant 4x + 12$

2. Représente dans un plan cartésien l'ensemble-solution des inéquations suivantes :

   **a)** $2x \geqslant x - 4$    **b)** $2x + y \leqslant 8 - 2x$

3. Exprime les situations suivantes à l'aide d'inéquations à deux variables et représente graphiquement les ensembles-solutions.

   **a)** Une paire de bottes de cuir coûte au moins 75 % plus cher qu'une paire de bottes de vinyle.

   **b)** Dans une école secondaire qui compte au plus 600 élèves, la différence entre le nombre de non-fumeurs et le quadruple du nombre de fumeurs est supérieure à 50.

4. Représente graphiquement l'ensemble-solution de ces systèmes d'inéquations.

   **a)** Au cours d'une année, un salon de coiffure vend au moins 100 bouteilles de revitalisant de plus que de bouteilles de shampoing. Au total, ce salon vend plus de 500 bouteilles par année.

   **b)** Un autobus transporte des écoliers et des adultes. On y dénombre au moins 8 écoliers et il y a au maximum 3 fois plus d'adultes que d'écoliers.

5. **LA FORCE DU CALCIUM**

   Dans un guide de nutrition, on indique que, durant l'adolescence, on doit consommer au moins 1260 mg de calcium par jour pour assurer la bonne croissance de l'ossature. Toutefois, cette consommation ne doit pas excéder 1800 mg. Sachant qu'une tasse de lait partiellement écrémé fournit 300 mg de calcium et une coupe de crème glacée à la vanille, 180 mg, on se demande combien de portions de chaque type on doit prendre chaque jour.

   **a)** Donne le système d'inéquations linéaires qui traduit les contraintes de cette situation.

   **b)** Représente dans un plan cartésien le polygone de contraintes qui correspond à la situation.

# L'OBJECTIF VISÉ

## SOLUTIONS AVANTAGEUSES

### Toujours plus haut, toujours plus loin

L'entreprise Vitrex se spécialise dans la fabrication de fenêtres d'été et d'hiver. Une fenêtre d'été comprend une vitre et une moustiquaire, et une fenêtre d'hiver se compose de deux vitres espacées de quelques millimètres. Pour satisfaire à la demande, Vitrex doit fabriquer chaque semaine au moins 10 fenêtres d'été et au moins 30 fenêtres d'hiver. L'entreprise considère qu'elle peut fabriquer au plus 100 fenêtres par semaine.

En associant le nombre de fenêtres d'été à la variable $x$ et le nombre de fenêtres d'hiver à la variable $y$, on obtient le système d'inéquations suivant :

$$x \geq 0$$
$$y \geq 0$$
$$x \geq 10$$
$$y \geq 30$$
$$y \leq 100 - x$$

Le polygone de contraintes associé à ce système est représenté ci-contre.

On peut facilement imaginer qu'en fabriquant des fenêtres, l'objectif visé par l'entreprise Vitrex est de réaliser des profits. Ces profits sont de 70 $ pour une fenêtre d'été et de 85 $ pour une fenêtre d'hiver.

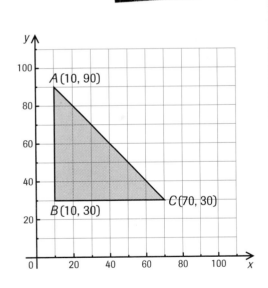

*Le «verre flotté», inventé en 1958 par l'Anglais Alastair Pilkington, a permis aux architectes de construire des tours de verre. C'est grâce au verre flotté que le verre, demeuré longtemps une activité traditionnelle, est devenu une véritable industrie lourde.*

**a)** Une production hebdomadaire de 25 fenêtres d'été et de 65 fenêtres d'hiver respecte-t-elle les contraintes de production ? Explique ta réponse.

**b)** Quels profits l'entreprise peut-elle tirer de cette production ?

On sait que les coordonnées des points formant le polygone de contraintes sont des solutions du système de contraintes. Chacune de ces solutions engendre des profits.

**c)** Quelle règle permet de calculer les profits ($P$) pour un nombre $x$ de fenêtres d'été et un nombre $y$ de fenêtres d'hiver?

La recherche du profit le plus élevé constitue l'**objectif** de la compagnie Vitrex. La règle permet de calculer cet objectif.

**d)** Complète cette table qui montre les profits engendrés par les couples indiqués :

**Calcul des profits**

| COUPLES | PROFITS ENGENDRÉS |
|---------|-------------------|
| (10, 30) | $P = 70 \times 10 + 85 \times 30 = 3250$ \$ |
| (10, 60) | $P = 70 \times 10 + 85 \times 60 =$ ▬ \$ |
| (10, 90) | $P = 70 \times 10 + 85 \times$ ▬ $=$ ▬ \$ |
| (20, 40) | $P = 70 \times$ ▬ $+ 85 \times$ ▬ $=$ ▬ \$ |
| (30, 60) | $P = 70 \times$ ▬ $+ 85 \times$ ▬ $=$ ▬ \$ |
| (60, 40) | $P = 70 \times$ ▬ $+ 85 \times$ ▬ $=$ ▬ \$ |
| (70, 30) | $P = 70 \times$ ▬ $+ 85 \times$ ▬ $=$ ▬ \$ |

*(annotation manuscrite : 5800)*

On constate que chaque couple engendre un certain profit et que ce profit varie d'un couple à l'autre. Par conséquent, certains **couples solutions sont plus avantageux** que d'autres.

**e)** Parmi les couples précédents, quel est celui qui génère le profit le plus élevé ?

**f)** Combien de fenêtres de chaque type Vitrex doit-elle produire pour générer ce plus grand profit ?

Dans certaines situations, l'objectif visé est un **maximum** et dans d'autres, un **minimum.**

## Chocolat noir et blanc

Pour Pâques, Macha veut offrir au moins 12 chocolats à ses amies en respectant leurs goûts. Au moins 2 d'entre elles adorent le chocolat blanc. Même si le chocolat noir coûte plus cher, Macha compte acheter au moins 2 fois plus de chocolats noirs que de blancs mais pas plus de 20 chocolats noirs. Un chocolat blanc coûte 2 \$ et un chocolat noir, 4 \$.

*Chocolaterie à Dolbeau.*
*C'est le Suisse François-Louis Cailler qui, en 1819, fabriqua le premier chocolat en barre. La production artisanale de chocolat avait commencé en Europe après que les Espagnols eurent rapporté d'Amérique la recette du chocolat. C'était alors une boisson préparée à partir des amandes du cacaoyer, torréfiées puis broyées.*

En associant le nombre de chocolats blancs à la variable $x$ et le nombre de chocolats noirs à la variable $y$, on obtient le système d'inéquations suivant ainsi que le polygone de contraintes qui lui est associé.

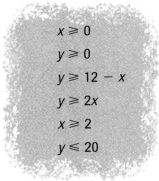

$$x \geq 0$$
$$y \geq 0$$
$$y \geq 12 - x$$
$$y \geq 2x$$
$$x \geq 2$$
$$y \leq 20$$

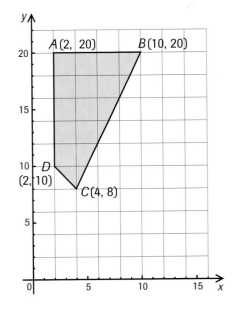

**a)** Dans cette situation, en plus de faire plaisir à ses amies, quel est l'objectif de Macha?

**b)** Complète la règle qui permet de calculer l'objectif de Macha :

$$C = \boxed{2}\, x + \boxed{4}\, y$$

**c)** À l'aide de cette règle, complète le tableau suivant.

**Calcul des coûts**

| COUPLES | COÛTS ENGENDRÉS |
|---------|-----------------|
| (2, 10) | $C = 2 \times 2 + 4 \times 10 = 44\ \$$ |
| (2, 15) | |
| (2, 20) | |
| (4, 8) | |
| (5, 15) | |
| (8, 16) | |
| (10, 20) | $C = 2 \times 10 + 4 \times 20 = 100\ \$$ |

*(annotations manuscrites)*
$2(2) + 15(4) = 64$
$2(2) + 20(4) = 84$
$4(2) + 8(4) = 40$
$5(2) + 15(4) = 70$
$8(2) + 16(4) = 80$

**d)** Parmi les couples solutions ci-dessus, quel est celui qui génère le coût minimal? $(4, 8)$

**e)** Combien de chocolats de chaque sorte Macha doit-elle acheter pour atteindre son objectif? *(4 blancs, 8 noirs)*

Selon la situation, la solution la plus avantageuse peut être celle qui engendre :

• la valeur la **plus élevée,** appelée **maximum**;

• la valeur la **moins élevée,** appelée **minimum.**

Ce maximum ou ce minimum peuvent être calculés à l'aide d'une règle traduisant l'objectif visé.

**1.** Chacun des graphiques suivants représente un polygone de contraintes. On donne des couples correspondant à certains points de ce polygone et une règle qui représente l'objectif. Parmi ces couples, détermine celui qui engendre un maximum et celui qui engendre un minimum pour l'objectif visé.

**a)**

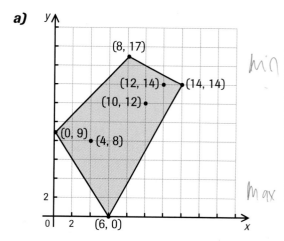

| COUPLES | M = 5x + 3y |
|---------|-------------|
| (0, 9)  |             |
| (4, 8)  |             |
| (6, 0)  |             |
| (8, 17) |             |
| (10, 12)|             |
| (12, 14)|             |
| (14, 14)|             |

**b)**

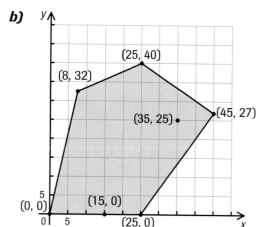

| COUPLES | M = x − 2y |
|---------|------------|
| (0, 0)  |            |
| (8, 32) |            |
| (15, 0) |            |
| (25, 0) |            |
| (25, 40)|            |
| (35, 25)|            |
| (45, 27)|            |

**c)**

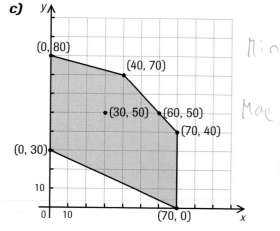

| COUPLES | M = 0,5x + y |
|---------|--------------|
| (0, 30) |              |
| (0, 80) |              |
| (30, 50)|              |
| (40, 70)|              |
| (60, 50)|              |
| (70, 0) |              |
| (70, 40)|              |

**2.** Dans le plan cartésien ci-contre, on a représenté un polygone de contraintes. Parmi les couples correspondant aux points indiqués, détermine celui qui :

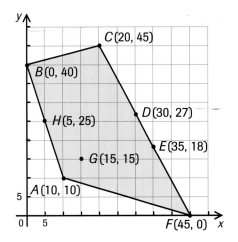

**a)** maximise l'objectif représenté par $R = 75x + 20y$ où $R$ est le revenu, en dollars, de la vente de deux produits;

**b)** minimise l'objectif représenté par $C = 0,5x + 2y$ où $C$ est le coût de fabrication, en dollars, de deux produits.

**3.** Une entreprise se spécialise dans la fabrication de kayaks monoplaces ou biplaces. Elle produit jusqu'à 40 kayaks par jour. Compte tenu de la demande, le nombre de monoplaces à fabriquer est au plus le quadruple du nombre de biplaces. Chaque jour, l'entreprise doit fabriquer un minimum de 5 biplaces et au moins 10 monoplaces. Le profit est de 300 $ pour un monoplace et de 180 $ pour un biplace. On s'intéresse au profit quotidien que l'entreprise peut réaliser.

**a)** En associant le nombre de monoplaces à $x$ et le nombre de biplaces à $y$, détermine la règle qui permet de calculer le profit de l'entreprise.

**b)** Parmi les couples correspondant aux points identifiés dans le polygone de contraintes ci-dessous, détermine celui qui maximise l'objectif, c'est-à-dire qui engendre le plus grand profit.

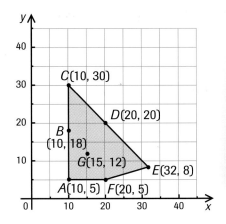

*Kayaks de mer, île Verte, Bas-Saint-Laurent.*
*Le kayak, d'origine inuite, était un canot de pêche long et étroit, fabriqué en peau de phoque. Aujourd'hui, on appelle «esquimautage» la manoeuvre nautique pratiquée en kayak qui consiste à s'immerger totalement et à faire un tour complet.*

**4.** Une entrepreneure obtient un contrat pour construire un immeuble composé d'appartements de trois et de quatre pièces. Avant de commencer les travaux, l'entrepreneure doit tenir compte des contraintes suivantes : l'édifice doit contenir au moins 10 appartements de chaque type et un minimum de 40 appartements en tout. Pour respecter un règlement municipal, le triple du nombre de trois pièces ajouté au double du nombre de quatre pièces ne doit pas excéder 170. Or, la construction d'un trois pièces revient à environ 25 000 $ et celle d'un quatre pièces, à 30 000 $. Évidemment, l'entrepreneure désire minimiser les coûts de construction.

**a)** En associant le nombre de trois pièces à $x$ et le nombre de quatre pièces à $y$, donne la règle qui permet de déterminer les coûts de construction de l'immeuble.

**b)** Parmi les points identifiés dans le polygone de contraintes ci-contre, détermine celui dont les coordonnées engendrent le coût minimal.

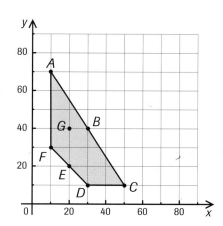

**5.** Pour transporter des voitures neuves d'une usine de fabrication à un centre de distribution, on utilise le train. Certains wagons peuvent transporter 12 voitures et d'autres, 20. On désire acheminer au moins 200 voitures à la fois. Toutefois, la compagnie de chemin de fer n'accepte pas plus de 14 wagons par convoi. Elle demande 3000 $ pour un wagon de 12 voitures et 5000 $ pour un wagon de 20 voitures. On désire minimiser les coûts de transport.

**a)** En associant $x$ au nombre de wagons de 12 voitures et $y$ au nombre de wagons de 20 voitures, donne la règle qui permet de calculer les coûts du transport.

**b)** Parmi les couples correspondant aux points identifiés dans le polygone de contraintes ci-contre, détermine celui ou ceux dont les coordonnées engendrent le coût minimal.

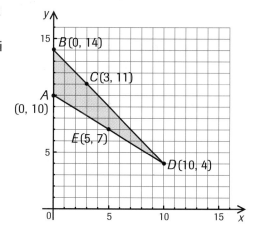

**6.** Après avoir exprimé des contraintes sous la forme d'inéquations, on a obtenu le système ci-dessous.

$$x \geqslant 0$$
$$y \geqslant 0$$
$$y \leqslant 15 - x$$
$$y \geqslant 9 - \frac{x}{3}$$
$$y \leqslant x + 5$$

**a)** Représente l'ensemble-solution de ce système d'inéquations dans un plan cartésien.

**b)** Identifie tous les couples à coordonnées entières correspondant aux points appartenant au polygone de contraintes.

**c)** Parmi ces couples, détermine celui qui :

   1) minimise l'objectif représenté par $M = x + 5y$.

   2) maximise l'objectif représenté par $M = 3x + y$.

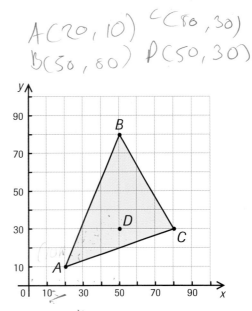

**7.** On présente ci-contre le polygone de contraintes associé à une certaine situation.

**a)** Parmi les points A, B, C et D, détermine celui dont les coordonnées maximisent l'objectif représenté par :

1)  $M = 10x + 5y$        2)  $M = 3x + 5y$

**b)** Dans chacun des cas précédents, explique pourquoi les coordonnées du point D ne peuvent maximiser l'objectif.

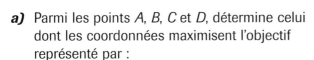

**a)** En vous référant aux exercices 1, 2, 3, 4 et 6, déterminez où sont situés, par rapport à leur polygone de contraintes respectif, les points dont les coordonnées engendrent les solutions les plus avantageuses.

**b)** En vous référant à l'exercice 5, déterminez où se trouvent, par rapport au polygone de contraintes, les points dont les coordonnées engendrent les coûts de transport les moins élevés.

**c)** À la lumière des réponses précédentes, quelle conjecture pouvez-vous émettre quant à l'emplacement, dans un polygone de contraintes, du ou des points dont les coordonnées engendrent la solution la plus avantageuse ?

## RÈGLE DE L'OBJECTIF

### L'exploitation de la mine

Pour exploiter un nouveau gisement d'or en Abitibi, une compagnie minière creuse deux galeries : la Nord et la Sigma. Pour des raisons de sécurité, les mineurs ne peuvent extraire de minerai que dans une galerie à la fois. À cause d'un problème d'aération, on ne peut travailler plus de 5 jours par semaine dans la galerie Nord et plus de 4 jours par semaine dans la galerie Sigma, même si la compagnie est en activité tous les jours de la semaine. L'exploitation de la galerie Nord rapporte un profit de 8 000 $ par jour et celle de la galerie Sigma, un profit de 10 000 $ par jour. La compagnie recherche le profit maximal et doit déterminer le nombre de jours d'exploitation dans chaque galerie.

*Mine d'or en Abitibi.*

*L'activité minière de l'Abitibi-Témiscamingue est caractérisée principalement par l'exploitation de mines d'or. On y exploite surtout des gisements souterrains à veines étroites. Cette région est la première en importance au Québec pour les emplois reliés au secteur minier.*

**a)** Quel est l'objectif de la compagnie ? S'agit-il d'un minimum ou d'un maximum ?

**b)** Donne la règle qui permet à la compagnie de calculer cet objectif sachant qu'on a :

     $x$ : nombre de jours d'extraction dans la galerie Nord ;

     $y$ : nombre de jours d'extraction dans la galerie Sigma.

**c)** Détermine toutes les contraintes à respecter dans cette situation.

**d)** Parmi les couples correspondant aux sommets du polygone de contraintes illustré ci-dessous, quel est celui dont les coordonnées permettent d'atteindre l'objectif de la compagnie ?

Cette situation comprend deux grandes parties :

• l'**objectif poursuivi** ;

• les **contraintes.**

> L'objectif poursuivi peut être un maximum ou un minimum et se calcule à l'aide d'une règle qu'on appelle **règle de l'objectif.**

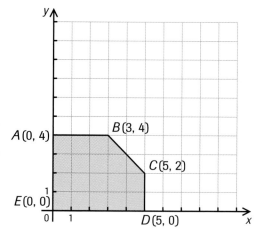

Dans un problème, il est très important de distinguer les contraintes et la règle de l'objectif. Généralement, la règle de l'objectif est exprimée à la **fin du problème** et n'intervient pas dans la construction du polygone de contraintes. Elle se traduit par une **équation** et non par une inéquation.

Il est fréquent de rencontrer des situations présentant des contraintes et dans lesquelles on recherche un maximum ou un minimum. De tels problèmes sont appelés des **problèmes d'optimisation.**

Une compagnie qui cherche à maximiser ses profits, une entreprise qui désire minimiser ses coûts de production ou un agriculteur qui veut maximiser le rendement de ses cultures sont des exemples de problèmes d'optimisation.

**Résoudre un problème d'optimisation,
c'est chercher une solution qui**

*Les mathématiciens se sont intéressés pour la première fois aux problèmes d'optimisation durant la Deuxième Guerre mondiale (1939-1945) alors que les forces armées américaines éprouvaient des problèmes de distribution et d'approvisionnement en fournitures militaires.*

1. Dans un quartier multiethnique, on désire organiser une soirée récréative pour favoriser les rapprochements interculturels. Les invités ont exprimé le désir qu'il y ait au moins 6 h de musique continue en soirée. On retient donc les services d'un groupe reggae qui demande 150 $/h et d'une animatrice qui demande 70 $/h. Le groupe reggae veut un contrat d'au moins 3 h et désire être sur scène au moins 2 fois plus longtemps que l'animatrice. On s'intéresse à la répartition du temps entre le groupe reggae et l'animatrice de manière à minimiser les coûts tout en respectant les désirs des invités et des musiciens.

*Le reggae est un genre musical né en Jamaïque, et plus particulièrement dans les quartiers défavorisés de Kingston, la capitale.*

a) Quelles sont les deux variables dans cette situation?

b) Traduis chacune des contraintes à l'aide d'une inéquation.

c) Quel est l'objectif poursuivi par le comité organisateur? S'agit-il d'un minimum ou d'un maximum?

d) Quelle est la règle de l'objectif?

2. Pour augmenter son chiffre d'affaires, le propriétaire d'un dépanneur souhaite installer de nouvelles étagères dans son commerce. Selon les plans, il dispose d'une surface de 70 m² pour étaler ses produits. Son permis de vente stipule qu'il doit utiliser au plus 50 m² pour les produits comestibles et au moins 10 m² pour les produits non comestibles. De plus, l'espace utilisé pour les produits non comestibles ne doit pas dépasser le tiers de l'espace occupé par les produits comestibles. D'après ses prévisions, les profits hebdomadaires devraient être de 10 $ le mètre carré pour les produits comestibles et de 12 $ le mètre carré pour les produits non comestibles.

*Le terme «dépanneur», qui désigne les établissements où l'on vend une gamme restreinte de produits d'usage courant, est bien particulier au Québec.*

a) Quel est l'objectif visé par ce commerçant?

b) Identifie chacune des variables de cette situation.

c) Écris la règle qui permet au commerçant d'évaluer ses profits.

d) Donne les inéquations qui représentent les contraintes d'aménagement du commerce.

**3.** Angela veut améliorer ses connaissances en anglais. À l'éducation aux adultes, on offre des cours qui doivent être jumelés à une pratique en laboratoire. On exige des élèves au moins 15 h de présence aux cours ou en laboratoire. Angela peut consacrer tout au plus 30 h par mois à cet apprentissage. Le plan de cours prévoit au moins 3 h en laboratoire pour chaque heure de cours. Une heure de cours coûte 8 $ et une heure en laboratoire, 22 $. Angela désire minimiser les coûts liés à cet apprentissage.

   **a)** Identifie les deux variables de cette situation.

   **b)** Pourquoi peut-on qualifier cette situation de problème d'optimisation ?

   **c)** Dans cette situation, quelles informations peut-on traduire à l'aide d'une équation ?

   **d)** Que représente cette équation ?

**4.** Lors d'une opération de déneigement, une municipalité utilise des camions de deux types qui peuvent transporter respectivement 3 t et 5 t de neige. Il y a au moins 5 fois plus de camions de 3 t que de camions de 5 t. On prévoit transporter entre 300 t et 600 t de neige lors de cette opération. Les coûts d'utilisation d'un camion de 3 t sont évalués à 20 $ par voyage et ceux d'un camion de 5 t, à 35 $. On s'intéresse au nombre de voyages que doit planifier la municipalité pour minimiser les coûts de l'opération.

*t est le symbole de tonne.*

   **a)** Décris l'objectif poursuivi dans cette situation.

   **b)** Détermine la règle qui traduit cet objectif.

   **c)** Donne les inéquations qui expriment les contraintes.

**5.** Une agricultrice cultive du maïs et des carottes. Cette année, elle désire consacrer une surface au moins 2 fois plus grande au maïs qu'aux carottes. Au printemps, il faut 2 jours pour ensemencer un hectare de maïs et 3 jours pour un hectare de carottes. L'agricultrice dispose d'un maximum de 24 jours pour effectuer ce travail. Pour répondre à ses besoins, elle doit ensemencer au moins 6 ha de maïs et au moins 2 ha de carottes.

*L'hectare est une unité de mesure agraire de superficie qui équivaut à 10 000 m².*

   **a)** Identifie les deux variables de cette situation.

   **b)** Invente un objectif réaliste dans cette situation.

   **c)** Traduis cet objectif à l'aide d'une règle.

   **d)** Donne les inéquations qui traduisent les contraintes dont on doit tenir compte.

*Le maïs, inconnu en Europe avant 1492, était cultivé à grande échelle par les Amérindiens d'Amérique du Nord et du Sud. Ce sont des explorateurs du 16e s. qui ont rapporté en Europe et en Afrique des grains de maïs. Cette céréale pousse maintenant un peu partout à travers le monde.*

**6.** Une coopérative agricole tire ses revenus de la vente de lait de vache et de lait de chèvre. Le lait de vache rapporte un profit de 0,45 $/l et le lait de chèvre, de 0,80 $/l.

  **a)** Quel est l'objectif visé par la coopérative?

  **b)** Identifie chacune des variables dans cette situation.

  **c)** Écris la règle qui permet d'évaluer les profits engendrés par la vente des deux produits.

  **d)** Invente trois contraintes réalistes dont la coopérative pourrait devoir tenir compte pour la vente de ses produits laitiers.

**7.** Dans une usine textile, la cotisation hebdomadaire à la caisse de retraite est de 30 $ pour une ou un employé à temps plein et de 10 $ pour une ou un employé à temps partiel. On s'intéresse à la somme maximale pouvant être versée chaque semaine à la caisse de retraite par les employés et employées de l'usine.

  **a)** Détermine ce que doivent représenter les variables $x$ et $y$ pour que la règle de l'objectif corresponde à $R = 30x + 10y$.

  **b)** Exprime en mots la contrainte correspondant à chacune des inéquations suivantes :

  1) $x \geqslant 0$      2) $y \geqslant 0$      3) $x + y \leqslant 150$

  4) $x \geqslant 4y + 60$      5) $x \leqslant 120$      6) $y \geqslant 20$

  **c)** Dans cette situation, recherche-t-on un maximum ou un minimum?

**a)** Danny gagne un peu d'argent en offrant des visites guidées en calèche. Dans celle-ci, on peut asseoir au plus 10 personnes excluant le cocher. La masse totale des clients et clientes ne peut excéder 500 kg. La masse moyenne d'un adulte est 65 kg et celle d'un enfant, 30 kg. Pour la visite guidée, il compte demander 7 $ par adulte et 4 $ par enfant. Il évalue à 20 $ les frais engendrés par chaque randonnée. Donnez la règle qui permet à Danny d'évaluer le profit pour chaque randonnée.

**b)** Durant les vacances d'été, Caro cumule deux emplois. Elle travaille au moins 15 h par semaine à la ferme et un minimum de 25 h dans un casse-croûte. Étant donné qu'au casse-croûte elle reçoit aussi des pourboires, elle désire y travailler au moins 2 fois plus souvent qu'à la ferme. Toutefois, elle ne veut pas dépasser 50 h de travail par semaine. À la ferme, on lui donne 7 $/h, tandis qu'au casse-croûte elle gagne en moyenne 11 $/h, pourboires inclus. En tenant compte des déductions à la source d'environ 30 %, donnez la règle qui permet de déterminer le salaire hebdomadaire net de Caro.

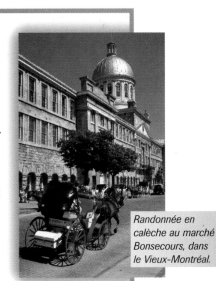

*Randonnée en calèche au marché Bonsecours, dans le Vieux-Montréal.*

# LA PRISE DE DÉCISION

## DROITE BALADEUSE

### Les croustilles attirent le cola

Selon une étude portant sur les habitudes alimentaires, les croustilles et le cola sont des inséparables. Un dépanneur offre un sac de croustilles à très bas prix pour attirer la clientèle. Ce prix est tellement bas qu'il essuie une perte de 0,10 $ par sac. Par contre, la vente de colas lui rapporte 0,50 $ l'unité. En une journée, il vend habituellement au moins autant de sacs de croustilles que de colas, au moins 10 colas et jusqu'à 40 sacs de croustilles. Mais, au total, il ne vend pas plus de 60 de ces produits.

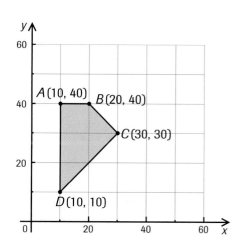

### CONTRAINTES

**a)** Si le nombre de colas vendus est représenté par la variable $x$ et le nombre de sacs de croustilles vendus par la variable $y$, donne le système d'inéquations traduisant les contraintes dont le propriétaire du dépanneur doit tenir compte et qui correspond au polygone de contraintes ci-contre :

### OBJECTIF

Le propriétaire du dépanneur aimerait maximiser le profit engendré par la vente de ces deux produits.

**b)** Donne la règle qui permet au propriétaire du dépanneur d'évaluer le profit ($P$) engendré par la vente de ces deux produits.

Le propriétaire du dépanneur recherche une **méthode** graphique qui lui permettrait de **connaître le nombre de colas et de sacs de croustilles** qui **maximisent** son profit.

**c)** Donne la signification, dans ce contexte, de chacune des règles suivantes et exprime-les sous la forme $y = \rule{2cm}{0.3cm}$.

1) $0 = 0,5x - 0,1y$      2) $5 = 0,5x - 0,1y$

3) $10 = 0,5x - 0,1y$      4) $15 = 0,5x - 0,1y$

Dans le graphique ci-contre, on a représenté le polygone de contraintes, les droites correspondant aux règles précédentes ainsi que certains points appartenant au polygone.

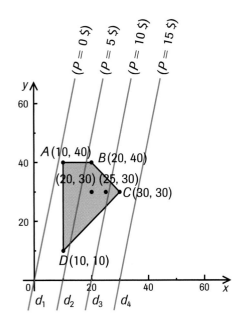

**d)** Quelle caractéristique ont toutes ces droites?

**e)** Comment peut-on expliquer cette caractéristique?

**f)** En réalisant un profit de 0,50 $ par cola et en subissant une perte de 0,10 $ par sac de croustilles, le propriétaire du dépanneur peut-il espérer les profits suivants tout en tenant compte des contraintes?

1)  0 $          2)  5 $          3)  10 $          4)  15 $

**g)** Évalue le profit pour chacun des couples suivants :

1)  (10, 40)          2)  (10, 10)          3)  (20, 40)

4)  (20, 30)          5)  (25, 30)          6)  (30, 30)

Les droites parallèles tracées dans ce graphique peuvent être considérées comme des traces laissées par une droite baladeuse dont le taux de variation est 5.

On convient d'appeler **droite baladeuse** une droite que l'on promène dans le plan cartésien suivant un mouvement de translation. Pour définir une droite baladeuse, il suffit de supposer une valeur pour l'objectif dans la règle de l'objectif.

**h)** Décris comment varie le profit lorsqu'on déplace la droite baladeuse de $d_1$ vers $d_4$.

**i)** Quels sont les premier et dernier points du polygone de contraintes touchés par la droite baladeuse lorsqu'elle se déplace de $d_1$ vers $d_4$?

**j)** Quel est le point du polygone de contraintes dont les coordonnées engendrent :

1)  le profit maximal?          2)  le profit minimal?

On constate que les coordonnées des **premier** et **dernier** points du polygone de contraintes qui sont touchés par la droite baladeuse engendrent un maximum ou un minimum.

## Une randonnée sur le Saint-Laurent

Afin de rentabiliser son yacht, Martin décide d'offrir des randonnées sur le Saint-Laurent. Il s'informe des règlements auxquels il doit se conformer. Vu les dimensions du yacht, le nombre d'enfants augmenté du double du nombre d'adultes ne peut excéder 140. Pour répondre à la demande, Martin estime qu'il doit y avoir au moins 30 enfants à bord. D'autre part, à cause des normes de sécurité, le nombre d'adultes doit être égal au moins au tiers du nombre d'enfants.

### CONTRAINTES

**a)** Si le nombre d'enfants est représenté par la variable $x$ et le nombre d'adultes par la variable $y$, donne le système d'inéquations traduisant les contraintes dont Martin doit tenir compte et qui correspond au polygone de contraintes ci-contre.

### OBJECTIF

Bien sûr, Martin aimerait maximiser ses revenus! Il analyse différentes combinaisons de prix pour une randonnée.

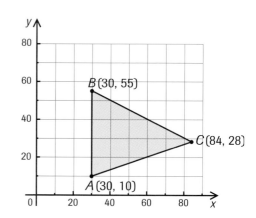

### Première tentative

**b)** À partir des prix ci-contre, donne la règle qui permet à Martin d'évaluer le revenu ($R$), en dollars, pour chaque randonnée.

Enfant : 3 $

Adulte : 10 $

Martin recherche une **méthode** qui lui permettrait de **connaître le nombre d'enfants et le nombre d'adultes** qui **maximisent** ses profits. Il peut utiliser une **méthode graphique.**

**c)** Donne la signification, dans ce contexte, de chacune des règles :

1) $100 = 3x + 10y$      2) $300 = 3x + 10y$

3) $500 = 3x + 10y$      4) $700 = 3x + 10y$

Dans le graphique ci-dessous, on a représenté le polygone de contraintes et les droites correspondant aux règles précédentes.

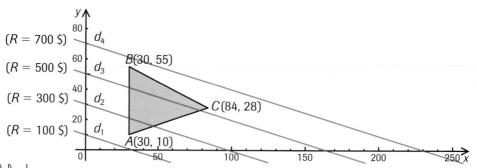

**d)** Quel est le taux de variation de chacune de ces droites?

**e)** En demandant 3 $ par enfant et 10 $ par adulte, Martin peut-il réaliser les revenus suivants tout en tenant compte des contraintes?

1) 100 $     2) 300 $     3) 500 $     4) 700 $

**f)** Décris comment varie le revenu lorsqu'on déplace la droite baladeuse de $d_1$ vers $d_4$.

**g)** Indique les sommets qui correspondent aux premier et dernier points touchés par la droite baladeuse lorsqu'elle balaie le polygone de contraintes de $d_1$ vers $d_4$.

**h)** Quel point a les coordonnées qui engendrent :

1) un revenu maximal?     2) un revenu minimal?

Encore ici, on constate que les coordonnées des premier et dernier points du polygone de contraintes qui sont touchés par la droite baladeuse engendrent un **maximum** ou un **minimum.**

---

### Deuxième tentative

**i)** Avec les tarifs ci-contre, que devient la règle de l'objectif de Martin?

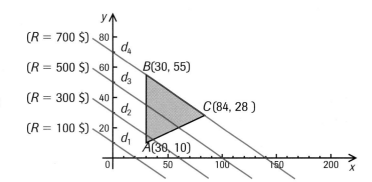

Enfant : 5 $
Adulte : 10 $

**j)** Complète ce tableau des règles obtenues pour différents revenus :

| Revenu | $R = \blacksquare + \blacksquare$ | $y = \blacksquare$ |
|--------|-----------------------------------|--------------------|
| 100 | $100 = \blacksquare x + \blacksquare y$ | $d_1 : y = 10 - \dfrac{x}{2}$ |
| 300 | $\blacksquare$ | $d_2 : y = \blacksquare$ |
| 500 | $\blacksquare$ | $d_3 : y = \blacksquare$ |
| 700 | $\blacksquare$ | $d_4 : y = \blacksquare$ |

Dans le graphique ci-contre, on a représenté le polygone de contraintes et les droites correspondant à ces équations.

**k)** Quel point a les coordonnées qui engendrent :

1) un revenu minimal?

2) un revenu maximal?

*(R = 700 $) 80  $d_4$*
*(R = 500 $) 60  $d_3$  B(30, 55)*
*(R = 300 $) 40  $d_2$  C(84, 28)*
*(R = 100 $) 20  $d_1$*
*A(30, 10)*
*0   50   100   150   200   x*

**l)** Les coordonnées des points du segment BC engendrent-elles toutes un revenu maximal?

Ces deux activités permettent de constater ce qui suit :

1° Les valeurs qui optimisent (maximisent ou minimisent) un objectif sont les coordonnées du premier ou du dernier sommet du polygone de contraintes touché par la droite baladeuse.

2° Parfois, au lieu d'un sommet, on observe qu'un côté du polygone de contraintes optimise la règle de l'objectif.

**1.** Dans chacun des graphiques ci-dessous, on a représenté un polygone de contraintes ainsi qu'une droite baladeuse.

Dans chaque cas, indique les premier et dernier sommets du polygone de contraintes touchés par la droite baladeuse.

①

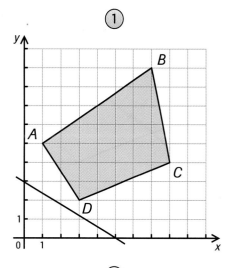

②

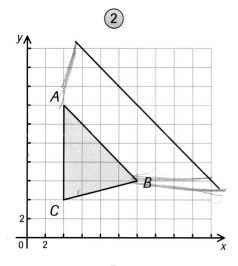

③

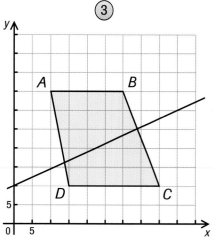

④

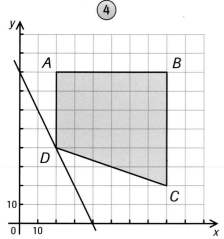

**2.** Donne le taux de variation de la droite baladeuse associée à chacune des règles suivantes.

   **a)** $M = 18x + 30y$      **b)** $M = 40x + 20y$      **c)** $M = -7x + 21y$

   **d)** $M = 7,5x + 2,5y$      **e)** $M = 5x - 12y$      **f)** $M = 3x + 3y - 10$

**3.** Reproduis le polygone de contraintes ci-contre. Trace une droite baladeuse associée à la règle de l'objectif et pour laquelle :

   **a)** les coordonnées du point $A$ engendrent un maximum ;

   **b)** les coordonnées du point $C$ engendrent un minimum ;

   **c)** les coordonnées des points appartenant au côté $AB$ engendrent un maximum.

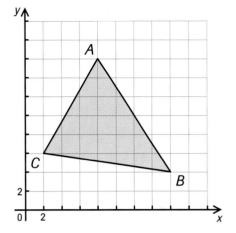

**4.** La règle d'un objectif est $R = 5x + 3y$ et correspond au revenu engendré par la vente de deux produits. Les sommets du polygone de contraintes sont : $A(19, 20)$, $B(24, 30)$, $C(40, 25)$ et $D(30, 22)$.

   **a)** Dans un plan cartésien, représente le polygone de contraintes.

   **b)** Trace une droite baladeuse.

   **c)** Quel couple génère le revenu maximal ?

**5.** Soit la règle $C = 5x + 3y$ correspondant au coût de production de deux produits, et $A(50, 50)$, $B(50, 100)$, $C(90, 120)$ et $D(100, 100)$ les sommets du polygone de contraintes.

   **a)** Dans un plan cartésien, représente le polygone de contraintes.

   **b)** Trace une droite baladeuse.

   **c)** Quel est le couple qui génère le coût minimal ?

**6.** Le programme suivant permet de bien visualiser le déplacement effectué par une droite baladeuse, et ce peu importe son taux de variation.

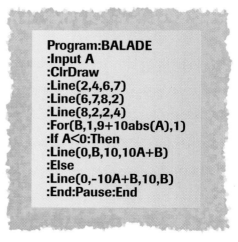

```
Program:BALADE
:Input A
:ClrDraw
:Line(2,4,6,7)
:Line(6,7,8,2)
:Line(8,2,2,4)
:For(B,1,9+10abs(A),1)
:If A<0:Then
:Line(0,B,10,10A+B)
:Else
:Line(0,-10A+B,10,B)
:End:Pause:End
```

***a)*** Entre le programme ci-dessus sur une calculatrice à affichage graphique.

***b)*** Après avoir défini les valeurs de la fenêtre d'affichage de l'écran graphique tel qu'indiqué, mets en marche le programme BALADE.

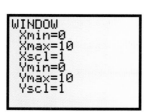

***c)*** On doit d'abord donner le taux de variation de la droite baladeuse que l'on désire animer.

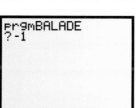

***d)*** En appuyant sur la touche ENTER, on visualise le déplacement de la droite baladeuse.

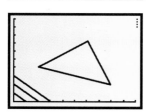

***e)*** À l'aide du programme BALADE, réponds aux questions suivantes :

1) Quelles sont les coordonnées des sommets du polygone de contraintes ?

2) Quel est le taux de variation de la droite baladeuse correspondant à la règle de l'objectif $M = 2x + 10y$ ?

3) Quelles sont les coordonnées du point qui engendrent un maximum pour $M = 2x + 4y$ ?

4) Quelles sont les coordonnées du point qui engendrent un minimum pour $M = x + 10y - 5$ ?

5) Qu'a de particulier le maximum engendré par $M = 10x + 4y$ ?

Voici les affirmations de quatre élèves au sujet des problèmes d'optimisation :

1)

Ce sont toujours les coordonnées du point le plus haut d'un polygone de contraintes qui maximisent la règle de l'objectif.

2)

Dans un polygone de contraintes, les coordonnées du point qui est situé le plus près de l'origine minimisent toujours la règle de l'objectif.

3)

Ce sont toujours les coordonnées du point le plus bas d'un polygone de contraintes qui minimisent la règle de l'objectif.

4)

Dans un polygone de contraintes, les coordonnées du point le plus éloigné de l'origine maximisent toujours la règle de l'objectif.

Montrez que chacune de ces affirmations est fausse en donnant un contre-exemple. Utilisez la droite baladeuse.

## PROBLÈMES D'OPTIMISATION

### Attache ta ceinture !

Une école de conduite offre un programme qui comprend un minimum de 5 cours théoriques et des cours pratiques. Le nombre de cours théoriques est inférieur ou égal au nombre de cours pratiques et on ne peut pas s'inscrire à plus de 20 cours au total. Un cours pratique coûte 25 $ alors qu'un cours théorique coûte 20 $.
Quelle somme minimale devra-t-on dépenser pour suivre ce programme ?

***a)*** Si $x$ représente le nombre de cours théoriques et $y$ le nombre de cours pratiques, détermine la règle de l'objectif $C = $ ▓▓▓▓▓▓▓▓▓▓▓▓ .

**b)** Traduis l'ensemble des contraintes de cette situation à l'aide d'un système d'inéquations.

Voici la représentation graphique du polygone de contraintes correspondant au système.

On sait que le couple solution qui optimise l'objectif correspond à l'un des sommets du polygone de contraintes. Mais lequel? Pour répondre à cette question, il suffit de tracer la droite baladeuse.

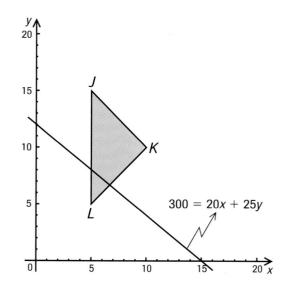

En substituant à $C$ une valeur raisonnable, par exemple 300 $, on représente la droite d'équation $300 = 20x + 25y$ ou $y = 12 - \dfrac{4x}{5}$.

**c)** Dans ce cas-ci, dans quelle direction doit-on déplacer la droite baladeuse pour que la valeur de $C$ diminue?

**d)** En balayant le polygone de contraintes avec la droite baladeuse, détermine le sommet qui engendre le coût minimal.

**e)** Détermine algébriquement les coordonnées de ce sommet.

**f)** Quel est le coût minimal du programme qu'offre l'école de conduite?

La démarche utilisée pour résoudre un problème d'optimisation est la suivante :

1° Identifier les variables $x$ et $y$.

2° Déterminer la règle de l'objectif $M = ax + by$.

3° Traduire les contraintes par un système d'inéquations.

4° Représenter le polygone de contraintes et la droite baladeuse dans un plan cartésien.

5° Repérer les sommets qui permettent d'optimiser la règle de l'objectif.

6° Déterminer les coordonnées de l'un de ces sommets.

7° Évaluer la règle de l'objectif en ce sommet.

8° Comparer la valeur obtenue à celle de la droite baladeuse pour décider de la solution.

*Alors qu'il était encore aux études, George Dantzig fut le premier à développer une méthode pour résoudre des problèmes faisant intervenir plusieurs inéquations à plusieurs variables. Cette méthode est connue sous le nom de «méthode de simplex».*

## Disparu au milieu de nulle part

Chaque année, près de 500 bateaux sont portés disparus à travers le monde. Imaginons une île qui n'existe pas sur la carte. Un port pouvant accueillir un maximum de 20 navires y est aménagé. Les navires de croisière et les navires marchands qui fréquentent ce port sont des bateaux égarés. Bien qu'il y ait toujours au moins 5 navires marchands ancrés au port, on y dénombre en tout temps plus de navires de croisière que de navires marchands. Un navire de croisière transporte en moyenne 750 personnes et un navire marchand, 250. Pour qu'il y ait le plus grand nombre possible de personnes sur l'île, combien de navires de chaque type doivent être ancrés au port?

a) Si $x$ représente le nombre de navires de croisière, que peut représenter $y$?

   $x$ : nombre de navires de croisière

   $y$ : ▬▬▬▬▬▬▬

b) Décris en mots l'objectif de ce problème.

c) Quelle est la règle qui traduit cet objectif?

d) Traduis l'ensemble des contraintes de cette situation à l'aide d'un système d'inéquations.

Voici la représentation graphique du polygone de contraintes correspondant au système.

e) Suppose un nombre de personnes dans la règle de l'objectif et trace la droite obtenue.

f) Repère graphiquement le sommet du polygone dont les coordonnées engendrent la valeur maximale.

g) Détermine algébriquement les coordonnées de ce sommet.

h) Quel est le nombre maximal de personnes qu'on peut retrouver sur cette île?

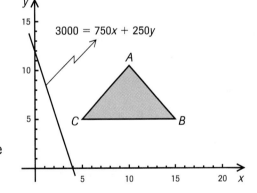

i) En complétant le tableau suivant, vérifie l'exactitude de la solution obtenue.

| SOMMET | COORDONNÉES | Évaluation de la RÈGLE |
|---|---|---|
| A | | |
| B | | |
| C | | |

L'évaluation de la règle en chacun des sommets du polygone de contraintes constitue une autre façon de résoudre un problème d'optimisation.

1. Soit $A(5, 1)$, $B(10, 6)$ et $C(3, 15)$ les sommets d'un polygone de contraintes. Parmi ces points, lequel a des coordonnées qui engendrent :

   a) un maximum pour l'objectif défini par la règle $M = 4x + 10y$?

   b) un minimum pour l'objectif défini par la règle $M = 3x + 2y$?

2. Pour chacun des polygones de contraintes définis par les systèmes d'inéquations suivants, détermine les coordonnées du point qui permettent d'atteindre l'objectif indiqué.

   a)
   $$x \geqslant 0$$
   $$y \geqslant 0$$
   $$y \leqslant 10 - 2x$$
   $$y \geqslant \frac{x}{2}$$

   Règle : $M = x + 10y$
   Objectif : maximiser.

   b)
   $$x \geqslant 1$$
   $$y \geqslant 6$$
   $$y \geqslant 2x + 4$$
   $$y \leqslant -2x + 20$$

   Règle : $M = 2x + 6y$
   Objectif : minimiser.

   c)
   $$y \leqslant 5x - 12$$
   $$y \geqslant x$$
   $$y \leqslant -3x + 36$$

   Règle : $M = 3x + 4y$
   Objectif : maximiser.

3. Une ébénisterie fabrique des armoires en érable et d'autres en chêne. On peut y produire au plus 90 armoires par mois. Selon le carnet de commandes, on devra fabriquer au moins 50 armoires en érable et au moins 20 en chêne chaque mois. Toutefois, vu les réserves limitées de bois de chêne, l'entreprise doit produire au moins 2 fois plus d'armoires en érable que d'armoires en chêne. On réalise un profit de 150 $ sur la vente d'une armoire en érable et de 275 $ sur la vente d'une armoire en chêne. On s'intéresse au nombre d'armoires de chaque type que l'ébénisterie doit livrer mensuellement pour maximiser ses profits.

   a) Identifie chacune des variables de cette situation.

   b) Décris l'objectif et donne sa règle.

   c) Traduis chacune des contraintes par une inéquation.

   d) Représente le polygone de contraintes et trace la droite baladeuse.

   e) Repère les sommets dont les coordonnées optimisent la règle de l'objectif.

   f) Combien d'armoires de chaque type l'ébénisterie doit-elle livrer chaque mois pour atteindre son objectif?

   g) Quels sont alors ses profits?

*On appelle «ébéniste» la personne spécialisée dans la fabrication de meubles en bois de qualité.*

**4.** Une municipalité des Laurentides désire produire un album relatant son histoire. Pour couvrir une partie des frais de production, on doit recruter un maximum de 30 commandites. On peut opter pour une publicité en couleurs d'une demi-page au coût de 75 $ ou pour une pleine page en noir et blanc au coût de 80 $. On doit réserver au moins 20 pages entières à la publicité. Au moins deux fois plus de commanditaires ont manifesté l'intention de réserver une demi-page en couleurs plutôt qu'une page en noir et blanc. On désire connaître le nombre de commandites de chaque type qu'on doit vendre pour tirer le revenu maximal de la publicité.

**a)** Quelles sont les deux variables dans cette situation?

**b)** Donne la règle qui traduit l'objectif.

**c)** Donne le système d'inéquations traduisant les contraintes du problème, puis représente ce système dans un plan cartésien.

**d)** En utilisant la méthode de ton choix, détermine le nombre de commandites de chaque type qu'on doit vendre pour tirer le revenu maximal de la publicité.

**e)** À combien s'élève ce revenu maximal?

**5.** Habituellement, un polygone de contraintes est borné. Toutefois, il arrive que la représentation graphique d'un système d'inéquations donne lieu à un polygone de contraintes non borné. Voici un système d'inéquations traduisant un ensemble de contraintes et sa représentation graphique :

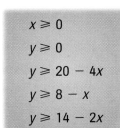

$$x \geq 0$$
$$y \geq 0$$
$$y \geq 20 - 4x$$
$$y \geq 8 - x$$
$$y \geq 14 - 2x$$

**a)** Explique pourquoi ce polygone de contraintes est non borné.

**b)** Quelles sont les coordonnées du point qui minimisent la règle de l'objectif donnée?

1) $M = 10x + y$

2) $M = x + 10y$

**c)** Explique pourquoi il est impossible de rechercher un maximum à partir d'un tel polygone de contraintes.

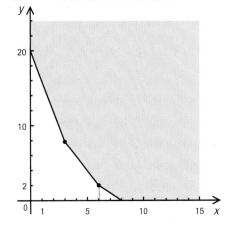

**6.** Lors d'une collecte de fonds pour une maison des jeunes, les dons reçus sont des billets de 10 $ et de 20 $. Au tout début de la journée, on avait au moins 3 billets de 20 $. À la fin de la journée, on estime que la somme amassée est d'au moins 120 $ et d'au plus 240 $. De plus, on sait que le nombre de billets de 10 $ est supérieur ou égal au nombre de billets de 20 $.

**a)** En associant le nombre de billets de 10 $ à la variable $x$ et le nombre de billets de 20 $ à la variable $y$, détermine la règle de l'objectif.

**b)** Quelle est la somme maximale amassée lors de la collecte de fonds?

*c)* Combien peut-il y avoir de billets de 20 $ au maximum? Dans ce cas, combien y a-t-il de billets de 10 $?

*d)* Combien peut-il y avoir de billets de 10 $ au maximum? Dans ce cas, combien y a-t-il de billets de 20 $?

**7.** Le jeu de cartes *Magic* est très populaire auprès des jeunes. Certaines cartes du jeu étant communes et d'autres rares, elles n'ont pas toutes la même valeur. Avant une séance d'échanges, Régis a en main au moins autant de cartes rares que de cartes communes. La différence entre le nombre de cartes de chaque type n'excède pas 20. Au total, Régis possède entre 60 et 80 cartes. S'il obtient 5 cartes communes en échange d'une carte rare, combien de cartes de chaque sorte doit-il avoir en main au début des échanges pour obtenir un nombre maximal de cartes après la séance d'échanges?

**8.** Un polygone de contraintes a pour sommets les points $A(0, 0)$, $B(10, 0)$, $C(15, 5)$ et $D(10, 15)$. On désire déterminer le ou les couples de nombres qui engendrent la valeur maximale pour l'objectif défini par la règle $M = 4x + 2y$.

*a)* Représente le polygone de contraintes *ABCD* dans un plan cartésien.

*b)* Détermine la valeur de l'objectif à l'aide des coordonnées de chacun des sommets.

*c)* Combien de sommets ont des coordonnées qui engendrent le maximum?

*d)* Donne les coordonnées de quatre autres points à coordonnées entières qui engendrent aussi le maximum.

**9.** On désire maximiser la règle de l'objectif $M = 2x + 4$ selon les contraintes associées au système d'inéquations ci-contre.

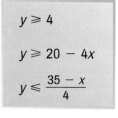

$$y \geq 4$$
$$y \geq 20 - 4x$$
$$y \leq \frac{35 - x}{4}$$

*a)* Représente le polygone de contraintes à l'aide d'une calculatrice à affichage graphique.

*b)* En attribuant une valeur raisonnable à *M*, trace une droite baladeuse dans le même écran graphique.

*c)* Fais afficher la table de valeurs et détermine les coordonnées du point qui maximisent l'objectif.

*d)* Si l'on ajoute l'inéquation $y \leq 17 - x$ au système, obtient-on le même couple solution? Explique ta réponse.

# FORUM

Un expert doit identifier les faux tableaux d'une collection. La différence entre le nombre de vrais tableaux et le nombre de faux tableaux est supérieure à 1, et il n'y a pas plus de 8 tableaux en tout. L'expert affirme sans hésiter que la collection contient au moins 2 faux tableaux. Déterminez le nombre maximal de faux tableaux qu'il peut y avoir dans la collection :

1) si l'affirmation de l'expert est fondée;

2) si l'affirmation de l'expert est erronée.

Un **polygone de contraintes** correspond à la représentation, dans le plan cartésien, de l'ensemble-solution du système d'inéquations traduisant les contraintes d'un problème. Cette région est constituée de tous les points dont les coordonnées satisfont chacune des inéquations du système.

Généralement, les problèmes de contraintes poursuivent également un **objectif** que les coordonnées des points du polygone de contraintes permettent d'atteindre à divers degrés. Certains offrent des solutions plus **avantageuses** que d'autres.

L'objectif visé peut être un maximum ou un minimum et se traduit par une règle de la forme $M = ax + by$.

Si l'objectif visé est :

- la valeur la **plus élevée,** on recherche alors un **maximum**;
- la valeur la **moins élevée,** on recherche alors un **minimum.**

Résoudre un **problème d'optimisation,** c'est rechercher la **solution qui engendre un maximum ou un minimum pour la règle de l'objectif en tenant compte de diverses contraintes.**

La solution d'un problème d'optimisation correspond **aux coordonnées de l'un des sommets** ou aux coordonnées **des points formant un côté** du polygone de contraintes.

Ainsi, une fois qu'on connaît les coordonnées des sommets d'un polygone de contraintes, il suffit d'évaluer la règle de l'objectif en chacun de ces sommets. On peut alors déterminer en quels sommets l'objectif est optimisé.

Généralement, déterminer les coordonnées de tous les sommets d'un polygone de contraintes demande beaucoup de temps. Toutefois, en représentant une **droite baladeuse** à même le graphique contenant le polygone de contraintes, on peut **rapidement** repérer le sommet ou le côté du polygone dont les coordonnées engendrent la valeur optimale.

On suit alors systématiquement la démarche suivante :

1° Identifier les variables $x$ et $y$.

2° Déterminer la règle de l'objectif $M = ax + by$.

3° Traduire les contraintes par un système d'inéquations.

4° Représenter le polygone de contraintes et la droite baladeuse dans un plan cartésien.

5° Repérer les sommets qui permettent d'optimiser la règle de l'objectif.

6° Déterminer les coordonnées de l'un de ces sommets.

7° Évaluer la règle de l'objectif en ce sommet.

8° Comparer la valeur obtenue à celle de la droite baladeuse pour décider de la solution.

**1** Détermine mentalement le résultat.

 **a)** 484 × 0,25     **b)** (777 × 6) ÷ 42     **c)** 15 % de 820     **d)** 200 × 0,75

**2** Quel achat est le plus avantageux?

 **a)** 10 pour 40 ¢ ou 12 pour 50 ¢          **b)** 16 pour 75 ¢ ou 32 pour 1,49 $

 **c)** 24 pour 1,12 $ ou 30 pour 1,80 $       **d)** 15 pour 12 $ ou 12 pour 51 $

**3** Les résultats de deux de ces additions sont faux :

 1) $\dfrac{4}{9} + \dfrac{6}{11} = 1\dfrac{1}{99}$          2) $\dfrac{5}{8} + \dfrac{4}{7} = \dfrac{9}{15}$          3) $\dfrac{8}{15} + \dfrac{11}{20} = 1\dfrac{1}{12}$

 **a)** Quelle addition n'a pas une réponse raisonnable?

 **b)** Laquelle indique un résultat exact?

**4** Estime le salaire annuel de Camille qui travaille 42 h par semaine, pendant 48 semaines, au taux horaire de 9,50 $.

**5** Estime le quotient.

 **a)** $\dfrac{472\ 546}{8127}$          **b)** $\dfrac{422 \times 546}{832}$          **c)** $\dfrac{789 \times 546 \times 234}{398 \times 1045}$

**6** Estime la circonférence et l'aire des disques décrits ci-dessous.

 **a)** r = 5 cm     **b)** r = 9 cm     **c)** d = 20 cm     **d)** r = 25 cm

**7** Selon le cas, estime la circonférence ou l'aire.

 **a)** C = 24 cm     **b)** A = 75 cm²     **c)** C = 90 cm     **d)** A = 1200 cm²

**8** Considérons la Terre comme une grosse boule entourée d'une ceinture à l'équateur. Le rayon de la Terre est approximativement de 6378,156 km. On allonge la ceinture de sorte qu'elle s'éloigne maintenant de 1 m de la Terre. On se demande d'approximativement combien on a augmenté la longueur de la ceinture.

 **a)** Sans faire de calculs, indique lequel des nombre suivants représente une réponse sensée.

    1) 6 m          2) 600 m

    3) 6000 m       4) 60 000 m

 **b)** Vérifie mentalement ta réponse en posant une égalité qui utilise la propriété de distributivité et en utilisant des nombres amis qui facilitent les calculs.

**9** Dans un grand hôtel, plusieurs ascenseurs sont mis à la disposition de la clientèle. Un ascenseur a une charge maximale de 1560 kg. On considère que la masse moyenne d'un homme est de 75 kg et celle d'une femme, de 60 kg. À un certain moment, on dénombre au moins 2 fois plus de femmes que d'hommes dans l'ascenseur et on y compte au moins 3 hommes. On s'intéresse à la charge minimale de l'ascenseur.

*a)* Quelles sont les deux variables dans cette situation?

*b)* Décris l'objectif visé.

*c)* Détermine la règle traduisant l'objectif.

*d)* Donne le système d'inéquations traduisant les contraintes du problème, puis représente graphiquement ce système.

**10** Lors d'une fouille archéologique, Mahmoud découvre une pierre sur laquelle des données sont inscrites et une carte est tracée. Après avoir déchiffré les données, il s'aperçoit qu'il s'agit d'inéquations délimitant une région sur la carte. Les inéquations sont indiquées ci-contre.

Sur la carte apparaît un point dans un système d'axes. Quelles sont ses coordonnées s'il est le point du polygone de contraintes le plus éloigné de l'origine?

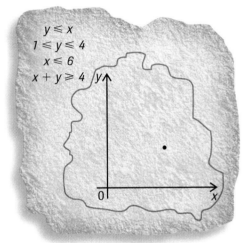

$$y \leqslant x$$
$$1 \leqslant y \leqslant 4$$
$$x \leqslant 6$$
$$x + y \geqslant 4$$

**11** Soit $A$ l'ensemble des points $(x, y)$ tel que $3 \leqslant x \leqslant 8$ et $2 \leqslant y \leqslant 6$. En permutant $x$ et $y$, on obtient un ensemble de points $B$ tel que $2 \leqslant x \leqslant 6$ et $3 \leqslant y \leqslant 8$.

*a)* Représente l'ensemble $A$ et l'ensemble $B$.

*b)* Donne les coordonnées des sommets de la région commune à $A$ et à $B$.

*c)* Si cette région correspond à un polygone de contraintes, quelles sont les inéquations traduisant ces contraintes?

*d)* En quel point du polygone de contraintes la règle $M = 2x + 3y$ est-elle maximisée?

**12** Un atelier d'usinage produit des hélices et des systèmes d'engrenage destinés à la fabrication de bateaux. Il faut environ 2 h pour produire une hélice et 3 h pour un système d'engrenage. Un règlement concernant la pollution par le bruit limite le fonctionnement des machines à 98 h par semaine. Le volume de l'espace réservé à l'entreposage est de 200 m³. La boîte contenant une hélice occupe un espace de 1 m³ et la boîte contenant un système d'engrenage requiert un espace de 3 m³. Une étude de marché conclut que l'atelier doit produire au moins 2 fois plus d'hélices que de systèmes d'engrenage. En vendant une hélice 40 $ et un système d'engrenage 60 $, on recherche un revenu maximal.

*a)* Quelles sont les deux variables dans cette situation?

*b)* Détermine la règle traduisant l'objectif.

*c)* Pose le système d'inéquations traduisant les contraintes du problème, puis représente graphiquement ce système.

*d)* Détermine le nombre d'hélices et le nombre de systèmes d'engrenage que l'atelier doit produire pour obtenir un revenu maximal.

*e)* À combien s'élève ce revenu?

**13** On a représenté ci-contre un polygone de contraintes et on a indiqué les coordonnées de chaque sommet. On désire optimiser l'objectif défini par $M = ax + by$. Donne des valeurs aux paramètres a et b de la règle de l'objectif de sorte que :

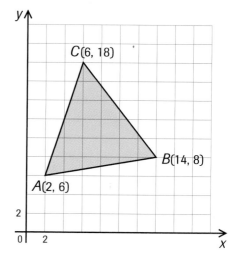

*a)* seules les coordonnées du sommet $A$ engendrent un maximum;

*b)* seules les coordonnées du sommet $B$ engendrent un maximum;

*c)* les coordonnées des sommets $A$ et $B$ engendrent un maximum.

**14** Dans le graphique ci-contre, on a représenté les droites d'équations $y = -2x + 16$ et $y = -\frac{x}{2} + 7$, formant ainsi quatre régions dans le premier quadrant.

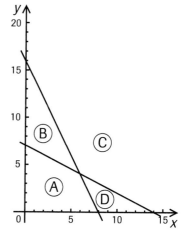

*a)* Associe chacun des systèmes d'inéquations suivants à l'une des régions du graphique ci-dessus.

1)
$$x \geq 0$$
$$y \geq 0$$
$$y \geq -2x + 16$$
$$y \geq -\frac{x}{2} + 7$$

2)
$$x \geq 0$$
$$y \geq 0$$
$$y \leq -2x + 16$$
$$y \geq -\frac{x}{2} + 7$$

3)
$$x \geq 0$$
$$y \geq 0$$
$$y \geq -2x + 16$$
$$y \leq -\frac{x}{2} + 7$$

4)
$$x \geq 0$$
$$y \geq 0$$
$$y \leq -2x + 16$$
$$y \leq -\frac{x}{2} + 7$$

*b)* Parmi ces régions, laquelle correspond à un polygone de contraintes non borné?

*c)* Quelles sont les coordonnées du seul point appartenant à toutes ces régions?

**15** Le club Aquaphilie offre aux jeunes des cours de plongée sous-marine en piscine. On accepte un maximum de 30 jeunes par cours et un cours coûte 10 $. Pour satisfaire aux normes de sécurité, il doit y avoir au moins un moniteur ou une monitrice pour 5 jeunes. Les 5 moniteurs disponibles demandant chacun 20 $ par cours. Le cours sera toutefois annulé s'il y a moins de 10 inscriptions. Détermine quels doivent être le nombre d'inscriptions et le nombre de moniteurs pour qu'Aquaphilie maximise ses revenus tout en respectant les diverses contraintes.

**16** On désire déterminer le type de figure plane qui, pour un périmètre fixe, génère une aire maximale. Par exemple, quelle figure doit-on former avec une corde de 60 cm pour maximiser l'aire de cette figure?

*a)* Calcule l'aire :

   1) d'un triangle équilatéral dont le périmètre est 60 cm;

   2) d'un rectangle dont la longueur est 20 cm et la largeur, 10 cm;

   3) d'un carré dont le périmètre est 60 cm;

   4) d'un disque dont la circonférence est 60 cm.

*b)* Quelle conjecture t'inspirent ces résultats? Explique ta réponse.

**17** On désire résoudre un problème d'optimisation à l'aide d'une calculatrice à affichage graphique. On donne ci-contre le système d'inéquations traduisant les contraintes de la situation.

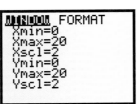

$$y \geq x$$
$$y \leq 2x$$
$$y \geq 12 - x$$
$$y \leq 18 - x$$

*a)* Fais afficher les droites frontières associées à chacune des inéquations du système selon les valeurs suggérées ci-dessous pour la fenêtre.

```
WINDOW FORMAT
Xmin=0
Xmax=20
Xscl=2
Ymin=0
Ymax=20
Yscl=2
```

*b)* Détermine la région de l'écran qui correspond au polygone de contraintes.

*c)* Sachant que les coordonnées des sommets correspondent à des nombres entiers, détermine ces coordonnées à l'aide du curseur.

*d)* Détermine le couple de nombres qui engendre un maximum si $M = 0,5x + y$.

**18** Voici un système d'inéquations traduisant les contraintes d'une situation :

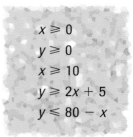

$$x \geq 0$$
$$y \geq 0$$
$$x \geq 10$$
$$y \geq 2x + 5$$
$$y \leq 80 - x$$

**a)** Représente l'ensemble-solution de ce système d'inéquations dans un plan cartésien.

**b)** Détermine les coordonnées des sommets du polygone de contraintes ainsi obtenu.

**c)** Détermine les coordonnées de trois autres points appartenant au polygone de contraintes.

**d)** Parmi ces points, lequel :

1) minimise l'objectif dont la règle est $M = 10x + 5y$?

2) maximise l'objectif dont la règle est $M = 3x + 5y$?

**19** Compose un problème d'optimisation dans lequel on désire :

**a)** maximiser les profits provenant de la vente de deux produits;

**b)** minimiser les coûts associés à la fabrication de deux produits.

**20** **CONTRE-ATTAQUER LES UVA ET LES UVB**

Le soleil émet des rayons qui peuvent être dommageables pour la peau. En particulier, on doit se protéger contre les rayons ultraviolets de type A (UVA) et de type B (UVB). Une compagnie pharmaceutique fait appel à un biochimiste pour concevoir un composé de lotion solaire bloquant ces deux types de rayons. Pour respecter les exigences de la compagnie pharmaceutique, le biochimiste doit produire un composé d'au moins 150 ml et qui contient au moins 2 fois plus de lotion contre les UVA que de lotion contre les UVB. De plus, il doit y avoir au minimum 30 ml de lotion contre les rayons UVB dans le composé. Pour satisfaire la compagnie, le biochimiste doit produire ce composé au meilleur coût possible. Un millilitre de lotion contre les rayons UVA coûte 0,02 $ à produire, et un millilitre de lotion contre les rayons UVB, 0,04 $.

*On ne devrait pas s'exposer au soleil sans la protection d'une lotion solaire adéquate. Les «coups de soleil» sont particulièrement à éviter!*

**a)** En associant à $x$ le nombre de millilitres de lotion contre les UVA et à $y$ le nombre de millilitres de lotion contre les UVB qui forment le composé, donne la règle traduisant l'objectif.

**b)** Après avoir construit le polygone de contraintes, détermine s'il est borné ou non borné.

**c)** Combien de millilitres de lotion contre les UVA et de lotion contre les UVB le composé doit-il contenir pour produire la lotion solaire au moindre coût?

### 21 PROTECTION DE FICHIERS INFORMATISÉS

Le fichier d'un programme informatique peut être protégé en mode écriture ou en mode lecture. Carol a accès à un programme qui contient au moins 4 fichiers protégés en mode lecture. Lorsqu'on regroupe la moitié des fichiers protégés en mode écriture et les fichiers protégés en mode lecture, on n'en dénombre pas plus de 6. On retrouve au plus 3 fichiers protégés en mode lecture de plus que de fichiers protégés en mode écriture. Carol veut connaître le contenu de chaque fichier. Il faut 30 s pour ouvrir un fichier protégé en mode écriture et 120 s pour ouvrir un fichier protégé en mode lecture. Combien de fichiers de chaque type le programme doit-il contenir pour minimiser le temps que prendra Carol à les ouvrir?

### 22 À VOS ORDRES, CAPITAINE !

Isabelle est technicienne en navigation et espère devenir un jour capitaine de bateau. Lors d'un stage rémunéré d'une durée d'un mois, elle doit travailler sur un catamaran et sur un voilier. Le nombre d'heures de travail par mois sur le catamaran est supérieur d'au plus 40 h au nombre d'heures de travail sur le voilier. Isabelle doit travailler entre 20 h et 40 h par mois sur le voilier. Le stage a une durée totale de 60 h à 100 h. Sur le catamaran, Isabelle est payée 4 $/h et sur le voilier, 7 $/h. Comment Isabelle doit-elle partager son temps si elle désire tirer le revenu maximal de son stage?

Catamaran à quai.

### 23 LE POUVOIR DE SUGGESTION

Un groupe d'au moins 40 personnes se portent volontaires pour une séance d'hypnose. On considère qu'un individu de personnalité fragile est plus susceptible d'être hypnotisé qu'un individu de forte personnalité. Dans le groupe, le nombre d'individus de forte personnalité combiné au double du nombre d'individus de personnalité fragile n'excède pas 120. Bien qu'il y ait au moins autant de personnalités fragiles que de personnalités fortes, il n'y a pas plus de 50 individus de personnalité fragile. Si une personne de nature fragile a 70 % de chances d'être hypnotisée et qu'une personne de nature forte n'en a que 35 %, quelle doit être la composition du groupe pour qu'on puisse espérer hypnotiser un nombre maximal de personnes?

### 24 PLEIN À CRAQUER

On organise un concert rock dans un stade pouvant accueillir 10 000 personnes. Les billets sont vendus à l'avance dans les billetteries et à la porte du stade le jour du concert. Au moins 4000 billets ont été vendus à l'avance et un maximum de 3000 billets peuvent être vendus à la porte du stade. Le nombre de billets vendus à la porte est supérieur au quart du nombre des billets vendus à l'avance. Un billet vendu à l'avance coûte 18 $ et un billet vendu à la porte, 20 $.

**a)** Quel est le montant maximal que peut rapporter le spectacle?

**b)** Combien de billets ont été vendus à l'avance dans les billetteries?

## 25 L'ERREUR INFORMATIQUE DU SIÈCLE

*Le premier calculateur universel électronique, l'ENIAC, a été créé en 1946 par deux chercheurs américains. Il servait à calculer des trajectoires balistiques.*

Pour l'an 2000, les entreprises du monde entier doivent s'assurer que leurs systèmes informatisés reconnaissent le nouveau siècle, sinon elles risquent de revenir à l'an 1900! Une entreprise touchée par ce problème dispose sur six mois d'au plus 100 000 $ pour l'embauche de programmeuses et de techniciens en informatique. Il en coûte 20 000 $ pour les services d'une programmeuse durant six mois et 10 000 $ pour les services d'un technicien. Il doit y avoir au moins 2 programmeuses pour commencer le travail et chacune doit être assistée d'au moins 2 techniciens. Si, en six mois, une programmeuse accomplit 15 % du travail et qu'un technicien en accomplit 10 %, combien l'entreprise doit-elle embaucher de programmeuses et de techniciens pour que le plus de travail possible soit accompli en six mois?

## 26 L'HOMME DE HAUSLABJOCH

Le 19 septembre 1991, après des dizaines de siècles d'hibernation sur le glacier de Similaun, l'homme de Hauslabjoch a été découvert. À l'institut où la dépouille est conservée, on a tenté de déterminer l'âge de cet homme. Pour ce faire, on a utilisé la technique de datation au carbone et celle de datation au scanner. D'après le test au carbone, l'âge de la dépouille n'excède pas 8000 ans, et d'après le test au scanner, il se situe entre 3000 et 5000 ans. Pour plus de précision, on a aussi effectué des tests combinés où la moyenne des âges obtenus par chacun des procédés se situait entre 4000 et 6000 ans.

***a)*** En associant à $x$ l'âge de l'homme d'après la datation au carbone et à $y$ son âge d'après la datation au scanner, traduis chacun des résultats par une inéquation.

***b)*** Représente dans un plan cartésien le polygone de contraintes correspondant à l'ensemble des résultats possibles.

***c)*** Sachant que les spécialistes évaluent l'âge de l'homme de Hauslabjoch à l'aide de la règle $A = 0,6x + 0,4y$, quel peut être son âge :

1) maximal?        2) minimal?

## 27 DES MOLÉCULES VENUES D'AILLEURS !

Un centre de recherche désire tester l'interaction entre des atomes d'oxygène et des molécules de nature inconnue provenant d'une météorite. Après plusieurs expériences en laboratoire, on découvre qu'il y a interaction entre les deux lorsque toutes les conditions suivantes sont respectées :

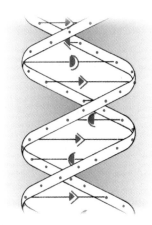

- La somme du nombre de molécules inconnues et du double du nombre d'atomes d'oxygène est égale ou supérieure à 8.

- Le nombre de molécules inconnues est au plus 12.

- La somme du nombre d'atomes d'oxygène et du nombre de molécules inconnues n'est pas supérieure à 16.

Si la molécule de nature inconnue possède 5 atomes, combien d'atomes peut-on avoir au maximum lors d'une interaction?

*L'A.D.N., ou acide désoxyribonucléique, est une très longue molécule formée de deux chaînes enroulées qui constituent une double hélice. L'A.D.N. est la matière de base des chromosomes, qui portent les gènes. Ainsi, indirectement, l'A.D.N. détermine l'organisation et le fonctionnement de toute la matière vivante.*

## 28 FAIRE ROULER SON ARGENT

Alain, un mordu de la roulette au casino, a développé une
technique de jeu qu'il qualifie d'infaillible. Il place un jeton
par case sur un certain nombre de cases noires et de cases
rouges. La différence entre le nombre de cases rouges
choisies et la moitié du nombre de cases noires choisies ne
doit pas dépasser 4, tandis que la différence entre le nombre
de cases noires et le sixième du nombre de cases rouges ne
doit pas dépasser 3. Si le total des cases choisies est
supérieur à 1 et qu'il parie 10 $ par case noire et 5 $ par
case rouge, combien Alain aura-t-il parié au maximum?

*Le calcul des probabilités indique qu'à la roulette le joueur perdra, si ce
n'est lors d'un premier coup, du moins à la longue. Le casino rembourse
jusqu'à 35 fois la mise mais, en réalité, la boule peut s'arrêter dans 38
différentes encoches (les 36 premiers nombres plus le 0 et le double 00).
Ainsi, le casino acquiert un avantage théoriquement imbattable sur un
grand nombre de coups et qui se chiffre à environ 5,5 %.*

## 29 LE PLUS POSSIBLE POUR LE MOINS POSSIBLE

Un entrepreneur veut construire une maison dont les murs auront l'aspect d'un damier.
Il faudra au moins 2 tonnes de briques blanches et 2 tonnes de briques noires pour
construire la maison. Toutefois, le fournisseur n'a que 4 tonnes de briques blanches en
réserve. La différence entre le nombre de tonnes de briques noires et le nombre de
tonnes de briques blanches ne dépasse pas 3, tandis que leur somme ne dépasse pas 9.

**a)** Détermine les coordonnées de chacun des sommets du polygone de
contraintes traduisant cette situation.

**b)** Donne la signification de chacune des coordonnées de ces sommets.

**c)** Si 1 tonne de briques blanches coûte 400 $ et 1 tonne de briques noires,
300 $, quel montant minimal l'entrepreneur doit-il consacrer à l'achat de
la brique?

*En 1975, les
mathématiciens
Kantorovitch et
Koopmans ont
reçu le prix Nobel
d'économie pour
une recherche
portant sur
l'optimisation.*

*Reproduction d'un damier du Moyen Âge. Le jeu de
dames a été inventé vers l'an 1000, probablement
dans le sud de la France. Le jeu médiéval, appelé
«fierges», utilisait un échiquier et douze pièces pour
chaque joueur. Ces pions se déplaçaient d'une case
en diagonale dans n'importe quel sens. Le damier à
carreaux blancs et noirs daterait du 16e s.*

**1.** Soit $A(7, 10)$, $B(10, 6)$, $C(20, 4)$ et $D(15, 12)$ les sommets d'un polygone de contraintes. Parmi tous les points formant ce polygone, quel est celui dont les coordonnées engendrent :

**a)** un maximum si la règle de l'objectif est $M = 40x + 10y$ ?

**b)** un minimum si la règle de l'objectif est $M = 2x + 3y$ ?

## 2. UNE MAISON EN PIÈCES DÉTACHÉES

Une usine de maisons préfabriquées conçoit des maisons de deux modèles : l'un avec garage et l'autre sans garage. L'usine peut mettre en chantier un maximum de 22 maisons par mois et doit en livrer au moins 18. Afin de réduire l'inventaire, on décide de construire au moins 6 maisons sans garage au cours du mois. Pour remplir les commandes, on doit mettre en chantier au moins 2 maisons sans garage de plus que de maisons avec garage. Les coûts de construction du modèle avec garage sont de 38 000 $ et ceux du modèle sans garage, de 35 000 $. Combien de maisons de chaque modèle l'usine doit-elle construire pour minimiser ses coûts de production et respecter son carnet de commandes ?

## 3. UN ÉLEVAGE DE VOLAILLES

Les installations d'une productrice de poulets et de dindes lui permettent d'élever au plus 10 000 de ces oiseaux de basse-cour par année. Pour répondre aux exigences du marché, elle produit au moins 4 fois plus de poulets que de dindes. Les ventes de l'an dernier l'incitent à produire cette année au moins 6000 poulets et au moins 1000 dindes. La productrice estime ses profits à 2,50 $ par poulet et à 7 $ par dinde. Combien de poulets et de dindes doit-elle élever pour rentabiliser au maximum son élevage au cours d'une année ?

*Dindon sauvage.*

*Le dindon est un grand oiseau de basse-cour originaire d'Amérique. Au XVI<sup>e</sup> s., les Espagnols en rapportèrent des spécimens en Europe. Depuis, on en fait l'élevage un peu partout dans le monde.*

## 4. UN CONCOURS DE POPULARITÉ

Jean-François espère se faire élire comme représentant de cinquième secondaire au conseil étudiant de l'école. Évidemment, seuls les élèves de cinquième secondaire ont le droit de vote. Il y a au minimum 10 garçons de plus que de filles. En regroupant la moitié des filles et la totalité des garçons au gymnase, on ne dénombre pas plus de 190 élèves. Comme Jean-François a habituellement du succès auprès des filles, il s'attend à recevoir les 3/4 des votes féminins et le 1/5 des votes masculins. Selon ses prévisions, combien de votes peut-il recueillir au maximum ?

# Rencontre avec...
## Ada Byron Lovelace
### (1815-1852)

Madame Lovelace, votre père était un homme célèbre en Angleterre. Parlez-nous un peu de Lord Byron! On dit que vous lui ressemblez beaucoup physiquement.

Mon père était un poète célèbre. Malheureusement, je ne l'ai pas connu puisqu'il a quitté ma mère un mois après ma naissance et qu'il est alors parti vivre en Italie. Je ne l'ai jamais revu. Il est mort en Grèce à l'âge de trente-six ans alors que j'en avais huit. C'était, paraît-il, un très bel homme, romantique et de caractère capricieux.

Expliquez-nous d'où vient votre attirance pour les mathématiques. On sait qu'au XIXᵉ siècle, c'était encore un domaine réservé aux hommes!

Tout d'abord, ma mère m'a beaucoup encouragée en ce sens dès qu'elle a constaté mon talent dans ce domaine. Puis, j'ai fait la rencontre de Mary Sommerville, une mathématicienne de renom qui m'a guidée à mes débuts. C'est elle, alors que j'avais dix-huit ans, qui m'a présentée à Charles Babbage, un éminent mathématicien et scientifique, doté en plus d'un grand talent d'inventeur.

La machine à laquelle travaillait Babbage lorsque vous l'avez rencontré vous a fascinée, n'est-ce pas?

En effet! Babbage avait nommé son invention la «machine à différence». Après l'avoir perfectionnée, elle devint la «machine à analyser». C'était en fait le premier ordinateur. En travaillant avec Babbage, je suis devenue une spécialiste du fonctionnement de cette machine et la première à programmer un ordinateur.

Quelle a été votre contribution au travail de Babbage?

Il m'a demandé de traduire en anglais un texte du mathématicien italien Menabrea expliquant le fonctionnement de sa machine. Mais en effectuant le travail, j'ai constaté que l'analyse de Menabrea était incomplète. J'ai donc ajouté des explications, si bien qu'à la fin, mon travail était trois fois plus long que l'original et beaucoup plus complet. Babbage, enchanté, a décidé de publier ma version plutôt que celle de son confrère italien.

Vous n'avez cependant pas voulu signer votre ouvrage. Pour quelle raison?

Eh bien, il était très mal vu à cette époque, pour une femme d'une classe sociale élevée, de travailler dans un domaine aussi peu féminin! J'ai donc signé mon ouvrage des initiales A.A.L. et seuls ma famille et mes amis savaient que ces trois lettres étaient mon pseudonyme.

Que pensait votre mari, Lord William King, comte de Lovelace, de votre travail scientifique?

William m'a toujours encouragée à persévérer dans mes travaux. Il était fier de moi et, à l'occasion, m'a aidée dans mes recherches. Par exemple, il était interdit aux femmes d'entrer à la bibliothèque de la Royal Society. Mon mari, qui en était membre, s'y rendait et copiait à la main les informations dont j'avais besoin pour continuer mes recherches.

Pour terminer, Lady Lovelace, parlez-nous un peu de votre autre passion.

J'étais également une passionnée de musique et plusieurs me voyaient faire carrière dans ce domaine. Mon amour pour les mathématiques l'a emporté, mais en explorant la machine de Babbage, j'ai pensé qu'on pourrait sûrement arriver à produire de la musique à l'aide de machines plus perfectionnées. L'avenir m'a donné raison!

Ada Byron Lovelace est morte au même âge que son père, à trente-six ans, d'un cancer. Sa contribution à l'avancement de la programmation en informatique a été importante. Son mérite est d'autant plus grand qu'à cette époque les femmes se voyaient imposer de nombreuses limites par la société. En reconnaissance de sa contribution, dans les années 1970, le Département de la Défense des États-Unis a nommé un langage informatique de son prénom, ADA.

En tant que programmeuse, Lady Lovelace devait utiliser des règles. À son exemple, résous le problème suivant :

On a placé sur le cercle ci-contre 21 points joints par toutes les cordes possibles. À l'aide des figures ci-dessous, construis une table de valeurs et, avec une calculatrice à affichage graphique, découvre la règle qui permet de calculer :

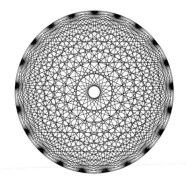

**a)** le nombre de cordes pour 21 points placés sur le cercle (règle du second degré);

**b)** le nombre de régions intérieures formées par les cordes reliant les 21 points sur le cercle (règle du quatrième degré).

1 point

2 points

3 points

4 points

5 points

6 points

7 points

# PROJET 1  Comment gérer une école

Pour ce projet, imaginez que vous êtes à la direction d'une école secondaire! Ce n'est pas une tâche facile. Entre autres, vous devez tenir compte dans votre budget de plusieurs éléments concernant le nombre d'élèves qui fréquentent l'école et le nombre d'enseignants et enseignantes nécessaires à son bon fonctionnement. Voici certains de ces éléments :

- Nombre minimal d'élèves, d'enseignants et enseignantes pour garder l'école ouverte.

- Relation entre le nombre d'élèves et le nombre d'enseignants et enseignantes pour avoir un enseignement de qualité.

- Capacité maximale de l'école selon les locaux disponibles.

- Coûts moyens pour l'éducation d'un élève.

Ce projet consiste à déterminer un certain nombre de contraintes, à établir une règle traduisant un objectif donné concernant l'administration de votre école, puis à résoudre le problème d'optimisation obtenu en interprétant les résultats.

# PROJET 2  Un régime bien planifié

Avez-vous déjà suivi un régime alimentaire particulier (régime sportif, régime sans sel, régime amaigrissant, etc.)? Si oui, ce projet vous intéressera sûrement. Sinon, sachez que, selon les statistiques, il est probable que vous en suiviez un à un moment ou à un autre dans votre vie.

Un régime amaigrissant de qualité doit être composé de deux éléments indissociables : des repas équilibrés et de l'activité physique.

Ce projet consiste à faire une recherche réaliste en tenant compte des contraintes reliées au temps consacré à la préparation de repas équilibrés et à l'activité physique. Voici quelques exemples :

- Calcul de votre masse-santé.

- Nombre de kilojoules permis par jour.

- Coûts moyens engendrés par les activités physiques et le régime alimentaire.

- Perte de masse résultant d'une activité physique et d'une journée au régime.

Après avoir déterminé un certain nombre de contraintes et une règle traduisant un objectif, il suffit de résoudre le problème d'optimisation et d'interpréter adéquatement les résultats obtenus. Expliquez aussi les limites de cette recherche par rapport à la réalité.

# JE CONNAIS LA SIGNIFICATION DES EXPRESSIONS SUIVANTES :

**Inéquation :** énoncé algébrique qui comporte une ou plusieurs variables et un symbole d'inégalité.

**Solution d'une inéquation :** valeur qui vérifie une inéquation. L'ensemble de ces valeurs correspond à l'ensemble-solution de l'inéquation.

**Demi-plan :** représentation graphique de l'ensemble-solution d'une inéquation du premier degré à deux variables.

**Système d'inéquations :** système formé de plusieurs inéquations utilisant les mêmes variables et issues d'une même situation.

**Contrainte :** condition décrite en mots et qui se traduit algébriquement par une inéquation.

**Polygone de contraintes :** figure dans le plan cartésien qui correspond à l'ensemble-solution d'un système d'inéquations traduisant des contraintes.

**Règle de l'objectif :** règle algébrique ou équation qui traduit l'objectif.

**Maximum :** valeur la plus élevée de l'objectif.

**Minimum :** valeur la moins élevée de l'objectif.

**Optimisation :** processus dans lequel l'objectif poursuivi est la recherche d'un maximum ou d'un minimum sous diverses contraintes.

**Droite baladeuse :** droite provenant de la règle de l'objectif et que l'on déplace dans le plan cartésien suivant un mouvement de translation en vue de rechercher le minimum ou le maximum de l'objectif.

# JE MAÎTRISE LES HABILETÉS SUIVANTES :

**Traduire** une situation par une inéquation ou un système d'inéquations linéaires.

**Représenter** graphiquement une inéquation ou un système d'inéquations linéaires.

**Traduire** en langage algébrique la règle de l'objectif d'un problème d'optimisation.

**Déterminer,** dans un ensemble de possibilités, la ou les meilleures solutions pour une situation donnée.

**Justifier** le choix des valeurs qui optimisent la règle de l'objectif.

# Regard 2

## LA CORRÉLATION .....

### LES GRANDES IDÉES

- ▶ Dépendance entre des variables.
- ▶ Nuage de points.
- ▶ Estimation de la corrélation.
- ▶ Interprétation de la corrélation.

### OBJECTIF TERMINAL

- ▶ Résoudre des problèmes en utilisant le concept de corrélation.

### OBJECTIFS INTERMÉDIAIRES

- ▶ Construire un tableau d'une distribution à deux variables.
- ▶ Construire un nuage de points.
- ▶ Décrire en mots la corrélation entre deux variables.
- ▶ Estimer le coefficient de corrélation.
- ▶ Interpréter la corrélation entre deux variables.

## VARIABLES STATISTIQUES

### Le mérinos

Le mérinos est un mouton de race espagnole, très répandu dans le monde. La toison de ce mouton donne une laine très fine et très recherchée qu'on transforme en étoffe et en feutre.

Tatiana et Marco ont l'intention d'élever des mérinos sur la ferme héritée du grand-père de Marco. Comme l'investissement est important, ils ne veulent pas démarrer leur entreprise à l'aveuglette. Première chose à faire : se renseigner sur les caractéristiques du mérinos. Ils dressent donc la liste des principaux caractères à étudier :

- la durée de vie;

- la quantité de laine produite chaque année;

- le type de nourriture (fourrage, moulées, eau);

- les principales maladies;

- ...

**a)** Ajoute trois caractères à la liste précédente.

**b)** Donne des valeurs que peut prendre le caractère :

    1) type de nourriture;    2) durée de vie;    3) quantité de laine produite annuellement.

Chaque caractère étudié peut prendre différentes valeurs. On donne le nom de **variable statistique** à tout caractère susceptible de prendre différentes valeurs.

Selon le cas, ces valeurs peuvent être alphanumériques (données qualitatives) ou numériques (données quantitatives). On s'intéressera davantage aux données quantitatives.

## ASSOCIATION DE VARIABLES STATISTIQUES

### À la recherche de données

Tatiana et Marco fouillent les revues qui traitent de l'élevage des moutons et multiplient les recherches sur Internet. Ils trouvent diverses études statistiques portant sur différents caractères du mérinos.

Dans une première étude, un tableau présente les valeurs de trois caractères ou variables.

**Classification des mérinos**

| Âge | Catégorie | Utilisation |
|---|---|---|
| [0, 1,5[ | agneau | viande |
| [1,5, 12[ | adulte | laine |
| [12, + [ | adulte | moulée |

**a)** Dans ce tableau, quelles sont les trois variables statistiques?

**b)** Quelles sont les valeurs de la variable *utilisation*?

**c)** De quel type (qualitatif ou quantitatif) sont les données de :

1) la variable *âge*?

2) la variable *catégorie*?

**d)** Donne les couples de la relation associant les variables *catégorie* et *utilisation* dans le tableau ci-dessus.

Un deuxième tableau présente les 20 femelles du troupeau dont l'âge est inférieur à 8 ans et les valeurs prises par les variables *âge* et *nombre d'agneaux par portée*.

**Brebis et portées**

| Identification | Âge (en a) | Nombre d'agneaux par portée | Identification | Âge (en a) | Nombre d'agneaux par portée |
|---|---|---|---|---|---|
| $F_1$ | 3 | 1 | $F_{11}$ | 5 | 3 |
| $F_2$ | 3 | 1 | $F_{12}$ | 5 | 1 |
| $F_3$ | 3 | 1 | $F_{13}$ | 6 | 3 |
| $F_4$ | 3 | 2 | $F_{14}$ | 6 | 3 |
| $F_5$ | 4 | 2 | $F_{15}$ | 6 | 2 |
| $F_6$ | 4 | 3 | $F_{16}$ | 6 | 3 |
| $F_7$ | 4 | 2 | $F_{17}$ | 7 | 2 |
| $F_8$ | 4 | 2 | $F_{18}$ | 7 | 3 |
| $F_9$ | 5 | 3 | $F_{19}$ | 7 | 3 |
| $F_{10}$ | 5 | 2 | $F_{20}$ | 7 | 3 |

Il est fréquent de faire un rapprochement entre deux variables en associant les **deux valeurs** de chacun des éléments d'un échantillon. On met alors les **variables en relation.** On note les deux valeurs associées sous la forme d'un **couple (*x*, *y*).**

**e)** Donne les couples de la relation entre les variables *âge* et *nombre d'agneaux par portée* dans le tableau ci-dessus.

**f)** Dans les couples obtenus, est-il important que les deux valeurs se rapportent au même élément de l'échantillon ou de la population?

*L'Allemand Carl Friedrich Gauss (1777-1855) présenta des travaux sur les distributions à une seule variable dont les histogrammes ont la forme d'une cloche et sont appelées «distributions normales».*

Ainsi, on crée une **relation statistique** en comparant deux à deux les **variables** provenant d'une étude ou d'un tableau statistique.

Lorsque les valeurs des deux variables se rapportent au même élément de l'échantillon ou de la population, on parle de **distribution à deux variables.**

## Des naissances multiples

Les brebis mérinos donnent généralement naissance à des jumeaux ou à des triplés.

**a)** Les triplés sont-ils plus fréquents que les naissances simples ou les jumeaux?

**b)** Vers quel âge les brebis commencent-elles à donner naissance le plus souvent à des triplés?

*Le lait de brebis sert à la fabrication de divers fromages, dont le roquefort. Il faut 4 l de lait pour produire 1 kg de fromage.*

Afin de présenter et de faire ressortir certaines caractéristiques d'une association statistique entre deux variables, on construit des tableaux à double entrée.

Voici un tableau à double entrée.

**c)** Quelle variable a-t-on définie :
1) dans l'entrée ligne?
2) dans l'entrée colonne?

Dans un premier temps, on utilise ce tableau comme tableau de compilation : on fait correspondre chaque couple de valeurs à une barre tracée à l'intersection de la ligne et de la colonne appropriées.

Ensuite, on fait le décompte des barres et on établit les totaux. On obtient ainsi un tableau de **distribution à deux variables.**

**d)** De quelle variable retrouve-t-on les effectifs :
1) dans la dernière ligne?
2) dans la dernière colonne?

**e)** Que représente la case à l'intersection de la dernière ligne et de la dernière colonne?

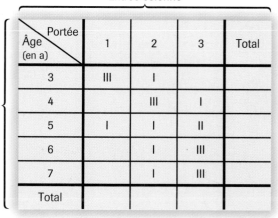

**Taille des portées**
Entrée colonne

| Âge (en a) \ Portée | 1 | 2 | 3 | Total |
|---|---|---|---|---|
| 3 | III | I | | |
| 4 | | III | I | |
| 5 | I | I | II | |
| 6 | | I | III | |
| 7 | | I | III | |
| Total | | | | |

Entrée ligne

⇓

**Taille des portées**

| Âge (en a) \ Portée | 1 | 2 | 3 | Total |
|---|---|---|---|---|
| 3 | 3 | 1 | 0 | 4 |
| 4 | 0 | 3 | 1 | 4 |
| 5 | 1 | 1 | 2 | 4 |
| 6 | 0 | 1 | 3 | 4 |
| 7 | 0 | 1 | 3 | 4 |
| Total | 4 | 7 | 9 | 20 |

Un tableau à double entrée **intègre la distribution de chacune des deux variables.**

Le tableau d'une distribution à deux variables met généralement certaines **informations en évidence.** Ces informations se rapportent souvent aux plus hauts totaux des lignes et des colonnes et aux plus hauts effectifs aux intersections des lignes et des colonnes.

**f)** Tire deux informations de ce dernier tableau.

De plus, avec des variables quantitatives, on peut observer si les données **varient dans le même sens ou dans le sens contraire.** On peut également voir si les données sont **liées les unes aux autres.** Lorsque les données sont liées, **les plus gros effectifs suivent l'une des diagonales du tableau.**

Voilà pourquoi, dans le cas de variables quantitatives, le tableau à double entrée est aussi appelé **tableau de corrélation.**

Il est également possible de construire des tableaux à double entrée en regroupant les données dans des **classes.**

Dans une revue feuilletée par Tatiana et Marco, on a fait le rapprochement entre les variables *âge*, en années, et *quantité de laine*, en kilogrammes, produite par les brebis d'un échantillon formé par strates. Voici les couples formés en associant les valeurs de ces deux variables :

(3, 5,0), (3, 5,1), (3, 5,3), (3, 5,3), (3, 5,7), (3, 5,8),
(4, 5,2), (4, 5,5), (4, 5,8), (4, 5,8), (4, 5,9), (4, 5,9),
(5, 5,4), (5, 6,1), (5, 6,2), (5, 6,3), (5, 6,4), (5, 6,5),
(6, 5,5), (6, 6,3), (6, 6,4), (6, 6,9), (6, 7,1), (6, 7,4),
(7, 6,8), (7, 7,1), (7, 7,2), (7, 7,4), (7, 7,5), (7, 8,2),
(8, 6,5), (8, 7,4), (8, 7,6), (8, 8,1), (8, 8,1), (8, 8,2),
(9, 8,2), (9, 8,3), (9, 8,3), (9, 8,5),
(10, 7,5), (10, 8), (10, 8,1), (10, 8,1),
(11, 6,8), (11, 7,0), (11, 7,2),
(12, 7,3).

*La statisticienne américaine Gertrude Mary Cox (1900-1978) a simplifié l'application des statistiques en biologie et en agriculture.*

**g)** Pour faire ressortir diverses caractéristiques de cette distribution à deux variables, reproduis et complète le tableau à double entrée ci-contre.

**h)** Dans cet échantillon, combien de brebis de 4 ans ont produit de 4 kg à 5 kg de laine ?

**i)** Combien de brebis de l'échantillon :

1) produisent de 6 kg à 9 kg de laine ?

2) ont 5 ans ?

**j)** Quelle est la production moyenne de laine d'une brebis de 6 ans dans cet échantillon ?

**Production de laine selon l'âge**

| Âge (en a) \ Production (en kg) | [4, 5[ | [5, 6[ | [6, 7[ | [7, 8[ | [8, 9[ | Total |
|---|---|---|---|---|---|---|
| 3 | | | | | | |
| 4 | | | | | | |
| 5 | | | | | | |
| 6 | | | | | | |
| 7 | | | | | | |
| 8 | | | | | | |
| 9 | | | | | | |
| 10 | | | | | | |
| 11 | | | | | | |
| 12 | | | | | | |
| Total | | | | | | |

**k)** Quelles informations ce tableau de corrélation met-il en évidence?

**l)** Combien de brebis compte ce troupeau s'il y a 30 brebis de 3 ans?

Un tableau à double entrée représente une distribution à deux variables. Il est constitué des valeurs ou des classes de valeurs des deux variables avec les effectifs communs.

On forme des classes lorsque les données de l'une ou des deux variables sont nombreuses et variées. Le plus souvent, on utilise des classes fermées-ouvertes [a, b[.

Les tableaux à double entrée permettent d'organiser les données provenant d'une distribution à deux variables afin de les présenter de façon intégrée et de mettre en évidence certaines informations. La ligne et la colonne des totaux donnent les effectifs des deux variables.

La case inférieure droite présente l'effectif total de chacune des deux distributions.

INVESTISSEMENT 1

**1.** Sandria a visité un foyer pour personnes âgées. Elle a interrogé des pensionnaires pour obtenir des données sur l'état de leur système respiratoire par rapport à l'usage du tabac. Reproduis et complète son tableau à double entrée.

**État du système respiratoire**

| Catégorie État | Fumeur | Non-fumeur | |
|---|---|---|---|
| Mauvais | 42 | 18 | 60 |
| Moyen | 28 | 12 | 40 |
| Bon | 30 | 70 | 100 |
| | 100 | 100 | |

**2.** Lors d'une enquête statistique, on a posé des questions qui ont permis de construire le tableau à double entrée suivant à propos d'une élection municipale.

**Intentions de vote**

| Parti \ Groupe linguistique | Francophone | Anglophone | Allophone | Total |
|---|---|---|---|---|
| Parti A | 600 | 450 | 230 | 1280 |
| Parti B | 250 | 374 | 96 | 720 |
| Total | 850 | 824 | 326 | 2000 |

Relativement à ce tableau, détermine :

**a)** la taille de l'échantillon sondé ;   2000

**b)** le pourcentage de francophones dans l'échantillon ;   42,5 %

**c)** le pourcentage d'allophones favorables au parti B ;   $\frac{96}{326} = \frac{x}{100}$   x = 29,44 %

*d)* la majorité du parti A si la population compte 18 000 électeurs et électrices et que l'on prévoit que 80 % d'entre eux exerceront leur droit de vote.

**3.** Le tableau à double entrée ci-dessous fait état de l'immigration française en Nouvelle-France sur une certaine période.

*a)* Durant quelles décennies a-t-on accueilli en Nouvelle-France le plus d'immigrantes et immigrants français?

*b)* Quel était, en 1760, le nombre d'immigrantes et d'immigrants français qui avaient traversé l'Atlantique pour s'établir en Nouvelle-France?

*Carte commémorative des voyages de Jacques Cartier en Nouvelle-France.*

**Immigration française en Nouvelle-France**

| Sexe<br>Période | Masculin | Féminin | Total |
|---|---|---|---|
| [ -, 1630[ | 15 | 6 | 21 |
| [1630, 1640[ | 88 | 51 | 139 |
| [1640, 1650[ | 141 | 86 | 227 |
| [1650, 1660[ | 403 | 239 | 642 |
| [1660, 1670[ | 1075 | 623 | 1698 |
| [1670, 1680[ | 429 | 369 | 798 |
| [1680, 1690[ | 486 | 56 | 542 |
| [1690, 1700[ | 490 | 32 | 522 |
| [1700, 1710[ | 283 | 24 | 307 |
| [1710, 1720[ | 293 | 18 | 311 |
| [1720, 1730[ | 420 | 14 | 434 |
| [1730, 1740[ | 483 | 16 | 499 |
| [1740, 1750[ | 576 | 16 | 592 |
| [1750, 1760[ | 1699 | 52 | 1751 |
| Indéterminé | 27 | 17 | 44 |
| Total | 6908 | 1619 | 8527 |

Source : *Atlas historique du Canada*

*c)* Comment expliquer qu'en 1760, la population de la Nouvelle-France atteignait 65 000 personnes s'il y a eu moins de 10 000 immigrantes et immigrants français?

*d)* Donne une information importante tirée de la variable placée en entrée colonne.

**4.** On a relevé les âges d'un groupe d'élèves pour obtenir la distribution du groupe relativement à la variable *âge*. Décris une autre variable que l'on pourrait considérer pour obtenir une distribution à deux variables.

**5.** Construis un tableau à double entrée indiquant les âges de tes 20 meilleurs amis et amies selon leur sexe.

**Amies et amis**

| Âge<br>Sexe | | | | |
|---|---|---|---|---|
| Féminin | | | | |
| Masculin | | | | |

**6.** Un cégep compte 3288 inscrits et inscrites dans les deux grands secteurs pré-universitaire et professionnel. De ce nombre, 52,8 % sont des filles dont 51,6 % sont inscrites au secteur professionnel. Le secteur pré-universitaire compte 1743 inscriptions. Construis un tableau de corrélation illustrant les variables *sexe* et *secteur* à partir de ces données.

**7.** L'industrie du bois occupe une place importante dans la région des 3-L (Laval, Lanaudière, Laurentides). Voici les différents produits du bois et leurs effectifs selon la région :

**Produits du bois dans la région des 3-L (en 1993)**

| Produit \ Région | Laval | Lanaudière | Laurentides | Total |
|---|---|---|---|---|
| Bois de sciage | 0 | 38 | 61 | |
| Copeaux | 0 | 15 | 16 | |
| Lattes | 0 | 0 | 0 | |
| Bardeaux | 0 | 2 | 1 | |
| Placages | 0 | 1 | 2 | |
| Portes et châssis | 11 | 33 | 54 | |
| Parquets | 0 | 2 | 0 | |
| Charpentes | 3 | 8 | 15 | |
| Armoires de cuisine | 7 | 54 | 39 | |
| Boîtes | 0 | 9 | 13 | |
| Traitement protecteur | 1 | 2 | 3 | |
| Tournage | 1 | 5 | 8 | |
| Panneaux agglomérés | 1 | 1 | 2 | |
| Poteaux | 0 | 0 | 0 | |
| Bois de fuseau | 0 | 0 | 0 | |
| Charbon de bois | 0 | 0 | 0 | |
| Résidus énergétiques | 0 | 2 | 1 | |
| Bois de chauffage | 0 | 27 | 22 | |
| Transformation secondaire | 0 | 27 | 22 | |
| Total | | | | |

Source : Ministère des Forêts, Ressources et Industries forestières

*La plupart des bois ont une densité inférieure à celle de l'eau, qui est de 1,0. Étant plus légers que l'eau, ils flottent donc.*

**a)** Donne la liste des totaux qui complètent ce tableau à double entrée.

**b)** De quel type est chacune des variables de cette distribution ?

**c)** Laquelle de ces trois régions compte le plus d'unités de production du bois ?

**d)** Combien d'unités produisent du bois de sciage dans ces trois régions ?

**e)** Comment expliquer que la région de Laval compte si peu d'unités de production du bois ?

8. Le tableau suivant indique le nombre d'employées et employés dans les différentes entreprises du secteur de la construction au Québec.

**Entreprises dans le secteur de la construction selon la spécialité
et le nombre d'employés et employées (en 1992)**

| Spécialités \ Employés | [1, 6[ | [6, 11[ | [11, 26[ | [26, 51[ | [51, 101[ | [101- 201[ | [201, 501[ | Total |
|---|---|---|---|---|---|---|---|---|
| Travaux généraux | 4345 | 404 | 237 | 59 | 26 | 11 | 8 | 5090 |
| Charpente et menuiserie | 2425 | 96 | 34 | 7 | 2 | – | – | 2564 |
| Électricité | 1622 | 128 | 82 | 29 | 11 | 5 | – | 1877 |
| Excavation | 1046 | 104 | 63 | 16 | 3 | 1 | – | 1233 |
| Tuyauterie | 857 | 81 | 78 | 18 | 8 | – | – | 1042 |
| Maçonnerie | 813 | 77 | 34 | 6 | 1 | – | – | 931 |
| Peinture | 828 | 43 | 12 | 2 | – | – | – | 885 |
| Autres | 3321 | 307 | 209 | 52 | 14 | 3 | 1 | 3907 |
| Total | 5257 | 1240 | 749 | 189 | 65 | 20 | 9 | |

Source : Commission de la construction du Québec

*a)* Combien d'électriciens ou électriciennes comptait-on au Québec en 1992 ?

*b)* En utilisant le milieu des classes, détermine approximativement le nombre d'employés ou employées travaillant dans le secteur de la construction au Québec en 1992.

*c)* Donne deux informations que ce tableau de corrélation met en évidence.

9. Le tableau suivant montre le trafic maritime des marchandises dans les ports du Québec en 1993.

**Trafic maritime au Québec (1993)**

| Port \ Catégorie | Transport intérieur au Canada | | Transport international | | Total |
|---|---|---|---|---|---|
| | Chargement | Déchargement | Chargement | Déchargement | |
| Baie-Comeau | 1 424 | 744 | 1 806 | 2 213 | 6 187 |
| Bécancour | 11 | 42 | 1 196 | 53 | 1 302 |
| Havre Saint-Pierre | 2 | 1 680 | – | 259 | 1 941 |
| Matane | 463 | 84 | – | 1 | 548 |
| Montréal | 4 429 | 1 295 | 5 914 | 4 853 | 16 491 |
| Baie des Ha! Ha! | 253 | – | 3 782 | 290 | 4 325 |
| Port-Cartier | 1 152 | 3 143 | 1 257 | 13 800 | 19 352 |
| Québec | 1 844 | 2 310 | 6 536 | 3 036 | 13 726 |
| Sept-Îles | 602 | 3 948 | 1 216 | 15 547 | 21 313 |
| Sorel | 1 874 | 55 | 245 | 1 180 | 3 354 |
| Trois-Rivières | 453 | 11 | 819 | 436 | 1 719 |
| Autres | 570 | 26 | 138 | 589 | 1 323 |
| Total | 13 077 | 13 338 | 22 909 | 42 257 | 91 581 |

*a)* Quel port du Québec est le plus actif en ce qui concerne le transport :

1) intérieur ?            2) international ?

**b)** À quel rang peut-on classer le port de :

    1) Québec?        2) Sorel?

**c)** Ce tableau met très nettement en évidence une information qu'on pourrait qualifier de déplorable. Quelle est cette information?

*Port de Montréal, section réservée aux navir marchan*

**10.** Le tableau ci-dessous montre le nombre de mariages et de divorces au Québec sur plus de 20 ans.

**Mariages et divorces au Québec**

| Année | Mariages | Divorces | Année | Mariages | Divorces |
|-------|----------|----------|-------|----------|----------|
| 1971 | 49 695 | 5 203 | 1982 | 38 360 | 18 579 |
| 1972 | 53 967 | 6 426 | 1983 | 36 147 | 17 365 |
| 1973 | 52 133 | 8 091 | 1984 | 37 416 | 16 845 |
| 1974 | 51 890 | 12 272 | 1985 | 37 026 | 15 814 |
| 1975 | 51 690 | 14 093 | 1986 | 33 108 | 18 399 |
| 1976 | 50 961 | 15 186 | 1987 | 32 588 | 19 315 |
| 1977 | 48 182 | 14 501 | 1988 | 33 469 | 19 825 |
| 1978 | 46 189 | 14 865 | 1989 | 33 305 | 19 790 |
| 1979 | 46 154 | 14 379 | 1990 | 32 059 | 20 398 |
| 1980 | 44 849 | 13 899 | 1991 | 28 922 | 20 277 |
| 1981 | 41 006 | 19 193 | 1992 | 25 821 | 19 695 |

Sources : Bureau de la statistique du Québec et Statistique Canada

**a)** Construis un tableau de corrélation en plaçant en entrée ligne la variable *mariages* et en entrée colonne la variable *divorces.* Forme des classes d'une étendue de 5000.

**b)** Donne deux informations que le tableau met en évidence.

**11.** Il existe un âge légal où une mineure ou un mineur peut se marier avec le consentement de ses parents. Cet âge varie selon le sexe et le pays. Le tableau ci-contre donne quelques exemples.

**a)** Construis un tableau à double entrée mettant en relation les variables *âge pour la femme* et *âge pour l'homme.*

**b)** Quel est l'âge légal le plus courant :

    1) pour la femme?

    2) pour l'homme?

**c)** Selon les données du tableau, quels âges pourraient faire l'unanimité?

**d)** Quelle information importante révèle ce tableau?

**Âge minimal pour se marier selon les pays**

| Pays | Femmes | Hommes |
|------|--------|--------|
| Afrique du Sud | 15 | 18 |
| Argentine | 14 | 16 |
| Australie | 16 | 18 |
| Autriche | 16 | 21 |
| Belgique | 15 | 18 |
| Chili | 12 | 14 |
| Finlande | 17 | 18 |
| France | 15 | 18 |
| Grande-Bretagne | 16 | 18 |
| Irlande | 12 | 14 |
| Italie | 15 | 16 |
| Japon | 16 | 18 |
| Canada (Ontario) | 18 | 18 |
| Canada (Québec) | 12 | 14 |
| Suède | 18 | 18 |
| Suisse | 18 | 20 |

Source : *Extra Sept Jours*, vol. 2, n° 25

**12.** Le tableau qui suit présente les 20 meilleurs joueurs de hockey (gardiens non compris) en 1997.

**Classement des 20 meilleurs joueurs (saison 1996-1997)**

| Nom | Position | Âge | Points en carrière |
|---|---|---|---|
| Mario Lemieux | C | 30 | 1372 |
| Jaromir Jagr | AD | 24 | 538 |
| Eric Lindros | C | 23 | 357 |
| Peter Forsberg | C | 23 | 166 |
| Paul Kariya | AG | 21 | 147 |
| Chris Chelios | D | 34 | 672 |
| Mark Messier | C | 35 | 1468 |
| Raymond Bourque | D | 35 | 1313 |
| Sergei Federov | AD | 26 | 529 |
| Pavel Bure | AD | 25 | 333 |
| Theoren Fleury | AD | 28 | 616 |
| Joe Sakic | C | 27 | 746 |
| Brian Leetch | D | 28 | 572 |
| Keith Tkachuk | AG | 24 | 298 |
| Teemu Selanne | AD | 26 | 342 |
| Ron Francis | C | 33 | 1257 |
| Brendan Shanahan | AG | 27 | 598 |
| Alexander Mogilny | AD | 27 | 561 |
| Peter Bondra | AD | 28 | 335 |
| Jeremy Roenick | C | 26 | 596 |

**a)** Construis un tableau de corrélation en utilisant en entrée ligne la variable *âge* et en entrée colonne la variable *points en carrière*.

**b)** Tire une information importante du tableau que tu as construit.

**c)** Construis un tableau de distribution à deux variables en utilisant en entrée ligne la variable *position* et en entrée colonne la variable *points en carrière*.

**d)** Tire une information importante de ce dernier tableau.

*Geyser «Old Faithful», parc national Yellowstone (Wyoming, États-Unis). Le jet d'eau chaude et de vapeur de ce geyser s'élève à environ 50 m dans les airs pendant 2 à 5 min. Il peut ensuite s'écouler de 30 à 90 min avant le jaillissement suivant.*

**13.** Voici les couples d'une relation statistique entre la période d'activité et la période d'inactivité d'un geyser. Les données sont en minutes.

(4, 71), (2,2, 57), (4,4, 86), (4,3, 77), (2, 56), (4,8, 81), (1,8, 50), (5,5, 89), (1,6, 54), (4,9, 90), (4,4, 73), (1,8, 60), (4,7, 83), (4,8, 82), (4,2, 84), (1,9, 54), (5, 85), (2,8, 68), (4,5, 76), (4,1, 78), (3,7, 74), (3,5, 85), (4,5, 75), (2,2, 65), (4,9, 76), (2,6, 58), (4,2, 91), (2,2, 50), (4,8, 87), (1,8, 48), (4,6, 93), (2,3, 54), (4,1, 86).

**a)** Construis un tableau de cette distribution à deux variables. Utilise [0, 1[ et [40, 50[ comme intervalles de départ.

**b)** Donne deux informations que livre ce tableau.

**c)** En observant ce tableau, peut-on dire qu'il existe un lien entre la période d'activité et la période d'inactivité du geyser?

**14.** On a relevé, dans 20 pays, le nombre moyen de cigarettes consommées en un an par les fumeurs ou fumeuses et le taux de mortalité par 100 000 personnes âgées de 35 à 65 ans. Voici les couples obtenus :

(1680, 31,9), (1800, 41,2), (1200, 43,9), (1410, 59,7), (2290, 110,5), (1510, 114,3), (1700, 118,1), (2780, 124,5), (1270, 126,9), (1090, 136,3), (1500, 144,9), (1890, 150,3), (1770, 182,1), (2770, 187,3), (2790, 194,1), (3350, 211,6), (3220, 211,8), (2160, 233,1), (3220, 238,1), (3900, 256,9).

**a)** Construis un tableau à double entrée illustrant cette distribution à deux variables.

**b)** Tire quelques conclusions après avoir analysé le tableau.

**c)** Peut-on voir si ces données sont reliées les unes aux autres ? Explique ta réponse.

**15.** En 1996, le Québec comptait 16 812 médecins dont 8 666 étaient des spécialistes. Les femmes constituaient 32 % des médecins de famille et 19 % des spécialistes. À partir de ces informations, construis un tableau à double entrée avec les variables *sexe* en première entrée et *catégorie de médecins* en deuxième entrée.

## FORUM

**a)** Inventez un tableau d'une distribution à deux variables : *nombre d'années d'études* et *salaire gagné sur le marché du travail*. Votre tableau doit mettre en évidence trois conclusions que vous devez énoncer.

**b)** Donnez trois types d'informations que peut mettre en évidence un tableau de corrélation.

*De bonnes études ouvrent davantage de portes sur le marché du travail.*

## Sujet 2

# RELATION ENTRE LES VARIABLES

## LIEN STATISTIQUE

### La pointure des souliers

La grandeur des souliers dépend-elle de la taille? Ces deux variables sont-elles reliées? Une petite étude statistique va nous permettre de répondre à cette question. Voyons ce qu'il en est pour ta classe.

**a)** Serait-il bon de séparer les données fournies par les garçons de celles qui se rapportent aux filles?

**b)** Chacun et chacune indique à la classe sa taille et la pointure de ses souliers.

**c)** On construit avec ces couples de données un tableau à double entrée.

**d)** Serait-il raisonnable de vendre des souliers à partir de la taille de la personne? Justifie ta réponse.

**Pointures de souliers**

| Femmes | | Hommes | |
|---|---|---|---|
| Autrefois | Aujourd'hui | Autrefois | Aujourd'hui |
| 5-5 1/2 | 35 | 6 1/2 | 39 |
| 6 | 36 | 7 1/2 | 40 |
| 6 1/2 | 37 | 8 | 41 |
| 7-7 1/2 | 38 | 8 1/2-9 | 42 |
| 8 | 39 | 9 1/2-10 | 43 |
| 8 1/2 | 40 | 10 1/2-11 | 44 |
| 9 | 41 | 11 1/2-12 | 45 |
| 10 | 42 | 12 1/2 | 46 |

**e)** Selon le livre *Guinness des records,* le plus grand homme serait Robert Wadlow qui mesurait 2,72 m. Quelle pouvait être sa pointure de souliers ou la longueur de ses pieds?

*Le géant biblique Goliath (1060 av. J.-C.), que David abattit d'un seul coup de fronde, aurait mesuré, selon toute vraisemblance, 2,08 m.*

Dans une distribution à deux variables, il est intéressant de déterminer s'il y a un **certain lien statistique** entre les variables, c'est-à-dire si des changements de valeurs touchant l'une des variables se reflètent dans des changements correspondants pour l'autre.

On utilise le terme **corrélation** pour désigner ce **lien statistique** lorsque les **variables** sont quantitatives.

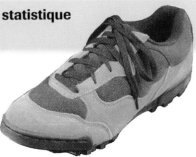

Dans une distribution à deux variables, la corrélation entre les variables peut être **plus ou moins forte.**

**f)** La corrélation entre les variables de cette situation peut-elle être qualifiée de forte?

***g)*** À ton avis, la corrélation entre le tour de tête et la taille pourrait-elle être plus forte que la corrélation précédente?

Afin de déterminer l'intensité de la corrélation, on utilise un graphique appelé **nuage de points.**

# NUAGE DE POINTS

Geyser «Lone Star», parc national Yellowstone (Wyoming, États-Unis).

## Le geyser

Reconsidérons la distribution à deux variables présentant les périodes d'activité associées aux périodes d'inactivité du geyser observé précédemment. Les données sont en minutes.

(4, 71), (2,2, 57), (4,4, 86), (4,3, 77), (2, 56), (4,8, 81), (1,8, 50), (5,5, 89), (1,6, 54), (4,9, 90), (4,4, 73), (1,8, 60), (4,7, 83), (4,8, 82), (4,2, 84), (1,9, 54), (5, 85), (2,8, 68), (4,5, 76), (4,1, 78), (3,7, 74), (3,5, 85), (4,5, 75), (2,2, 65), (4,9, 76), (2,6, 58), (4,2, 91), (2,2, 50), (4,8, 87), (1,8, 48), (4,6, 93), (2,3, 54), (4,1, 86).

***a)*** Laquelle des deux variables peut être considérée comme variable indépendante?

***b)*** Trace un plan cartésien en graduant les axes selon les valeurs des variables.

***c)*** Dans ce plan, marque les points correspondant aux couples donnés.

Le graphique ainsi construit est appelé **nuage de points.**

**Le nuage de points est un graphique** montrant les points correspondant aux couples d'une distribution à deux variables. Les points ne sont pas reliés.

***d)*** Les deux variables varient-elles dans le même sens ou dans le sens contraire?

***e)*** Comment les points sont-ils répartis dans le plan cartésien lorsque les variables :

1) varient dans le même sens? 2) varient dans le sens contraire?

On construit généralement un nuage de points pour observer le **type de relation** entre les variables et pour se faire une **idée de l'intensité du lien** entre les variables.

Si les points tendent à former une droite, on dit que la corrélation est **linéaire,** et plus les points s'approchent de la droite, plus la **corrélation** entre les variables est forte.

***f)*** Comment peut-on qualifier la corrélation entre les deux variables dans la situation du geyser?

Dans une distribution à deux variables, les valeurs de l'une peuvent être liées plus ou moins fortement aux valeurs de l'autre. Il existe ainsi divers **degrés** de corrélation.

# CARACTÉRISTIQUES D'UNE CORRÉLATION

## La chaleur affecte-t-elle les performances sportives?

Evelyn fait de la course à pied. Elle s'interroge sur les effets de la chaleur sur ses performances. Aussi, à une quinzaine de reprises, elle a noté la température et le temps qu'elle met pour franchir le kilomètre. Voici les résultats qu'elle a compilés et qu'on a illustrés par un nuage de points.

**Course de 1 km**

| Température (en °C) | Temps (en s) |
|:---:|:---:|
| 10 | 255 |
| 12 | 257 |
| 18 | 278 |
| 15 | 270 |
| 8 | 255 |
| 12 | 264 |
| 16 | 272 |
| 22 | 280 |
| 25 | 288 |
| 28 | 284 |
| 30 | 315 |
| 23 | 288 |
| 17 | 275 |
| 14 | 260 |
| 19 | 290 |

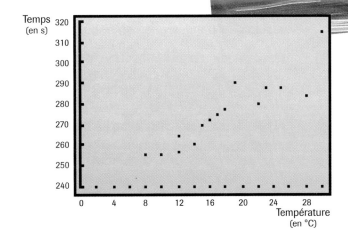

**a)** La corrélation entre les deux variables est-elle linéaire? Autrement dit, l'ensemble des points se rapproche-t-il d'une droite?

**b)** À ton avis, la chaleur influence-t-elle les performances d'Evelyn? Justifie ta réponse.

**c)** Les variables varient-elles dans le même sens ou dans le sens contraire?

**d)** La corrélation entre les deux variables peut-elle être qualifiée de forte, de moyenne ou de faible? Justifie ta réponse.

**e)** Comment les points se distribueraient-ils s'il n'y avait aucun lien entre les variables?

Les **nuages de points** nous renseignent sur le **sens** et l'**intensité de la corrélation** ou la force du lien qui existe entre deux variables. On convient des deux principes suivants:

1° La corrélation est dite **positive** si les variables varient dans le même sens, et **négative** si les variables varient dans le sens contraire.

2° La corrélation est dite **nulle** si les points sont distribués au hasard, et de plus en plus **forte** au fur et à mesure que les points se rapprochent d'une droite.

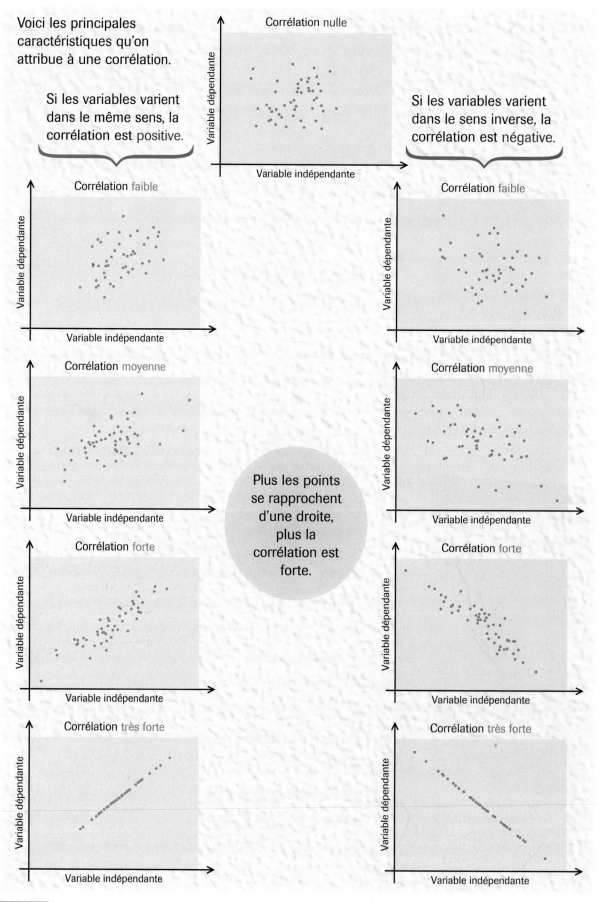

Voici les principales caractéristiques qu'on attribue à une corrélation.

Si les variables varient dans le même sens, la corrélation est positive.

Si les variables varient dans le sens inverse, la corrélation est négative.

Corrélation nulle

Variable dépendante

Variable indépendante

Corrélation faible

Variable dépendante

Variable indépendante

Corrélation faible

Variable dépendante

Variable indépendante

Corrélation moyenne

Variable dépendante

Variable indépendante

Plus les points se rapprochent d'une droite, plus la corrélation est forte.

Corrélation moyenne

Variable dépendante

Variable indépendante

Corrélation forte

Variable dépendante

Variable indépendante

Corrélation forte

Variable dépendante

Variable indépendante

Corrélation très forte

Variable dépendante

Variable indépendante

Corrélation très forte

Variable dépendante

Variable indépendante

**1.** Avant d'entreprendre l'étude d'un sujet mathématique, une enseignante a fait passer un prétest à ses élèves. Après l'étude du sujet, elle les a soumis à un autre test. Voici les résultats sur 10 obtenus au prétest et au test :

**Résultats des tests**

| Prénom | Prétest | Test | Prénom | Prétest | Test | Prénom | Prétest | Test |
|--------|---------|------|--------|---------|------|--------|---------|------|
| Alexia | 8 | 9 | Éric | 5 | 7 | Olivia | 2 | 7 |
| Angela | 3 | 7 | Fred | 8 | 8 | Olivier | 1 | 9 |
| Annie | 4 | 9 | Gratien | 1 | 4 | Paulo | 5 | 7 |
| Antoine | 6 | 8 | Hansen | 3 | 7 | Pier | 1 | 8 |
| Azario | 5 | 10 | Jean-Luc | 6 | 8 | Réjean | 5 | 10 |
| Blaise | 7 | 9 | Linda | 3 | 9 | Rita | 2 | 9 |
| Danielle | 2 | 4 | Louis | 6 | 10 | Sylvain | 2 | 4 |
| Denis | 4 | 6 | Manon | 6 | 9 | Wun | 9 | 6 |

On considère la relation entre les résultats des deux tests.

**a)** Construis un nuage de points illustrant cette distribution.

**b)** Comment peut-on qualifier la corrélation entre ces deux variables?

**2.** Dans une région donnée, on a relevé les températures minimale et maximale au cours des deux premières semaines d'avril. On considère la relation entre ces deux variables.

**Relevé des températures du 1er avril au 14 avril**

| Jour | Minimum | Maximum | Jour | Minimum | Maximum |
|------|---------|---------|------|---------|---------|
| Lundi | -10 | -2 | Lundi | 0 | 5 |
| Mardi | -8 | -4 | Mardi | -4 | 4 |
| Mercredi | -6 | 0 | Mercredi | -6 | 0 |
| Jeudi | 2 | 7 | Jeudi | -8 | 5 |
| Vendredi | 0 | 8 | Vendredi | 0 | 7 |
| Samedi | -3 | 5 | Samedi | -4 | 6 |
| Dimanche | -4 | 0 | Dimanche | -6 | 12 |

**a)** En utilisant le minimum comme variable indépendante, construis un nuage de points illustrant cette relation.

**b)** En utilisant le maximum comme variable indépendante, construis un nuage de points illustrant cette autre relation.

**c)** Comment peut-on qualifier la corrélation entre ces deux variables dans les deux nuages de points obtenus?

**3.** Voici les résultats de quatre groupes de 10 jeunes dans un test d'identification d'oeuvres de musique classique et de musique pop :

1) **Musique**

| pop | classique |
|------|-----------|
| 100 % | 95 % |
| 98 % | 98 % |
| 85 % | 90 % |
| 80 % | 75 % |
| 74 % | 82 % |
| 72 % | 75 % |
| 69 % | 70 % |
| 60 % | 68 % |
| 40 % | 35 % |
| 30 % | 36 % |

2) **Musique**

| pop | classique |
|------|-----------|
| 100 % | 90 % |
| 90 % | 95 % |
| 85 % | 77 % |
| 80 % | 80 % |
| 70 % | 75 % |
| 60 % | 65 % |
| 50 % | 48 % |
| 45 % | 55 % |
| 40 % | 30 % |
| 30 % | 23 % |

3) **Musique**

| pop | classique |
|------|-----------|
| 100 % | 60 % |
| 90 % | 35 % |
| 85 % | 85 % |
| 80 % | 20 % |
| 70 % | 90 % |
| 60 % | 65 % |
| 50 % | 78 % |
| 45 % | 15 % |
| 40 % | 70 % |
| 30 % | 53 % |

4) **Musique**

| pop | classique |
|------|-----------|
| 100 % | 20 % |
| 90 % | 30 % |
| 85 % | 35 % |
| 80 % | 40 % |
| 70 % | 50 % |
| 60 % | 60 % |
| 50 % | 70 % |
| 35 % | 85 % |
| 30 % | 90 % |
| 20 % | 100 % |

*Les Backstreet Boys, un groupe pop très populaire en 1997.*

*Jeunes qui interprètent des oeuvres classiques, Domaine Forget, Saint-Irénée de Charlevoix.*

**a)** Construis le nuage de points correspondant à chaque distribution.

**b)** Dans chaque cas, quel qualificatif s'applique à la corrélation entre les deux variables?

**4.** Le tableau ci-contre résume la carrière de Michel Bergeron en tant qu'entraîneur au hockey durant les saisons régulières.

**a)** Quels qualificatifs peut-on attribuer à la corrélation entre la variable correspondant au nombre de *parties gagnées* et la variable correspondant au nombre de *parties perdues* par saison?

**b)** Qu'en est-il pour le nombre de *parties gagnées* et le nombre de *parties nulles*?

**Carrière de Michel Bergeron**

| Saison | Équipe | Pj | G | P | N | MOY |
|--------|--------|----|----|----|----|------|
| 1974-75 | Trois-Rivières | 72 | 34 | 25 | 13 | 0,563 |
| 1975-76 | Trois-Rivières | 72 | 36 | 31 | 5 | 0,535 |
| 1976-77 | Trois-Rivières | 72 | 38 | 24 | 10 | 0,597 |
| 1977-78 | Trois-Rivières | 72 | 47 | 18 | 7 | 0,701 |
| 1978-79 | Trois-Rivières | 72 | 58 | 8 | 6 | 0,847 |
| 1979-80 | Trois-Rivières | 72 | 36 | 27 | 9 | 0,563 |
| 1980-81 | Québec | 74 | 29 | 29 | 16 | 0,500 |
| 1981-82 | Québec | 80 | 33 | 31 | 16 | 0,513 |
| 1982-83 | Québec | 80 | 34 | 34 | 12 | 0,500 |
| 1983-84 | Québec | 80 | 42 | 28 | 10 | 0,588 |
| 1984-85 | Québec | 80 | 41 | 30 | 9 | 0,569 |
| 1985-86 | Québec | 80 | 43 | 31 | 6 | 0,575 |
| 1986-87 | Québec | 80 | 31 | 39 | 10 | 0,450 |
| 1987-88 | New York | 80 | 36 | 34 | 10 | 0,513 |
| 1988-89 | New York | 78 | 37 | 33 | 8 | 0,526 |
| 1989-90 | Québec | 80 | 12 | 61 | 7 | 0,194 |

**5.** Le taux de cholestérol dans le sang est un facteur important de la santé cardiaque. Mais ce n'est pas le seul. Dans un CLSC, on a relevé l'âge, la masse et le taux de cholestérol des patients de sexe masculin qui se sont présentés un matin. Voici les données compilées :

**Patients d'un CLSC**

| Âge (en a) | Masse (en kg) | Taux de cholestérol (en g/l) | Âge (en a) | Masse (en kg) | Taux de cholestérol (en g/l) |
|---|---|---|---|---|---|
| 36 | 60 | 4,2 | 25 | 55 | 4,4 |
| 52 | 82 | 6,1 | 38 | 78 | 3,9 |
| 48 | 70 | 5,8 | 42 | 88 | 8,4 |
| 40 | 94 | 7,2 | 68 | 68 | 5,0 |
| 28 | 75 | 2,6 | 63 | 65 | 3,8 |
| 38 | 83 | 4,5 | 54 | 58 | 4,9 |
| 55 | 65 | 3,6 | 53 | 54 | 3,3 |
| 58 | 64 | 4,6 | 50 | 60 | 4,4 |
| 46 | 58 | 5,2 | 44 | 72 | 4,4 |
| 48 | 71 | 6,7 | 46 | 80 | 5,2 |

> *Il n'existe ni bon ni mauvais cholestérol. C'est la consommation excessive de gras animal et de gras hydrogéné, associée à de mauvaises habitudes de vie, qui fait augmenter le taux de cholestérol dans le sang.*

**a)** Construis les nuages de points des distributions *âge-masse*, *âge-taux de cholestérol* et *masse-taux de cholestérol*.

**b)** Dans lequel de ces cas la corrélation entre les variables est-elle la plus forte ?

**6.** Comment peut-on qualifier le lien entre les deux variables décrites ?

**a)** La criminalité chez les jeunes et la consommation de drogues.

**b)** Le rang dans la famille et les résultats scolaires.

**c)** Le taux d'accroissement de la population et le taux de scolarisation des filles.

**d)** Le nombre de prêts hypothécaires et les taux d'intérêts.

**e)** La consommation de cigarettes et la consommation d'alcool.

**f)** La population d'une ville et le nombre de sans-abri.

*Le nombre de sans-abri augmente continuellement dans les grandes villes d'Amérique du Nord.*

**7.** Dans chacune des situations décrites, détermine si la corrélation entre les deux variables données est positive, nulle ou négative.

**a)** Un bon résultat en mathématique est généralement accompagné d'un bon résultat en initiation à la technologie.

**b)** Au hockey, un bon temps de glace pour les joueurs d'avant assure une bonne production de points pour ces joueurs.

**c)** Au baseball, la vitesse des lancers est en relation avec le nombre de coups sûrs.

**d)** Dans le domaine de la mode, le coût d'une robe est en relation avec la qualité du tissu dont elle est fabriquée.

**e)** Dans le secteur économique, la vente au détail est en relation avec le taux de chômage.

*Au Québec, le groupe industriel qui embauche le plus grand nombre d'employés et employées est celui de l'habillement.*

**8.** Quelles caractéristiques peut-on attribuer à la corrélation entre les deux variables dans les cas suivants?

**a)** La connaissance des valeurs de la première n'aide pas du tout à déterminer les valeurs de la seconde.

**b)** La connaissance des valeurs de la première aide beaucoup à déterminer les valeurs de la seconde.

**c)** La connaissance des valeurs de la première détermine automatiquement les valeurs de la seconde.

**d)** La connaissance des valeurs de la première permet de déterminer assez précisément les valeurs de la seconde, sachant que ces valeurs varient en sens contraire.

**9.** Place les associations suivantes en ordre croissant selon l'intensité de la corrélation entre les variables.

1) L'âge d'un enfant et sa taille.

2) L'âge d'un enfant et l'âge de sa mère.

3) L'âge d'un enfant et le nombre d'heures de travail de son père.

**10.** Quels qualificatifs peut-on attribuer à une corrélation :

**a)** si les points du nuage sont assez proches d'une droite ascendante et que le nuage de points a une forme allongée qui enveloppe cette droite de près?

**b)** si les points du nuage sont assez loin d'une droite descendante et que le nuage de points prend une forme très arrondie?

**11.** On considère les variables *âge* et *salaire moyen*.

**a)** Que voudrait-on dire si l'on affirmait que la corrélation entre ces deux variables est :

1) très forte et positive? 2) nulle? 3) très forte et négative?

**b)** À ton avis, comment devrait être cette corrélation?

**12.** Dans une région donnée, on s'intéresse à la relation entre le nombre de renards et le nombre de lièvres.

**a)** Imagine cette relation et représente-la par un nuage de points.

**b)** Comment peut-on qualifier la corrélation entre ces variables?

*Le lièvre se nourrit de végétation fraîche, de bourgeons, de rameaux et d'écorce. Certaines espèces peuvent faire des sauts de 6 m de longueur et courir à 65 km/h.*

*Le renard roux se retrouve un peu partout au Canada et aux États-Unis. Il se nourrit des proies disponibles, des insectes aux lièvres, et complète son régime par des baies et d'autres fruits.*

## FORUM

**a)** Que pouvez-vous dire de la corrélation entre les variables dans ce nuage de points?

**b)** Imaginez différents nuages de points qui donnent lieu à diverses interprétations.

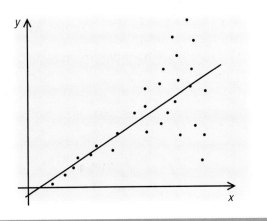

## COEFFICIENT DE CORRÉLATION

### Le cancer du sein

La lutte contre le cancer a été l'une des plus grandes batailles du 20e siècle. Un groupe de chercheurs et chercheuses de Grande-Bretagne a tenté de relier le cancer du sein à la température moyenne de la région. On a donc recueilli des données concernant la température moyenne annuelle d'une région et le taux de mortalité relié au cancer du sein dans cette région.

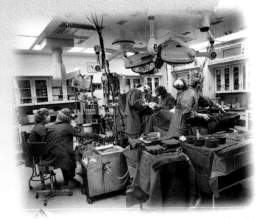

*La chirurgie est l'un des traitements utilisés con[tre] le cancer.*

**Cancer du sein**

| Température moyenne annuelle (en °C) | Taux de mortalité (par million) |
|---|---|
| 10,7 | 102,5 |
| 9,9 | 104,5 |
| 10,0 | 100,4 |
| 9,6 | 95,9 |
| 9,2 | 87,0 |
| 8,8 | 95,0 |
| 8,5 | 88,6 |
| 7,3 | 89,2 |
| 7,9 | 78,9 |
| 5,6 | 84,6 |
| 6,8 | 81,7 |
| 6,4 | 72,2 |
| 5,7 | 65,1 |
| 4,6 | 68,1 |
| 0 | 67,3 |
| 1,1 | 52,5 |

Source : *British Medical Journal*

*Elisabeth L. Scott (1917-1988) étudia la distribution spatiale des galaxies, les variations de climat et la fréquence des cancers de la peau.*

Par la suite, en mettant en relation ces deux variables, on a obtenu des couples de valeurs qui ont permis de construire le nuage de points suivant :

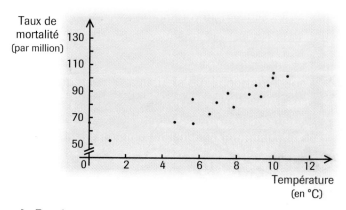

**a)** En observant le nuage de points, comment peut-on qualifier la corrélation entre les variables?

Les mots donnent une idée approximative de la corrélation. On peut toutefois atteindre plus de précision en **quantifiant la corrélation** à l'aide d'un **nombre de l'intervalle [-1, 1].** Ainsi, on a :

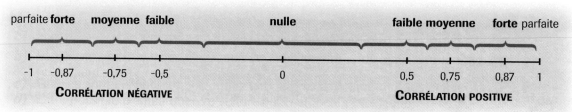

**b)** Quel nombre peut quantifier approximativement la corrélation entre la température et le taux de mortalité relié au cancer du sein?

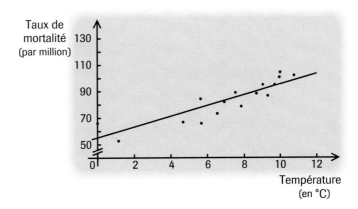

Taux de mortalité (par million)

Température (en °C)

Le nombre qu'on utilise pour quantifier le degré de corrélation entre deux variables quantitatives est appelé le **coefficient de corrélation** et on le désigne par la lettre **r**.

De façon générale, on peut dire qu'un coefficient :

| Valeur de r | Intensité du lien linéaire |
|---|---|
| près de 0 | indique un lien linéaire nul entre les deux variables. |
| près de ± 0,5 | indique un lien linéaire faible entre les deux variables. |
| près de ± 0,75 | indique un lien linéaire moyen entre les deux variables. |
| près de ± 0,87 | indique un lien linéaire fort entre les deux variables. |
| près de ± 1 | indique un lien linéaire très fort entre les deux variables. |

Une corrélation linéaire très forte inclut également la corrélation +1 ou -1 appelée **corrélation parfaite.** Dans ce cas, la relation se définit par une règle. Ainsi, chaque valeur de l'une des variables fixe une valeur pour l'autre variable.

*Le Britannique Karl Pearson (1857-1936) a été surnommé le fondateur de la science statistique.*

1. Décris le nuage de points qu'on obtient si le coefficient de corrélation entre deux variables est :

   **a)** 0,25  **b)** -0,6  **c)** -0,95  **d)** 1

2. Que peut-on dire de l'alignement des points si le coefficient de corrélation entre deux variables est celui qui est indiqué?

   **a)** 0,8  **b)** -0,15  **c)** -0,99  **d)** 0,5

3. On donne deux coefficients de corrélation. Indique lequel correspond à la corrélation la plus forte.

   **a)** 0,6 et -0,8  **b)** -0,25 et 0,25  **c)** 0 et -1  **d)** -0,89 et -0,94

**4.** Attribue un coefficient de corrélation à chaque nuage de points.

$1 - \dfrac{\ell}{L}$

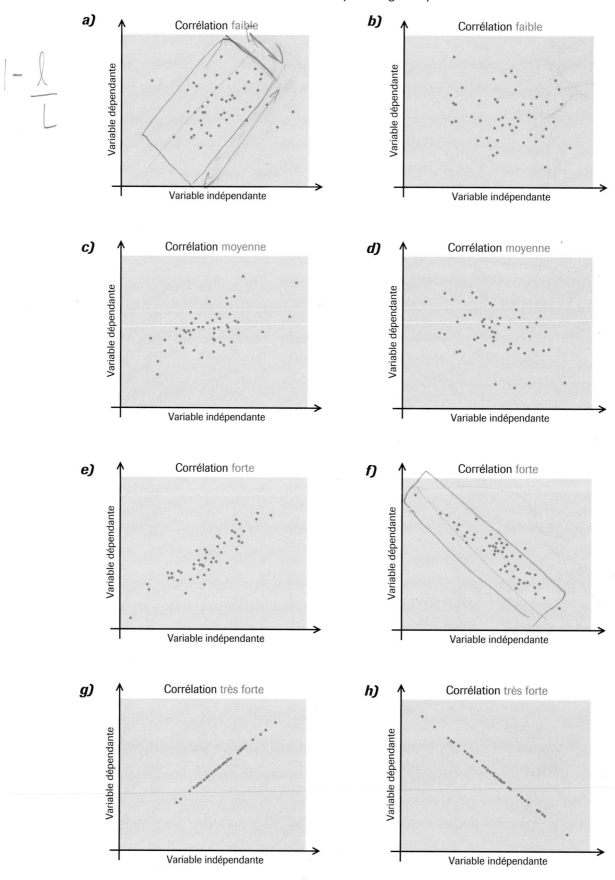

**5.** Dans chaque cas, on suggère quatre coefficients de corrélation. Associe chacun à un nuage de points.

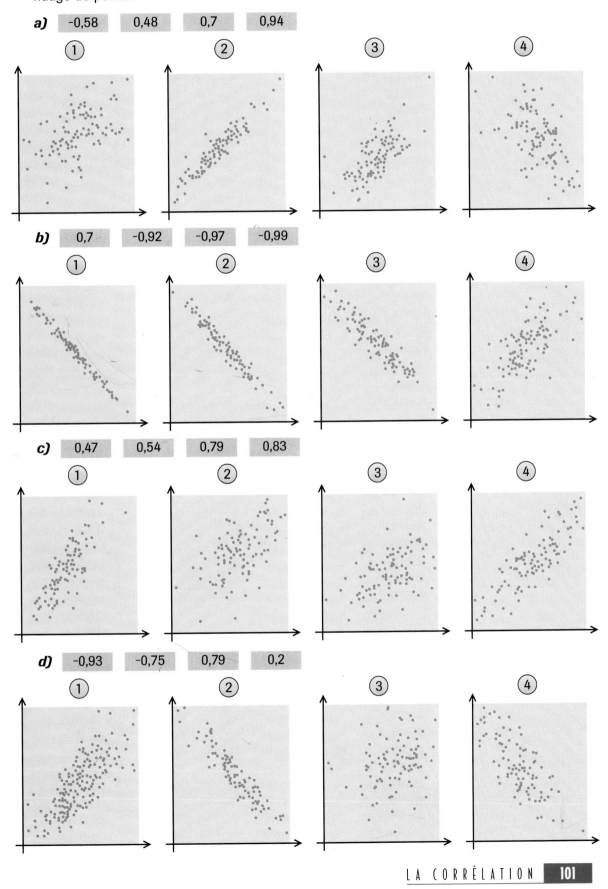

*a)*  -0,58    0,48    0,7    0,94

① ② ③ ④

*b)*  0,7    -0,92    -0,97    -0,99

① ② ③ ④

*c)*  0,47    0,54    0,79    0,83

① ② ③ ④

*d)*  -0,93    -0,75    0,79    0,2

① ② ③ ④

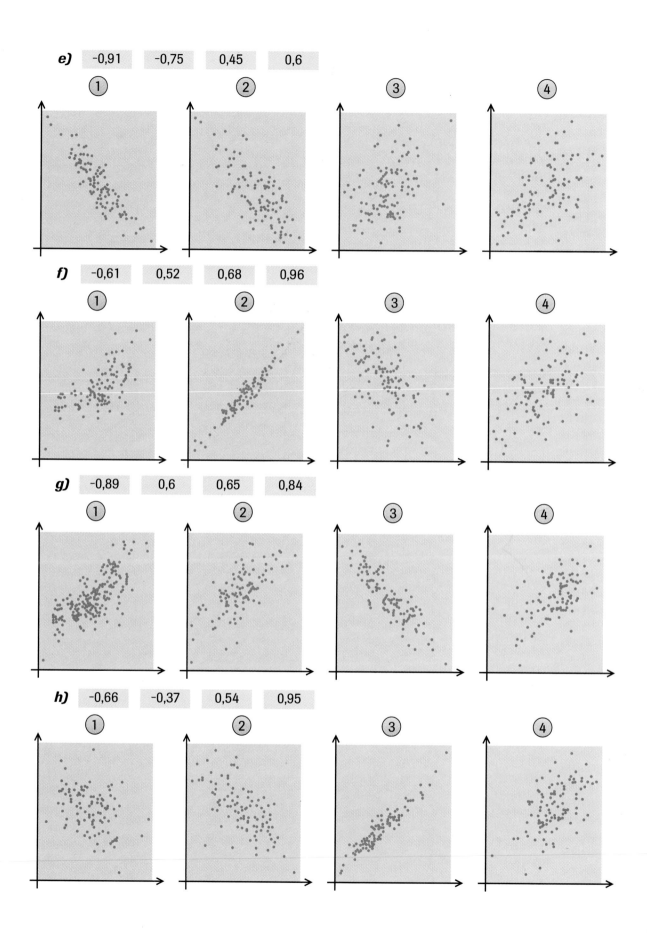

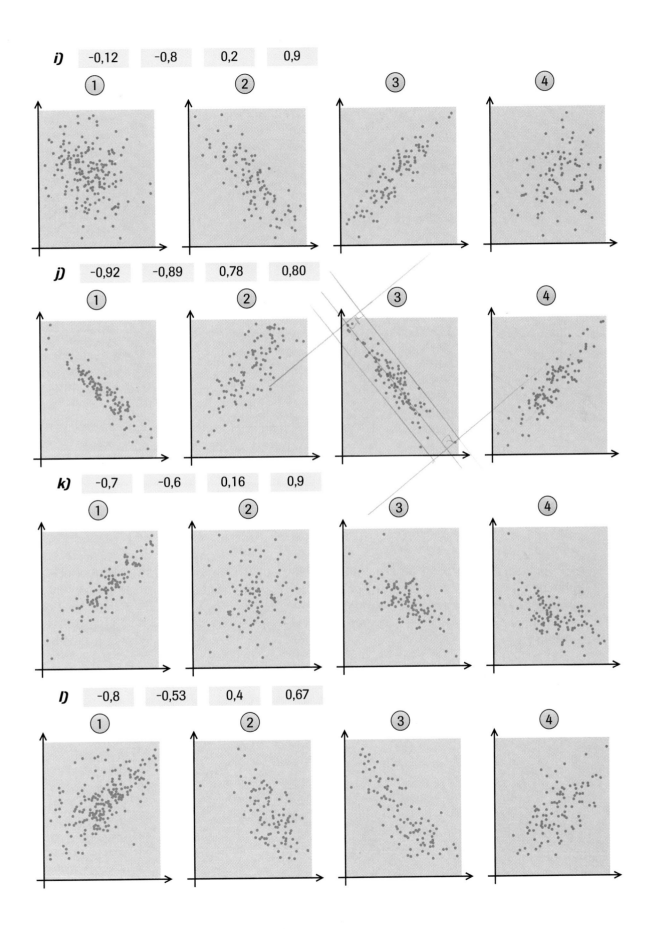

i)   -0,12      -0,8      0,2      0,9

j)   -0,92     -0,89     0,78     0,80

k)   -0,7      -0,6      0,16     0,9

l)   -0,8      -0,53     0,4      0,67

**6.** Un oeil exercé peut estimer le coefficient de corrélation entre deux variables. Voici six nuages de points. Estime le coefficient de corrélation entre les deux variables dans chaque cas.

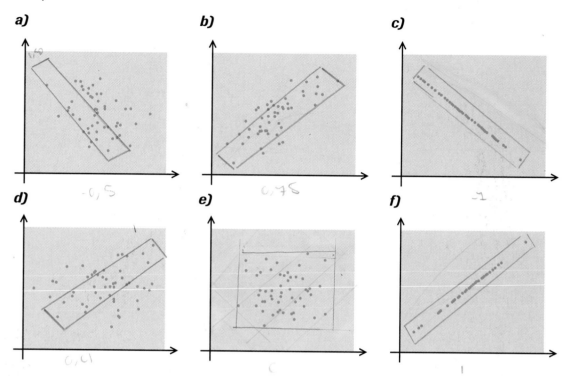

**a)**          -0,5

**b)**          0,75

**c)**          -1

**d)**          0,01

**e)**          0

**f)**          1

**7.** Dessine à main levée un nuage de points dont le coefficient de corrélation entre les variables est d'environ :

    **a)** -0,9             **b)** 0,5             **c)** 0             **d)** -0,7

**8.** Au football, plus un quart-arrière tente de passes, plus son équipe devrait marquer de touchés. Il existe certainement un lien entre ces deux variables. Mais quelle en est l'intensité ? Pour répondre à cette question, construis un nuage de points illustrant cette distribution à deux variables. Les données se rapportent aux 20 meilleurs quarts-arrière de la LNF.

*Joe Montana, né en 1956 en Pennsylvanie, a sans doute été le meilleur quart-arrière de tous les temps.*

**Passes au football**

| Tentatives de passes | Touchés | Tentatives de passes | Touchés |
|---|---|---|---|
| 4059 | 216 | 3741 | 239 |
| 3650 | 220 | 4475 | 197 |
| 2285 | 126 | 2950 | 155 |
| 2842 | 169 | 3149 | 152 |
| 2958 | 153 | 6467 | 342 |
| 1940 | 75 | 1536 | 61 |
| 2467 | 96 | 5604 | 254 |
| 1742 | 81 | 1831 | 77 |
| 3153 | 136 | 2551 | 124 |
| 4262 | 255 | 5186 | 290 |

9. Les précipitations dépendent-elles de la température? Les tableaux ci-dessous présentent des données pour les villes de Schefferville et de Cap-aux-Meules.

**Schefferville**

| Mois | Température (en °C) | Précipitations (en mm) |
|------|------|------|
| Janv. | -22 | 46 |
| Févr. | -20 | 40 |
| Mars | -15 | 36 |
| Avril | -8 | 46 |
| Mai | 0 | 50 |
| Juin | 9 | 72 |
| Juil. | 12 | 95 |
| Août | 10 | 100 |
| Sept. | 5 | 80 |
| Oct. | -2 | 75 |
| Nov. | -10 | 65 |
| Déc. | -19 | 50 |

**Cap-aux-Meules**

| Mois | Température (en °C) | Précipitations (en mm) |
|------|------|------|
| Janv. | -5 | 100 |
| Févr. | -8 | 75 |
| Mars | -4 | 88 |
| Avril | 0 | 75 |
| Mai | 5 | 68 |
| Juin | 12 | 67 |
| Juil. | 16 | 68 |
| Août | 16 | 75 |
| Sept. | 12 | 76 |
| Oct. | 8 | 95 |
| Nov. | 2 | 102 |
| Déc. | -3 | 120 |

*La municipalité de Cap-aux-Meules constitue le port d'entrée des Îles-de-la-Madeleine, où accoste le traversier en provenance de l'Île-du-Prince-Édouard.*

**a)** Pour chaque ville, construis un nuage de points en utilisant les variables *température* et *précipitations*.

**b)** Dans cette situation, que signifie un coefficient positif? un coefficient négatif?

**c)** Que signifient un coefficient de corrélation de 0,85 dans le premier cas (Schefferville) et un coefficient de -0,5 dans le second (Cap-aux-Meules)?

10.

> Plus il fait soleil, moins il y a de précipitations.

**Données météorologiques (Québec, 1996)**

| Mois | Ensoleillement (en h) | Précipitations (en mm) |
|------|------|------|
| Janv. | 119,4 | 67,4 |
| Févr. | 133,4 | 72,2 |
| Mars | 202,3 | 16,4 |
| Avril | 135,0 | 177,8 |
| Mai | 276,6 | 92,0 |
| Juin | 192,3 | 65,5 |
| Juil. | 247,3 | 106,0 |
| Août | 289,6 | 22,5 |
| Sept. | 180,9 | 115,1 |
| Oct. | 139,0 | 74,5 |
| Nov. | 87,7 | 163,4 |
| Déc. | 42,0 | 89,4 |

Source : Environnement Canada

Les quantités de précipitations sont un total pour le mois, neige et pluie confondues.

**a)** Jusqu'à quel point cela est-il vrai? Fais des prédictions à ce sujet.

**b)** Pour vérifier tes prédictions, construis le nuage de points correspondant à l'ensoleillement, en heures, et à la quantité de précipitations, en millimètres, pour chaque mois de 1996.

**c)** D'un simple coup d'oeil, évalue le coefficient de corrélation à partir du nuage de points.

**11.** Une botaniste a effectué une recherche sur les pétales et les sépales de différentes espèces de fleurs. On a reproduit ici une partie des données qu'elle a recueillies.

**Données pour différentes espèces de fleurs**

| Pétale | | Sépale | |
|---|---|---|---|
| Largeur (en mm) | Longueur (en mm) | Largeur (en mm) | Longueur (en mm) |
| 02 | 14 | 33 | 50 |
| 24 | 56 | 31 | 67 |
| 23 | 51 | 31 | 69 |
| 02 | 10 | 36 | 46 |
| 20 | 52 | 30 | 65 |
| 19 | 51 | 27 | 58 |
| 13 | 45 | 28 | 57 |
| 16 | 47 | 33 | 63 |
| 17 | 45 | 25 | 49 |
| 14 | 47 | 32 | 70 |
| 02 | 16 | 31 | 48 |
| 19 | 50 | 25 | 63 |
| 01 | 14 | 36 | 49 |
| 02 | 13 | 32 | 44 |
| 12 | 40 | 26 | 58 |
| 18 | 49 | 27 | 63 |
| 10 | 33 | 23 | 50 |
| 02 | 16 | 38 | 51 |
| 02 | 16 | 30 | 50 |
| 21 | 56 | 28 | 64 |

**a)** Peut-on dire qu'il existe une corrélation entre la largeur et la longueur des pétales?

**b)** Comment peut-on qualifier la corrélation entre la longueur d'un pétale et la longueur d'un sépale?

**c)** Décris, dans cette situation, une relation dans laquelle la corrélation entre les variables est négative.

**d)** Décris la relation qui présente la plus faible corrélation entre ces variables.

pistil

pétale

sépale

*Fleur d'hibiscus.*

**12.** Le tableau ci-contre présente, selon les années, la migration entre le Québec et les autres provinces du Canada en termes d'entrées et de sorties.

**a)** Y a-t-il un lien naturel entre les entrées et les sorties des personnes dans une province?

**b)** Les variables «Entrées» et «Sorties» semblent-elles varier dans le même sens ou dans le sens contraire?

**c)** Évalue le coefficient de corrélation entre ces variables.

**Migration interprovinciale (Québec)**

| Année | Entrées | Sorties |
|---|---|---|
| 1981 | 20 764 | 47 953 |
| 1982 | 21 122 | 44 679 |
| 1983 | 23 854 | 40 212 |
| 1984 | 25 048 | 32 722 |
| 1985 | 25 767 | 30 541 |
| 1986 | 19 079 | 24 958 |
| 1987 | 19 409 | 26 544 |
| 1988 | 24 245 | 28 045 |
| 1989 | 32 519 | 30 229 |
| 1990 | 39 485 | 23 077 |
| 1991 | 43 627 | 28 578 |
| 1992 | 41 167 | 28 379 |

Source : Statistique Canada

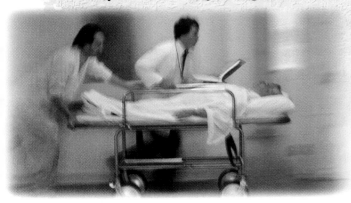

**a)** On se demande si le nombre d'actes de vandalisme dans une école est dépendant du nombre d'élèves de cette école. Inventez des données et estimez les coefficients de corrélation.

**b)** Le taux de vandalisme (nombre d'actes de vandalisme par 100 élèves) est-il dépendant de la population d'une école? Justifiez votre réponse à l'aide des données précédentes.

**c)** Y a-t-il une différence entre une relation statistique de type linéaire avec une corrélation négative et une relation de variation inverse? Justifiez votre réponse.

## ESTIMATION DE LA CORRÉLATION

Il est possible d'estimer la corrélation d'un simple coup d'oeil, mais il existe également certains autres procédés d'estimation, dont un procédé graphique.

### Les hôpitaux en temps de guerre

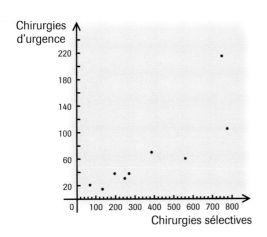

Des chercheurs et chercheuses veulent étudier les effets de la guerre sur le fonctionnement des hôpitaux. On a donc compilé des données relevées dans les neuf hôpitaux d'un pays qui était en guerre en 1995. Les données présentées ici se rapportent aux chirurgies cardiaques.

**Chirurgies cardiaques**

| Hôpital | Sélectives | D'urgence |
|---------|-----------|-----------|
| H$_1$ | 780 | 105 |
| H$_2$ | 561 | 60 |
| H$_3$ | 386 | 70 |
| H$_4$ | 138 | 15 |
| H$_5$ | 275 | 39 |
| H$_6$ | 251 | 33 |
| H$_7$ | 196 | 38 |
| H$_8$ | 756 | 216 |
| H$_9$ | 71 | 21 |

Les médecins de ces hôpitaux ont dû pratiquer des opérations sélectives et des opérations d'urgence. On se demande si ces données sont reliées et jusqu'à quel point elles le sont.

Pour répondre à cette question, on a construit un nuage de points.

**a)** Dans ce nuage de points, y a-t-il des données aberrantes, c'est-à-dire des données qui s'éloignent passablement des autres? Si oui, quelles sont-elles?

On a tracé une droite pointillée qui passe au centre de l'ensemble des points. On a ensuite construit, sur le nuage de points, le rectangle de plus petites dimensions qui contient tous les points sauf celui qui correspond à des données aberrantes.

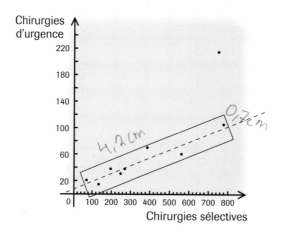

**b)** Quelles sont les dimensions de ce rectangle?

**c)** Quel est le signe du coefficient de corrélation entre les variables de cette situation?

**d)** On estime ce coefficient de corrélation en effectuant le calcul suivant :

$$r \approx + \left( 1 - \frac{\text{mesure du petit côté}}{\text{mesure du grand côté}} \right)$$

Quelle est la valeur estimée de r?

**e)** Quel aurait été le signe de r si les variables avaient varié dans le sens inverse l'une de l'autre?

La formule suivante permet d'obtenir une estimation du coefficient de corrélation entre deux variables à partir du nuage de points :

$$r \approx \pm \left( 1 - \frac{\text{mesure du petit côté}}{\text{mesure du grand côté}} \right)$$

**f)** Dans quel cas utilisera-t-on :

1)  l'expression positive?                    2)  l'expression négative?

**g)** Quelle est la plus grande valeur que peut prendre le rapport $\frac{\text{mesure du petit côté}}{\text{mesure du grand côté}}$?

Si le nuage de points est bien construit et que les données sont en nombre suffisant, cette méthode permet d'obtenir pour le coefficient de corrélation une précision de -0,15 à +0,15.

**1.** On a construit des nuages de points et le rectangle qui permet d'estimer le coefficient de corrélation entre les variables. Estime ce coefficient.

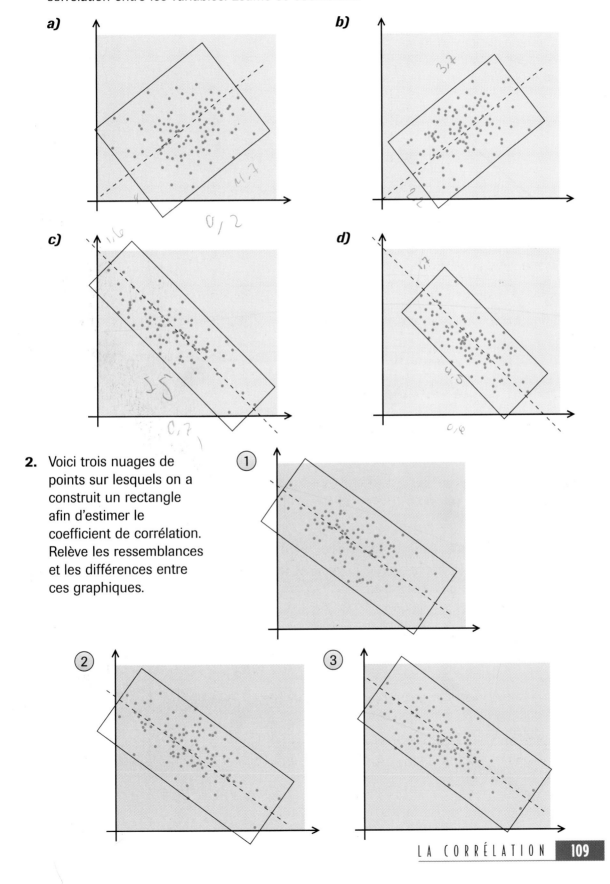

*a)*

*b)*

*c)*

*d)*

**2.** Voici trois nuages de points sur lesquels on a construit un rectangle afin d'estimer le coefficient de corrélation. Relève les ressemblances et les différences entre ces graphiques.

① ② ③

**3.** Dans le pays de la situation de départ, *Les hôpitaux en temps de guerre,* on a relevé des données concernant les opérés du coeur, hommes et femmes. Quelle est l'intensité du lien entre le nombre d'hommes et le nombre de femmes? Réponds à cette question à partir du nuage de points ci-contre.

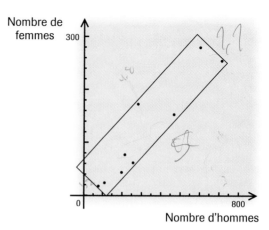

**4.** Le rhinocéros est en voie de disparition. On le chasse pour sa corne, faite de poils agglutinés, à laquelle on accorde des propriétés médicinales et aphrodisiaques. Il ne reste plus que 5 espèces de rhinocéros parmi les 30 déjà répertoriées dans le monde. On présente ci-dessous ces espèces avec leur taille et leur masse. Quelle est l'intensité du lien entre la taille et la masse chez ces espèces?

*Selon les espèces, les rhinocéros ont une ou deux cornes. La plupart ont une peau épaisse et rugueuse, sans poils, sauf le rhinocéros de Sumatra qui, lui, est couvert de poils.*

**Rhinocéros**

| Espèce | Taille (en m) | Masse (en kg) |
|--------|---------------|---------------|
| Blanc | 1,8 | 2000 |
| Noir | 1,5 | 1300 |
| Javanais | 1,5 | 1600 |
| Indien | 1,7 | 1800 |
| De Sumatra | 1,4 | 900 |

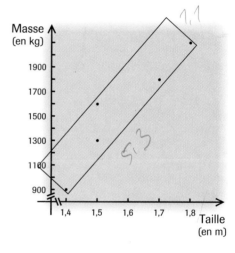

**5.** Au moment de remettre les copies d'un examen, un enseignant demande à chacun et chacune le temps consacré à la préparation de cet examen. Le tableau ci-contre présente les données recueillies.

**a)** Construis un nuage de points à partir de cette distribution à deux variables.

**b)** À l'aide d'un rectangle, estime le coefficient de corrélation entre les deux variables.

**Examen sommatif**

| Temps (en h) | Résultat (en %) | Temps (en h) | Résultat (en %) |
|--------------|-----------------|--------------|-----------------|
| 1 | 60 | 3 | 92 |
| 1 | 55 | 3,5 | 82 |
| 1,5 | 67 | 3,5 | 72 |
| 1,5 | 53 | 4 | 55 |
| 2 | 72 | 4 | 90 |
| 2 | 69 | 4 | 86 |
| 2,5 | 80 | 4,5 | 92 |
| 2,5 | 77 | 4,5 | 75 |
| 3 | 68 | 5 | 88 |
| 3 | 80 | 5 | 96 |
| 3 | 77 | 6 | 89 |

**6.** Au basket-ball, on veut en savoir davantage sur la relation entre le nombre de paniers réussis et la distance entre le joueur et le panier. L'entraîneuse d'une équipe demande à deux joueuses de tenter 10 lancers chacune, en reculant chaque fois de 1 m. On compte le nombre de réussites.

**Basket-ball**

| Distance (en m) | Nombre de réussites |
|---|---|
| 1 | 19 |
| 2 | 19 |
| 3 | 18 |
| 4 | 16 |
| 5 | 14 |
| 6 | 9 |
| 7 | 8 |
| 8 | 6 |
| 9 | 4 |
| 10 | 1 |

**a)** Construis un nuage de points à partir de cette distribution à deux variables.

**b)** À l'aide d'un rectangle, estime le coefficient de corrélation entre les deux variables.

**7.** À un arrêt d'autobus, Meggy a demandé aux adultes leur âge et le nombre de disques compacts achetés au cours de la dernière année. Les données qu'elle a recueillies apparaissent dans le tableau ci-contre.

**a)** Construis un nuage de points à partir de cette distribution à deux variables.

**b)** À l'aide d'un rectangle, estime le coefficient de corrélation entre les deux variables.

**Achat de disques compacts**

| Âge (en a) | Nombre de disques |
|---|---|
| 18 | 8 |
| 32 | 12 |
| 20 | 15 |
| 19 | 13 |
| 45 | 4 |
| 38 | 6 |
| 50 | 10 |
| 30 | 8 |
| 28 | 12 |
| 21 | 15 |
| 60 | 1 |
| 54 | 2 |
| 42 | 7 |
| 24 | 12 |

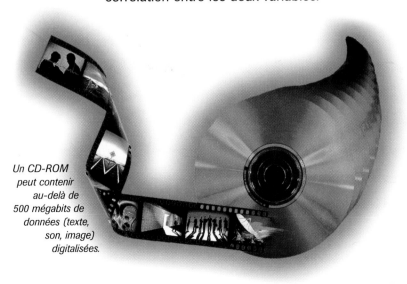

*Un CD-ROM peut contenir au-delà de 500 mégabits de données (texte, son, image) digitalisées.*

**8.** Voici les données provenant d'une étude effectuée en 1991 sur les différents métiers à travers le monde. Les variables sont la ville, le nombre moyen d'heures de travail par année pour 12 métiers, l'indice du coût de la vie basé sur le coût de 112 produits et services ayant comme base 100 (indice de Zurich), et l'indice du salaire horaire net ayant comme base 100 (indice de Zurich).

**Les métiers à travers le monde**

| Ville | Heures de travail/an | Indice coût de la vie | Indice salaire horaire |
|---|---|---|---|
| Amsterdam | 1714 | 65,6 | 49,0 |
| Athènes | 1792 | 53,8 | 30,4 |
| Bogotá | 2152 | 37,9 | 11,5 |
| Bombay | 2052 | 30,3 | 5,3 |
| Buenos Aires | 1971 | 56,1 | 12,5 |
| Caracas | 2041 | 61,0 | 10,9 |
| Chicago | 1924 | 73,9 | 61,9 |
| Copenhague | 1717 | 91,3 | 62,9 |
| Düsseldorf | 1693 | 78,5 | 60,2 |
| Genève | 1880 | 95,9 | 90,3 |
| Helsinki | 1667 | 113,6 | 66,6 |
| Hong-Kong | 2375 | 63,8 | 27,8 |
| Johannesburg | 1945 | 51,1 | 24,0 |
| Kuala Lumpur | 2167 | 43,5 | 9,9 |
| Lagos | 1786 | 45,2 | 2,7 |
| Londres | 1737 | 84,2 | 46,2 |
| Los Angeles | 2068 | 79,8 | 65,2 |
| Madrid | 1710 | 93,8 | 50,0 |
| Manille | 2268 | 40,0 | 4,0 |
| Mexico | 1944 | 49,8 | 5,7 |
| Milan | 1773 | 82,0 | 53,3 |
| Montréal | 1827 | 72,7 | 56,3 |
| Nairobi | 1958 | 45,0 | 5,8 |
| Panamá | 2078 | 49,2 | 13,8 |
| Paris | 1744 | 81,6 | 45,9 |
| Rio de Janeiro | 1749 | 46,3 | 10,5 |
| Séoul | 1842 | 58,3 | 32,7 |
| Singapour | 2042 | 64,4 | 16,1 |
| Sydney | 1668 | 70,8 | 52,1 |
| Taipei | 2145 | 84,3 | 34,5 |
| Tel-Aviv | 2015 | 67,3 | 27,0 |
| Tōkyō | 1880 | 115,0 | 68,0 |
| Toronto | 1888 | 70,2 | 58,2 |
| Zurich | 1868 | 100,0 | 100,0 |

**a)** Construis un nuage de points de la relation en utilisant les variables *indice du coût de la vie* et *indice du salaire horaire*.

**b)** Estime graphiquement le coefficient de corrélation entre ces deux variables.

**c)** En analysant ces données, peut-on affirmer qu'en général, plus on travaille, plus l'indice du salaire horaire est élevé?

## FORUM

**Demande d'essence selon le prix**

| Demande | Prix du litre (en ¢) | Demande | Prix du litre (en ¢) |
|---------|----------------------|---------|----------------------|
| 134 | 30 | 65 | 58 |
| 112 | 31 | 56 | 58 |
| 136 | 37 | 58 | 60 |
| 109 | 42 | 55 | 73 |
| 105 | 43 | 49 | 88 |
| 87 | 45 | 39 | 89 |
| 56 | 50 | 36 | 92 |
| 43 | 54 | 46 | 97 |
| 77 | 54 | 40 | 100 |
| 35 | 57 | 42 | 102 |

**a)** Avant et pendant la guerre du Golfe, le prix de l'essence s'est mis à grimper. Certaines régions ont été plus affectées que d'autres. Voici une distribution à deux variables montrant l'évolution hebdomadaire du prix de l'essence ainsi que le nombre de clients ou clientes d'une petite station-service. La relation entre le prix et la demande est-elle du type linéaire? Appuyez votre réponse de faits statistiques.

*Les États de la péninsule arabique sont, pour la plupart, de gros producteurs de pétrole qu'ils exportent dans le monde entier. La guerre du Golfe a fortement perturbé ces activités.*

**b)** Que pensez-vous de l'affirmation suivante?

> Si une relation montre un nuage de points pour lequel on ne peut dire si la corrélation est positive ou négative, c'est très certainement une situation où il n'y a pas de corrélation.

Justifiez votre réponse.

## DROITE DE RÉGRESSION

### Le fémur et la taille

Les paléontologues tentent d'attribuer une taille aux squelettes fossiles découverts lors de leurs recherches. Les mesures recueillies sont associées les unes aux autres afin de découvrir des liens entre elles.

Voici une distribution concernant les variables *longueur du fémur* et *taille* de différentes femmes.

**a)** Les valeurs des deux variables évoluent-elles dans le même sens?

**b)** Laquelle de ces variables peut-on considérer comme variable :

　　1) indépendante?

　　2) dépendante?

**c)** Dans cette relation, le taux de variation est-il quasi constant? Si oui, calcule le taux de variation moyen.

**Longueur du fémur vs taille chez la femme**

| Individu | Longueur du fémur (en cm) | Taille (en cm) |
|----------|---------------------------|----------------|
| $F_1$ | 36 | 144 |
| $F_2$ | 37 | 146 |
| $F_3$ | 40 | 153 |
| $F_4$ | 42 | 158 |
| $F_5$ | 43,5 | 162 |
| $F_6$ | 45 | 165 |
| $F_7$ | 46,5 | 168 |
| $F_8$ | 46,8 | 169 |
| $F_9$ | 47 | 170 |
| $F_{10}$ | 47,5 | 171 |

*La paléontologie est la science des êtres vivants ayant existé aux temps géologiques et qui est fondée sur l'étude des fossiles.*

**d)** En utilisant ce taux de variation dans la règle $y = ax + b$ et les couples de la table de valeurs ci-dessous, détermine une valeur de b convenable.

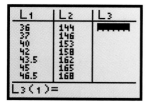

*Le fémur est l'os long qui constitue le squelette de la cuisse.*

**e)** Quelle règle traduit assez bien la relation entre ces deux variables?

Dans le contexte d'une relation linéaire entre deux variables :

– **b** est la valeur de la variable dépendante lorsque la variable indépendante est nulle;

– **a** est le taux de variation de la variable dépendante par rapport à la variable indépendante.

**f)** Construis le nuage de points correspondant à la relation entre ces variables et trace la droite associée à la règle obtenue.

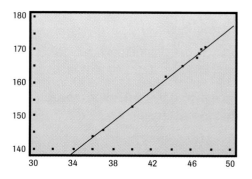

Cette règle est une équation appelée **équation de régression** et correspond à une droite qu'on appelle **droite de régression.** L'équation de cette droite est de la forme $y = ax + b$.

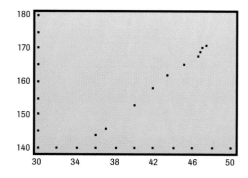

La droite de régression est celle qui représente le mieux l'ensemble des points du nuage de points.

Il ne faut pas oublier que le nuage de points est une représentation graphique dans laquelle les axes sont le plus souvent coupés, comme dans les écrans précédents.

On a reproduit ci-contre le dernier écran en le situant dans le plan cartésien où apparaît l'origine des axes.

Ainsi, on constate que le prolongement de la droite de régression coupe l'axe des $y$ au point de coordonnées $(0, b)$, soit ici $(0, 59)$.

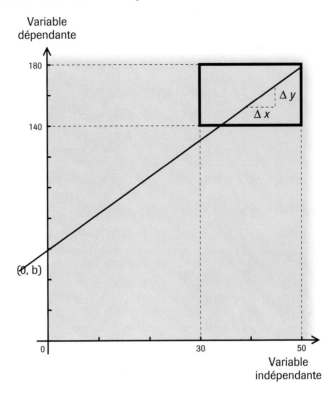

Il est possible de déterminer les valeurs des paramètres de l'équation de régression avec une calculatrice à affichage graphique et de faire afficher la règle pour ensuite tracer la droite.

Sir Ronald Fisher (1890-1962) a été le fondateur de la théorie de l'estimation qui prévoit la structure d'une population à partir d'un échantillon.

**g)** Si tu disposes d'une calculatrice d'un modèle différent, recherche la séquence de commandes qui accomplit cette tâche.

On constate que plus les points du nuage s'approchent de la droite de régression, plus le coefficient de corrélation est grand.

**h)** Comment peut-on qualifier la corrélation dans la présente situation?

La droite de régression permet de **prédire la ou les valeurs de l'une des variables à partir des valeurs de l'autre,** et le coefficient de corrélation permet de savoir jusqu'à quel point cette **prédiction est fiable.** L'aspect «prédiction» est très important en statistique.

**1.** Voici une distribution à cinq variables concernant différentes marques de voitures.

*Plusieurs domaines et métiers sont reliés à l'industrie de l'automobile : conception, production, vente, entretien, etc.*

**Données sur différents types de voitures**

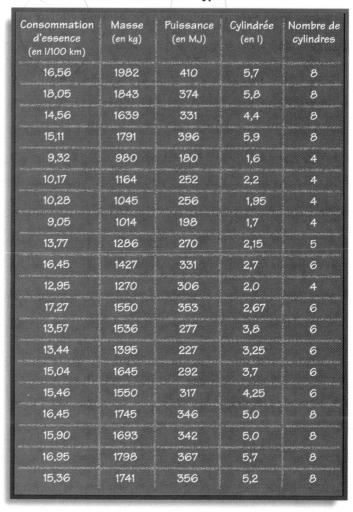

| Consommation d'essence (en l/100 km) | Masse (en kg) | Puissance (en MJ) | Cylindrée (en l) | Nombre de cylindres |
|---|---|---|---|---|
| 16,56 | 1982 | 410 | 5,7 | 8 |
| 18,05 | 1843 | 374 | 5,8 | 8 |
| 14,56 | 1639 | 331 | 4,4 | 8 |
| 15,11 | 1791 | 396 | 5,9 | 8 |
| 9,32 | 980 | 180 | 1,6 | 4 |
| 10,17 | 1164 | 252 | 2,2 | 4 |
| 10,28 | 1045 | 256 | 1,95 | 4 |
| 9,05 | 1014 | 198 | 1,7 | 4 |
| 13,77 | 1286 | 270 | 2,15 | 5 |
| 16,45 | 1427 | 331 | 2,7 | 6 |
| 12,95 | 1270 | 306 | 2,0 | 4 |
| 17,27 | 1550 | 353 | 2,67 | 6 |
| 13,57 | 1536 | 277 | 3,8 | 6 |
| 13,44 | 1395 | 227 | 3,25 | 6 |
| 15,04 | 1645 | 292 | 3,7 | 6 |
| 15,46 | 1550 | 317 | 4,25 | 6 |
| 16,45 | 1745 | 346 | 5,0 | 8 |
| 15,90 | 1693 | 342 | 5,0 | 8 |
| 16,95 | 1798 | 367 | 5,7 | 8 |
| 15,36 | 1741 | 356 | 5,2 | 8 |

**a)** À l'aide d'une calculatrice à affichage graphique, mets en relation deux à deux chacune de ces distributions (10 relations) et détermine pour chaque relation obtenue :

1) le coefficient de corrélation ;   2) l'équation de régression.

**b)** Parmi les relations précédentes, donne celle pour laquelle la corrélation est :

1) la plus forte ;   2) la plus faible.

**c)** Donne tes prévisions pour les valeurs des autres variables d'un moteur :

1) dont la consommation serait de 20 l/100 km ;

2) qui aurait une puissance de 430 MJ.

**2.** Voici quatre nuages de points dans lesquels on a ajouté un point *A*, déplaçant ainsi la droite de régression tracée en noir.

    **a)** Dans chaque cas, décris l'effet du point *A* sur la droite de régression.

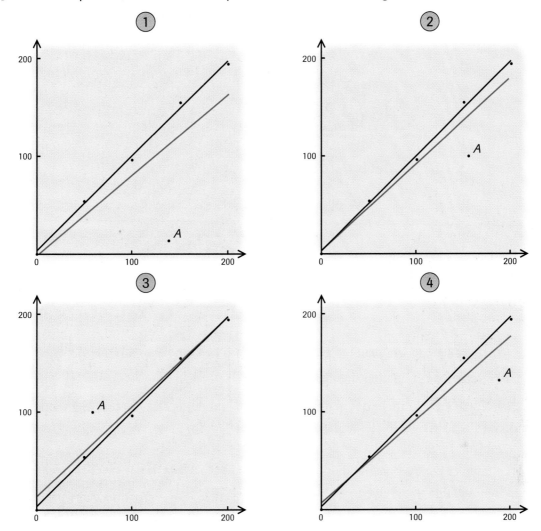

    **b)** Prédis où doit passer la nouvelle droite de régression après l'ajout du point *A*.

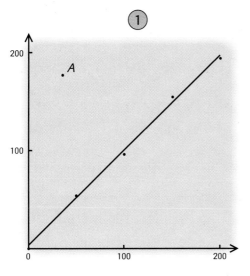
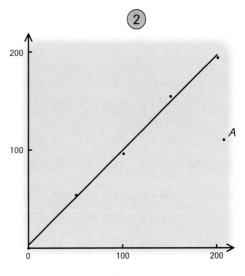

**3.** Dans un laboratoire, on a fait des tests sur la résistance du ciment à différents moments après sa fabrication. Les résultats sont notés sur une échelle de 0 à 10.

**Tests de ciment**

| Temps écoulé depuis la fabrication (en h) | Résistance | Temps écoulé depuis la fabrication (en h) | Résistance |
|:---:|:---:|:---:|:---:|
| 1 | 0,57 | 10 | 1,2 |
| 1,5 | 0,6 | 12 | 1,1 |
| 1,8 | 0,65 | 15 | 1,5 |
| 2 | 0,52 | 15 | 1,2 |
| 2 | 0,65 | 18 | 1,5 |
| 3 | 0,75 | 20 | 1,6 |
| 3 | 0,9 | 20 | 1,4 |
| 3,5 | 0,8 | 25 | 2 |
| 5 | 0,9 | 30 | 2,2 |
| 5,5 | 0,8 | 40 | 2,75 |
| 6 | 0,75 | 50 | 3,5 |
| 8 | 1 | 60 | 4 |

**a)** Détermine le coefficient de corrélation entre ces deux variables.

**b)** Détermine l'équation de régression.

**c)** Quel devrait être le degré de résistance du ciment après 100 h si le phénomène est considéré comme linéaire sur près de 200 h?

**4.** La table ci-contre présente la relation entre le pourcentage de femmes économiquement actives dans diverses régions et le taux brut de naissances dans ces mêmes régions.

**a)** Détermine le coefficient de corrélation entre ces deux variables.

**b)** Détermine l'équation de régression.

**c)** Selon les données présentées ici, quel pourrait être le taux brut de naissances dans une région où 80 % des femmes sont économiquement actives?

**Taux de naissances et pourcentage de femmes économiquement actives par région**

| Femmes économiquement actives (en %) | Taux brut de naissances (par 1000) |
|:---:|:---:|
| 3 | 48 |
| 8 | 44 |
| 12 | 38 |
| 19 | 44 |
| 19 | 22 |
| 20 | 30 |
| 20 | 23 |
| 30 | 15 |
| 34 | 14 |
| 36 | 18 |
| 40 | 10 |
| 46 | 17 |

Source : Statistique Canada

**5.** En 1990, en Grande-Bretagne, on a relevé des données sur la consommation moyenne d'alcool, en litres, et de tabac, en kilogrammes, par année. Ces données sont présentées dans le tableau ci-contre.

**a)** À l'aide d'une calculatrice à affichage graphique, trace le nuage de points.

**b)** Calcule le coefficient de corrélation de la relation entre la consommation d'alcool et de tabac.

**c)** Détermine l'équation de régression.

**d)** À la lumière de ces informations, donne ton avis sur la corrélation entre les variables dans cette situation.

**Consommation d'alcool et de tabac**

| Région | Alcool (en l) | Tabac (en kg) |
|---|---|---|
| Nord | 2,94 | 1,83 |
| Yorkshire | 2,79 | 1,71 |
| Nord-Est | 2,81 | 1,72 |
| Midlands de l'Est | 2,22 | 1,52 |
| Midlands de l'Ouest | 2,56 | 1,58 |
| East Anglia | 2,05 | 1,33 |
| Sud-Est | 2,68 | 1,45 |
| Sud-Ouest | 2,17 | 1,23 |
| Pays de Galles | 2,40 | 1,60 |
| Écosse | 2,76 | 2,05 |
| Irlande du Nord | 1,83 | 2,07 |

**6.** Certaines étiquettes de produits alimentaires portent la mention «faible en gras». On a effectué une recherche sur ce sujet. Les données recueillies sont présentées ci-dessous.

**Teneur en gras**

| Produit alimentaire | Erreur | |
|---|---|---|
| | Par gramme (en %) | Par article (en %) |
| Sauce alfredo | -2 | 2 |
| Fromage en grain | -1 | -28 |
| Salade de fruits | 4 | 8 |
| Céréales | 5 | 6 |
| Figue | -12 | -1 |
| Gâteau blanc | 9 | 13 |
| Gruau | 10 | 15 |
| Poulet impérial | -6 | -4 |
| Soupe aux légumes | -17 | -18 |
| Pouding au chocolat | 4 | 5 |
| Soupe aux lentilles | -1 | -0,5 |
| Pâte | -10,5 | -10 |
| Biscuit à l'avoine | 38 | 46 |
| Gâteau au citron | -16 | 2 |
| Gâteau aux bananes | 5 | 25 |
| Carré au chocolat | 11 | 39 |
| Caramel au beurre | 7 | 16,5 |
| Croissant | 12 | 17 |
| Muffin aux carottes | 40 | 42 |

La variable «par gramme» donne le pourcentage d'erreur, pour 1 g du produit indiqué, entre le nombre de joules mesurés et le nombre de joules mentionné sur l'étiquette.

La variable «par article» donne le pourcentage d'erreur, pour le produit indiqué, entre le nombre de joules mesurés et le nombre de joules mentionné sur l'étiquette.

**a)** Calcule le coefficient de corrélation entre ces deux variables.

**b)** Détermine l'équation de régression pour cette relation.

**c)** Si l'on se fie à la droite de régression, quel devrait être le pourcentage d'erreur «par article» lorsque celui «par gramme» est de -25 %?

**d)** De façon générale, peut-on se fier aux étiquettes des produits alimentaires?

50% MOINS DE MATIÈRES GRASSES

50% MOINS DE MATIÈRES GRASSES QUE LES CROUSTILLES DE POMMES DE TERRE RÉGULIÈRES INFORMATION NUTRITIONNELLE

*Les matières grasses se composent de glycérol et d'acides gras saturés ou insaturés. Une consommation excessive d'acides gras saturés peut être dommageable pour la santé. On trouve de ces acides par exemple dans le lait, le beurre et les produits d'origine animale.*

**7.** On a comparé des données concernant les logements en location dans deux villes de populations différentes. Celle de la ville A est de 41 000 et celle de la ville B, de 757 000. Malheureusement, une donnée a été perdue.

**Logements en location**

| Coût du logement (en $) | Nombre de logements | |
|---|---|---|
| | Ville A | Ville B |
| [–, 250[ | 229 | 3 971 |
| [250, 500[ | 282 | 8 241 |
| [500, 750[ | 3 083 | 42 159 |
| [750, 1000[ | 1 192 | 23 649 |
| [1000, + [ | 120 |  |

**a)** Détermine le coefficient de corrélation entre les variables se rapportant au nombre de logements.

**b)** Quelle est l'équation de régression?

**c)** En te basant sur l'équation de régression, estime la valeur de la donnée perdue.

# FORUM

**a)** Choisissez une situation et inventez une distribution à deux variables convenant à cette situation. L'équation de régression devra être $y = 0,5x + 2$ et le coefficient de corrélation, $\approx 0,7$.

**b)** Est-il vrai que, dans une relation dont le coefficient de corrélation est 0, la droite de régression est presque horizontale? Justifiez votre réponse.

**c)** Soit une distribution à deux variables dont les valeurs de la première sont ordonnées et dont le coefficient de corrélation est 0,9. Obtient-on une relation dont le coefficient est -0,9 si on associe la première donnée de la première distribution avec la dernière donnée de la seconde distribution, la deuxième avec l'avant-dernière, et ainsi de suite?

# INTERPRÉTATION DE LA CORRÉLATION

## TYPES DE LIENS

Dans certaines situations, le lien entre deux variables peut être celui de cause à effet, c'est-à-dire que l'une des variables agit directement sur l'autre variable.

### Les rebonds

Jean-Baptiste s'intéresse aux rebonds de son ballon de basket-ball. Il le laisse tomber et observe la hauteur du rebond.

Il a compilé les données suivantes :

| Hauteur du ballon (en dm) | 10 | 12 | 12 | 13 | 13 | 15 | 16 | 17 | 18 |
|---|---|---|---|---|---|---|---|---|---|
| Hauteur du rebond (en dm) | 7,3 | 8,2 | 8,8 | 9,4 | 9,6 | 11 | 11,8 | 12,5 | 13,8 |

**a)** Dans cette situation, quels sont les principaux facteurs qui peuvent modifier la hauteur du rebond ?

**b)** Si tous les facteurs sont constants, sauf la hauteur, peut-on dire que la hauteur du ballon a un effet direct sur la hauteur du rebond ?

Nous avons ici un **lien direct de cause à effet.** Dans de telles situations, le coefficient de corrélation est élevé et la corrélation presque parfaite. Il est alors généralement possible de traduire la relation par une règle.

**c)** Calcule le coefficient de corrélation dans cette situation.

**d)** Détermine la règle de cette relation.

Dans les phénomènes physiques, il y a souvent des liens directs de cause à effet. Cependant, il n'en est pas toujours ainsi, et particulièrement dans les phénomènes humains et sociaux.

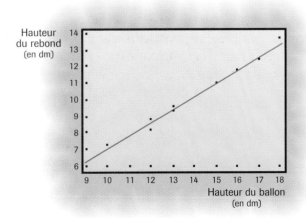

*Le ballon de basket-ball est sphérique et fait de caoutchouc, de cuir ou de matière synthétique. D'une circonférence de 75 à 78 cm, il doit peser de 600 à 650 g et être gonflé à une pression lui permettant de rebondir de 1,20 m à 1,40 m lorsqu'il tombe sur le sol d'une hauteur de 1,80 m.*

## Étudier pour réussir

Dans certaines situations, on observe une corrélation moyenne entre les variables. Toutefois, il est presque certain que d'autres facteurs ou d'autres variables interviennent dans la relation et affectent cette corrélation. Il n'est vraiment pas facile d'évaluer la contribution de chacune de ces variables.

**e)** Peut-on dire que le lien entre le temps de préparation à un examen et le résultat à cet examen est un lien direct de cause à effet?

**f)** Nomme d'autres variables qui peuvent intervenir dans cette situation.

## Conduite dangereuse

On rencontre également des cas où la corrélation entre deux variables est importante sans que les deux variables soient directement reliées entre elles. Elles peuvent dépendre toutes deux d'une troisième variable qui, en variant, engendre des variations pour les deux premières.

La consommation d'essence et l'usure des pneus d'une voiture peuvent avoir une corrélation positive assez forte sans que l'une soit la cause de l'autre.

**g)** Quelles autres variables peuvent modifier la consommation d'essence et l'usure des pneus d'une voiture?

*C'est l'Écossais John Boyd Dunlop qui inventa le pneumatique en 1888. Il fonda la première manufacture de pneus en utilisant la vulcanisation. Ce traitement, qui renforce les propriétés du caoutchouc et le rend utilisable, avait été inventé par l'Américain Charles Goodyear en 1839.*

## Une partie de la vérité

Il peut arriver qu'il y ait une forte corrélation entre deux variables sur un intervalle donné mais que, hors de cet intervalle, la corrélation s'affaiblisse rapidement.

**h)** Explique comment varie la corrélation entre les deux variables si l'on considère la relation sur les intervalles [0, 20[ et [0, 40[ de l'axe des abscisses.

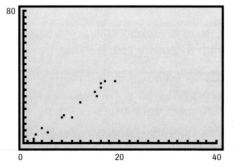

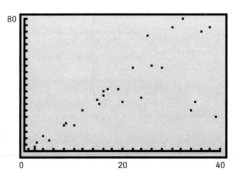

La corrélation indique l'**existence d'un lien** statistique; cependant, elle n'explique ni le pourquoi ni le comment des choses. En général, il ne faut pas considérer la corrélation comme un lien de cause à effet.

# INTERPRÉTATION DU COEFFICIENT DE CORRÉLATION

On a vu que la corrélation est nulle lorsque r vaut 0, et parfaite lorsque r est -1 ou 1. Entre ces valeurs, la corrélation est faible, moyenne ou forte. Mais qu'en est-il vraiment? Il n'y a pas de réponse simple à cette question, car **tout dépend des valeurs trouvées, des circonstances et des contextes.**

## La recherche médicale

La corrélation peut également être interprétée de façon différente selon la situation considérée. Par exemple, en recherche bio-médicale, un coefficient faible peut être interprété comme fort vu les données habituellement rencontrées dans ce type de recherche.

On a testé un médicament pour connaître son effet sur la santé des personnes qui ont subi un accident cérébro-vasculaire. On constate une corrélation de 0,3 entre l'utilisation du médicament et l'amélioration de la santé des patients et patientes.

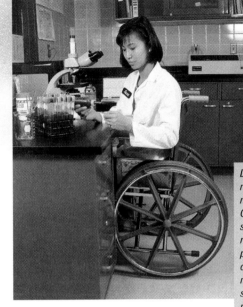

*Le Conseil de recherches médicales du Canada subventionne des recherches dans plusieurs domaines, notamment en sciences neurologiques, biologie cellulaire et moléculaire, génétique et recherche de médicaments.*

***a)*** Un coefficient de 0,3 correspond généralement à une corrélation très faible. Mais, dans cette situation, peut-on dire que la corrélation est de nature encourageante?

***b)*** Peut-on dire que la médecine progresserait rapidement si elle obtenait toujours de tels résultats?

## La cigogne et les bébés

Parfois, une corrélation très forte peut n'être que le fruit du hasard ou d'un échantillon non représentatif.

Dans une petite ville de France, un retraité a relevé le nombre de cigognes aperçues chaque mois. Un relevé du registre des naissances montre un coefficient de corrélation de 0,8 entre le nombre de cigognes observées chaque mois et le nombre de naissances durant ce mois.

***c)*** Peut-on dire que les cigognes ont quelque chose à voir avec la naissance des bébés?

***d)*** Pourrait-on étendre à toute l'humanité les données recueillies dans cette petite ville?

*La cigogne est un oiseau échassier migrateur. De nature fidèle et ayant le sens de la famille, elle revient chaque année au même endroit pour avoir ses petits.*

## Le vin, un médicament

Souvent, l'interprétation d'un coefficient de corrélation dépend de ce qu'on a l'habitude de rencontrer.

Depuis longtemps, les chercheurs et chercheuses essaient d'établir des liens entre les aliments et certaines maladies, entre autres les maladies du coeur. Généralement, les coefficients de corrélation sont faibles ou nuls et varient entre -0,3 et 0,3.

*e)* Un jour, une chercheuse a calculé un coefficient de corrélation de -0,4 entre le taux de consommation de vin rouge et le taux d'accidents cardiaques. A-t-elle raison de se réjouir?

*f)* Aurait-elle raison de se réjouir si, habituellement, les coefficients de corrélation dans ce domaine étaient de -0,5?

## L'union fait la force de la corrélation

Chaque année, vers la fin d'avril, les jeunes hockeyeurs passent des tests de classification. Lors de ces tests, les «Pee-wee» ont été jumelés aux «Midget». Les résultats des différents tests ont été notés sur une même liste de noms et acheminés au statisticien de l'organisation. Celui-ci calcula, entre autres, que le lien entre la masse d'un joueur et sa force manuelle présentait un coefficient de corrélation de 0,75. Or, lorsqu'il présenta cette corrélation aux entraîneurs, ceux-ci se montrèrent sceptiques.

*g)* Le scepticisme des entraîneurs amena le statisticien à chercher son erreur. Quelle était cette erreur?

*h)* Comment cette erreur a-t-elle pu avoir une incidence sur la corrélation?

L'analyse de l'échantillon est une précaution à prendre avant de tirer des conclusions sur un coefficient de corrélation.

Comme on le constate, **plusieurs facteurs peuvent intervenir dans l'interprétation de la corrélation** entre deux variables. Chose certaine, il faut **éviter les conclusions hâtives** et **considérer toutes les hypothèses.** Généralement, les statisticiens et statisticiennes font des tests pour **valider leurs hypothèses.**

INVESTISSEMENT 6

**1.** On considère la relation entre la masse d'une personne et la quantité de nourriture absorbée chaque jour.

*a)* À ton avis, existe-t-il une corrélation entre ces deux variables? Si oui, décris-la.

**b)** Advenant une assez bonne corrélation entre ces deux variables, pourrait-on conclure que cette relation s'applique à tout le monde?

**c)** Donne au moins trois causes de l'obésité.

**2.** À ton avis, le lien entre le quotient intellectuel et le succès scolaire est-il très fort?

**3.** En général, le coefficient de corrélation entre les résultats dans les différentes matières scolaires est de 0,7. Que pourrait-on conclure, dans une école donnée, si le coefficient entre les résultats en mathématique et en géographie n'était que de 0,5?

**4.** Afin de prévenir une épidémie, le service de santé communautaire a recommandé de vacciner les enfants de moins de 12 ans. Or, ce ne sont pas tous les parents qui étaient en faveur de cette recommandation. Quelques mois après la vaccination, on a observé l'apparition fréquente de rougeurs au cuir chevelu des enfants. Une recherche a montré que la relation entre le nombre de cas signalés et le taux de vaccination avait un coefficient de corrélation de 0,35. Quelle pourrait être la réaction d'un médecin?

*Plusieurs maladies ont été enrayées totalement ou en partie grâce à la vaccination, entre autres la typhoïde, la variole, la poliomyélite et le tétanos.*

**5.** La «bosse des mathématiques» existe-t-elle?
Dans une classe de deuxième secondaire, on a mesuré le tour de tête des élèves et relevé leurs notes en mathématique et en français. Voici ces données :

**Bonne tête ou grosse tête?**

| Tour de tête (en cm) | Résultat en mathématique (en %) | Résultat en français (en %) | Tour de tête (en cm) | Résultat en mathématique (en %) | Résultat en français (en %) |
|---|---|---|---|---|---|
| 55,5 | 87 | 91 | 55,5 | 82 | 73 |
| 56 | 90 | 90 | 58 | 84 | 77 |
| 57 | 91 | 93 | 57 | 89 | 92 |
| 56 | 97 | 87 | 58,5 | 90 | 64 |
| 53 | 85 | 84 | 56 | 92 | 85 |
| 59 | 95 | 90 | 60 | 78 | 73 |
| 58 | 66 | 67 | 58 | 61 | 68 |
| 53 | 77 | 66 | 53 | 84 | 68 |
| 51 | 70 | 79 | 56,5 | 100 | 94 |
| 57 | 65 | 73 | 57 | 73 | 67 |
| 53 | 86 | 87 | 56 | 80 | 83 |
| 59 | 82 | 71 | 56,5 | 86 | 85 |
| 57 | 73 | 86 | 53 | 82 | 79 |
| 53 | 92 | 84 | 56 | 72 | 78 |
| 54,5 | 96 | 77 | 57 | 78 | 68 |

**a)** On considère le lien statistique entre le tour de tête et le résultat en mathématique. Décris l'intensité de ce lien.

**b)** Décris l'intensité du lien statistique entre le résultat en français et le résultat en mathématique.

**c)** En quoi une bonne note en français peut-elle aider à obtenir une bonne note en mathématique?

**d)** En quoi la croyance en la «bosse des mathématiques» peut-elle nuire aux élèves?

**6.** Le tableau ci-contre montre l'évolution de la situation maritale au Québec au cours des dernières décennies.

**Évolution de la situation maritale au Québec**

| Année | Mariages | Divorces |
|-------|----------|----------|
| 1971 | 49 695 | 5 203 |
| 1972 | 53 967 | 6 426 |
| 1973 | 52 133 | 8 091 |
| 1974 | 51 890 | 12 272 |
| 1975 | 51 690 | 14 093 |
| 1976 | 50 961 | 15 186 |
| 1977 | 48 182 | 14 501 |
| 1978 | 46 189 | 14 865 |
| 1979 | 46 154 | 14 379 |
| 1980 | 44 849 | 13 899 |
| 1981 | 41 006 | 19 193 |
| 1982 | 38 360 | 18 579 |
| 1983 | 36 147 | 17 365 |
| 1984 | 37 416 | 16 845 |
| 1985 | 37 026 | 15 814 |
| 1986 | 33 108 | 18 399 |
| 1987 | 32 588 | 19 315 |
| 1988 | 33 469 | 19 825 |
| 1989 | 33 305 | 19 790 |
| 1990 | 32 059 | 20 398 |
| 1991 | 28 922 | 20 277 |
| 1992 | 25 821 | 19 695 |

**a)** D'après ces statistiques, laquelle des deux phrases suivantes est vraie?

A) Au Québec, plus il y a de mariages, plus il y a de divorces.

B) Moins il y a de mariages, plus il y a de divorces.

**b)** On met le nombre de mariages en relation avec le nombre de divorces. Avec une calculatrice à affichage graphique, détermine le degré de corrélation entre ces deux variables.

**c)** Dans cette situation, peut-on véritablement dire que les changements de l'une des variables sont la cause des changements de l'autre? Explique ta réponse.

**d)** Donne trois causes de divorce.

**7.** Le tableau ci-dessous nous renseigne sur le pourcentage des heures d'écoute consacrées aux chaînes de télévision de langue anglaise par des téléspectateurs et téléspectatrices francophones de Montréal et de l'ensemble du Québec.

**Écoute des chaînes de télévision de langue anglaise (1982-1992)**

| Année | Pourcentage à Montréal | Pourcentage au Québec | Année | Pourcentage à Montréal | Pourcentage au Québec |
|-------|------------------------|------------------------|-------|------------------------|------------------------|
| 1982 | 22,4 | 14,3 | 1988 | 12,7 | 9,1 |
| 1983 | 27,8 | 17,1 | 1989 | 14,4 | 10,2 |
| 1984 | 20,4 | 11,8 | 1990 | 13,4 | 9,1 |
| 1985 | 18,8 | 12,4 | 1991 | 12,3 | 8,1 |
| 1986 | 16,7 | 11,4 | 1992 | 15,5 | 9,3 |
| 1987 | 14,7 | 11,5 | | | |

Source : Ministère de la Culture et des Communications

*a)* Peut-on dire que la relation entre les deux pourcentages est du type linéaire?

*b)* Quel est le degré de corrélation entre ces variables?

*c)* Explique comment les données concernant Montréal peuvent influencer celles concernant le Québec.

**8.** Le tableau ci-dessous montre l'évolution de la population urbaine au Québec.

**Évolution de la population urbaine au Québec**

| Année | Population urbaine (en %) |
|-------|---------------------------|
| 1871 | 19,9 |
| 1891 | 28,6 |
| 1911 | 48,4 |
| 1931 | 63,0 |
| 1951 | 66,5 |
| 1971 | 80,6 |
| 1991 | 77,6 |

*a)* Vers quelle période observe-t-on un «retour à la terre»?

*b)* Si on considère cette relation de type linéaire, quelle est l'équation de la droite qui représente le mieux les points correspondant à la relation entre ces deux variables?

*c)* Peut-on utiliser cette droite pour prédire le pourcentage de la population urbaine en 2011? Pourquoi?

*d)* Peut-on véritablement parler de lien de cause à effet entre ces variables? Explique ta réponse.

*Montréal (1 030 678 hab.), Laval (335 000 hab.), Québec (175 039 hab.), Longueuil (137 134 hab.) et Gatineau (99 591 hab.) sont les cinq plus grandes villes du Québec.*

**9.** Le Québec est renommé pour sa pêche sportive au saumon. Voici quelques données à ce sujet.

**Pêche au saumon**

| Année | Prises | Jours-pêche |
|-------|--------|-------------|
| 1984 | 11 634 | 42 058 |
| 1985 | 13 529 | 45 478 |
| 1986 | 17 536 | 53 247 |
| 1987 | 16 764 | 54 636 |
| 1988 | 21 304 | 61 188 |
| 1989 | 16 807 | 63 221 |
| 1990 | 20 257 | 67 733 |
| 1991 | 17 170 | 66 447 |
| 1992 | 20 184 | 69 060 |

Source : Ministère de l'Environnement et de la Faune

Est-il vrai de dire que plus on pêche, plus on prend de poissons? Justifie ta réponse par une démarche statistique valable.

*Plusieurs rivières de Gaspésie telles que la Saint-Jean, la Sainte-Anne, la Bonaventure et la Patapédia sont réputées pour leur beauté et la quantité de saumons qui montent y frayer chaque année.*

**10.** Invente une situation dans laquelle une corrélation entre les variables :

**a)** de 0,6 peut sembler très faible;

**b)** de 0,4 peut sembler assez forte.

# FORUM

**a)** Statistiquement, il existe une corrélation linéaire entre la consommation de tabac et le cancer. Laquelle des trois affirmations suivantes peut-on déduire de cette information? Justifiez votre choix.

A) L'usage du tabac cause le cancer.

B) Les fumeurs et fumeuses sont souvent des personnes qui souffrent du cancer.

C) L'usage du tabac et le cancer ont probablement une source commune telle que le stress.

**b)** Inventez deux échantillons et une relation mettant en présence deux variables pour lesquelles la corrélation est forte dans chacun des groupes mais faible quand on réunit les deux groupes.

Dans une étude statistique, un caractère qui prend différentes valeurs est désigné par l'expression **variable statistique.**

Les valeurs prises par une variable statistique peuvent être numériques ou alphanumériques.

Il est fréquent de réaliser des études statistiques portant sur plusieurs caractères ou variables. En associant les valeurs obtenues pour un même élément d'un échantillon, on forme des **distributions à plusieurs variables.** Les données des distributions à deux variables peuvent s'écrire sous la forme de couples $(x, y)$ et être compilées dans des **tableaux de corrélation.** Lorsque les données sont du type quantitatif, il est possible de représenter chaque couple dans un graphique appelé **nuage de points.**

Lorsque le nuage s'étire en suivant une ligne droite, on dit que la relation est du type linéaire. Dans ce cas, plus les points se rapprochent de la droite, plus l'**intensité du lien** ou **corrélation** entre les variables est grande. On utilise un nombre entre -1 et 1, inclusivement, pour quantifier cette corrélation. Ce nombre est appelé **coefficient de corrélation.**

La corrélation est nulle à 0 et devient de plus en plus forte au fur et à mesure que l'on s'approche de -1 ou de 1. Pour ces dernières valeurs, elle est dite **parfaite.** La corrélation est **positive** si les variables varient dans le **même sens,** et **négative** si elles varient dans le **sens contraire.**

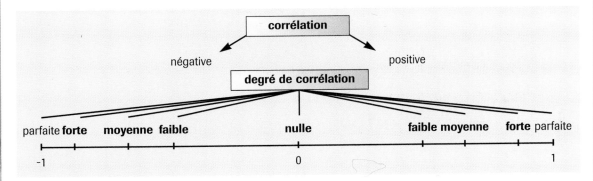

Il est possible d'**estimer** le coefficient de corrélation à l'oeil ou en utilisant un rectangle et la formule suivante :

$$r \approx \pm \left( 1 - \frac{\text{mesure du petit côté}}{\text{mesure du grand côté}} \right)$$

Plusieurs facteurs peuvent intervenir dans l'**interprétation du degré de corrélation** entre deux variables. La corrélation ne précise pas le type de lien entre les variables ; elle n'en affirme que l'existence. C'est souvent le contexte qui fixe son importance.

Chose certaine, il faut **éviter les conclusions hâtives et considérer toutes les hypothèses.**

Généralement, les statisticiens et statisticiennes font des tests pour **valider leurs hypothèses.**

**1** Dans une relation entre deux variables, on a calculé que $r^2 = 0,5$. Peut-on dire :

    **a)** si ces deux variables varient dans le même sens?

    **b)** si le lien entre ces deux variables est fort ou faible?

**2** Indique si le résultat de l'opération est supérieur ou inférieur au deuxième facteur.

    **a)** $0,95 \times 2,5$      **b)** $1,02 \times 0,8$      **c)** $\dfrac{21}{22} \times \dfrac{3}{7}$      **d)** $\dfrac{12}{11} \times \dfrac{9}{4}$

**3** Détermine si le quotient est supérieur ou inférieur au dividende.

    **a)** $12 \div 0,9$      **b)** $22,4 \div 1,5$      **c)** $8 \div \dfrac{7}{8}$      **d)** $0,34 \div \dfrac{12}{11}$

**4** Explique pourquoi $\dfrac{1}{2} + \dfrac{2}{3}$ ne peut donner $\dfrac{3}{5}$.

**5** Détermine mentalement lequel de ces rectangles a le plus grand périmètre.

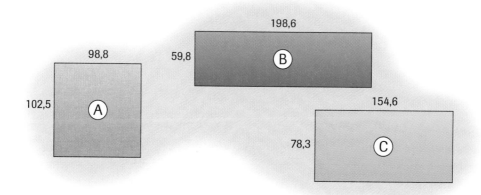

**6** Sans faire de calculs, détermine lequel des nombres suivants constitue le produit arrondi de $304,15 \times 18,73$. Explique la stratégie utilisée.

    570         5 697         56 967         569 673

**7** Coronado joue au poker avec des amis. Les mises vont de 1 ¢ à 5 ¢. Il constate qu'il ne lui reste que 22 ¢, soit le quart de ce qu'il avait une heure auparavant. À ce moment-là, il avait déjà perdu les deux tiers de ce qu'il avait au début du jeu. Combien avait-il au départ?

**8** Quelle quantité est-il préférable d'avoir s'il s'agit de quelque chose que l'on aime? Justifie ta réponse.

    **a)** $\dfrac{1}{3}$ de $\dfrac{4}{5}$ ou $\dfrac{4}{5}$ de $\dfrac{1}{3}$             **b)** $\dfrac{4}{5} \div 3$ ou $\dfrac{4}{5}$ de $\dfrac{1}{3}$

**9** Le tableau ci-dessous présente les principaux pays producteurs de bière, leur production annuelle et la consommation annuelle de bière, en litres, par habitant (vers 1990).

**Données sur la bière**

| Pays | Consommation annuelle (en litres/habitant) | Production annuelle (en millions de litres) |
|---|---|---|
| Allemagne de l'Est | 145 | 95 |
| Allemagne de l'Ouest | 140 | 30 |
| Tchécoslovaquie | 133 | 27 |
| Nouvelle-Zélande | 124 | 4 |
| Belgique | 120 | 14 |
| Australie | 110 | 19 |
| Grande-Bretagne | 108 | 60 |
| Pays-Bas | 96 | 18 |
| États-Unis | 91 | 230 |
| Canada | 82 | 24 |
| Espagne | 62 | 25 |
| Afrique du Sud | 43 | 18 |
| France | 40 | 20 |
| Japon | 40 | 55 |
| Mexique | 34 | 32 |
| Brésil | 31 | 48 |

Source : *Mémo Larousse*

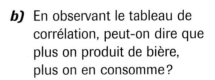
*À Munich, en octobre de chaque année, se tient le plus gros festival de la bière au monde.*

**a)** Construis un tableau de corrélation en mettant en entrée ligne la variable *consommation* et en entrée colonne la variable *production*. Utilise des classes ayant une étendue de 20.

**b)** En observant le tableau de corrélation, peut-on dire que plus on produit de bière, plus on en consomme ?

**c)** Quel pays présente des données aberrantes par rapport aux autres ?

**d)** Combien de litres de bière produisent la majorité des pays ?

**10** Lors d'études archéologiques en Égypte, on a mesuré la largeur et la hauteur de crânes momifiés. Voici une trentaine de ces données.

**a)** Organise les données en les présentant dans un tableau à double entrée. Utilise [120, 124[ comme premier intervalle.

**b)** Tire deux conclusions de ce tableau.

**c)** Ces données semblent-elles en forte corrélation ?

Source : *Ancient Races of the Thebaid,* Oxford University Press

**Crânes d'hommes égyptiens ayant vécu vers −4000**

| Largeur (en mm) | Hauteur (en mm) | Largeur (en mm) | Hauteur (en mm) |
|---|---|---|---|
| 131 | 138 | 131 | 134 |
| 125 | 131 | 135 | 137 |
| 131 | 132 | 132 | 133 |
| 129 | 132 | 139 | 136 |
| 136 | 143 | 132 | 131 |
| 138 | 137 | 126 | 133 |
| 139 | 130 | 135 | 135 |
| 125 | 136 | 134 | 124 |
| 131 | 134 | 128 | 134 |
| 134 | 134 | 130 | 130 |
| 129 | 138 | 138 | 135 |
| 134 | 121 | 128 | 132 |
| 126 | 129 | 127 | 129 |
| 132 | 136 | 131 | 136 |
| 141 | 140 | 124 | 138 |

**11** Les éditrices et éditeurs de revues doivent tenir compte des habiletés de lecture de leur clientèle. Aussi tentent-ils d'établir un lien entre le nombre de mots et le nombre de phrases que contient un article. Dans le tableau ci-dessous, on a compilé le nombre de mots et le nombre de phrases contenus dans différents articles de diverses revues.

**a)** Présente cette distribution à deux variables dans un tableau de corrélation.

**b)** Tire deux conclusions de ce tableau de corrélation.

**c)** Construis un nuage de points illustrant cette distribution à deux variables.

**d)** À l'aide d'un rectangle, estime le coefficient de corrélation.

**e)** Dans le tableau, repère deux articles qui s'adressent sans doute à des intellectuels.

**Articles de revues**

| Nombre de mots | Nombre de phrases | Nombre de mots | Nombre de phrases |
|---|---|---|---|
| 205 | 9 | 93 | 18 |
| 203 | 20 | 46 | 6 |
| 229 | 18 | 34 | 6 |
| 208 | 16 | 39 | 5 |
| 146 | 9 | 88 | 12 |
| 230 | 16 | 191 | 25 |
| 215 | 16 | 219 | 17 |
| 153 | 9 | 205 | 23 |
| 205 | 11 | 57 | 7 |
| 80 | 13 | 105 | 10 |
| 208 | 22 | 109 | 9 |
| 89 | 16 | 82 | 10 |
| 49 | 5 | 88 | 10 |

**12** Explique comment le tableau de corrélation et le nuage de points donnent tous deux des informations à propos du lien qui relie deux variables.

**13** Les performances en saut à la perche ont évolué très rapidement. On présente ci-dessous les meilleures performances masculines aux Jeux olympiques de 1896 à 1996.

**Performances masculines au saut à la perche (Jeux olympiques)**

| Année | Hauteur (en m) | Année | Hauteur (en m) |
|---|---|---|---|
| 1896 | 3,30 | 1956 | 4,56 |
| 1900 | 3,30 | 1960 | 3,70 |
| 1904 | 3,50 | 1964 | 5,10 |
| 1908 | 3,71 | 1968 | 5,40 |
| 1912 | 3,95 | 1972 | 5,50 |
| 1920 | 4,09 | 1976 | 5,50 |
| 1924 | 3,95 | 1980 | 5,78 |
| 1928 | 4,20 | 1984 | 5,75 |
| 1932 | 4,31 | 1988 | 5,90 |
| 1936 | 4,35 | 1992 | 5,80 |
| 1948 | 4,30 | 1996 | 5,92 |
| 1952 | 4,55 | | |

**a)** Construis un nuage de points illustrant cette distribution à deux variables.

**b)** Estime, à l'aide d'un rectangle, le coefficient de corrélation entre les deux variables.

**c)** Donne les caractéristiques de la corrélation entre ces variables.

**d)** En quelle année devrait-on atteindre les 7 m si la tendance se maintient?

Beot Butiful
Duc Beoti

**14** Les parents de Cosimo sont des amateurs de course à pied. Aussi, depuis le deuxième anniversaire de naissance de leur fils, ils le font courir sur 200 m à chaque anniversaire. Les données qu'ils ont relevées sont présentées ci-contre.

**Course anniversaire de Cosimo**

| Âge (en a) | Temps (en min) |
|---|---|
| 2 | 2,5 |
| 3 | 1,8 |
| 4 | 1,4 |
| 5 | 1,3 |
| 6 | 1,3 |
| 7 | 0,9 |
| 8 | 0,85 |
| 9 | 0,8 |
| 10 | 0,6 |
| 11 | 0,55 |
| 12 | 0,5 |

*a)* Construis un nuage de points illustrant cette distribution à deux variables.

*b)* Existe-t-il un lien statistique linéaire entre les deux variables de cette distribution? Si oui, estime la force de ce lien à l'aide d'un rectangle.

**15** Comment peut-on qualifier la corrélation entre deux variables :

*a)* lorsque le lien est si étroit et régulier que, connaissant la valeur d'une variable, on peut calculer la valeur correspondante de l'autre?

*b)* lorsque les données fortes de la première variable correspondent aux données faibles de la deuxième variable, et vice versa?

*c)* lorsque le rectangle qui contient les points est presque carré?

*Le Français Alfred Binet (1857-1911) a créé le premier test d'intelligence afin de repérer les enfants qui avaient besoin d'une éducation spéciale.*

**16** On prétend que deux tests A et B sont de bons indicateurs de l'intelligence d'une personne. Décris ce que devrait être la corrélation entre les résultats obtenus à ces deux tests.

**17** Vrai ou faux?

*a)* Dans un nuage de points, les deux coordonnées de chaque point concernent le même individu de l'échantillon d'où proviennent les données.

*b)* Une corrélation de 0,5 peut, dans certaines circonstances particulières, être qualifiée d'importante.

*c)* Si les points d'une relation ont tendance à se répartir suivant un cercle, le coefficient de corrélation est moyennement fort.

**18** Mylène exploite un commerce de fromage frais près d'un parc industriel. Chaque semaine, elle augmente le prix de son fromage le plus populaire. Elle se demande si cette pratique a des effets négatifs sur son commerce. Que peut-on lui conseiller?

*Le Québec produit plusieurs types de fromages. Les plus populaires sont sans doute le cheddar doux, le fromage en grain et le fromage Oka.*

**19** D'après toi, à combien pourrait-on évaluer le coefficient de corrélation entre les deux variables décrites?

   **a)** Caractère autoritaire et intelligence.

   **b)** Masse du cerveau et quotient intellectuel.

   **c)** Ressemblance physique entre parents et enfants.

   **d)** Intelligence du père et du fils.

   **e)** Taille et masse.

   **f)** Résultats en math. 416 et en math. 514.

Des études ont été faites sur ces sujets. Il te serait donc possible de comparer tes réponses aux résultats de ces études.

**20** On considère les mesures de deux angles aigus d'un triangle rectangle.

   **a)** Donne une table de valeurs de cette relation.

   **b)** Comment peut-on qualifier la corrélation entre ces mesures?

   **c)** Détermine le coefficient de corrélation entre ces mesures.

   **d)** Dans ce cas-ci, quelle est l'équation de régression?

**21** Au cours des dernières décennies, on a enregistré le pourcentage de jeunes Canadiens et Canadiennes de 15 à 19 ans qui fumaient et le prix du paquet de 20 cigarettes. Le tableau ci-contre présente ces données.

   **a)** Fais une étude complète de la corrélation entre les variables *prix* et *pourcentage*.

   **b)** Y a-t-il d'autres facteurs que le prix qui peuvent influencer la consommation de cigarettes?

**La cigarette chez les 15 à 19 ans**

| Année | Prix du paquet (en $) | Pourcentage de filles | Pourcentage de garçons |
|-------|-----------------------|-----------------------|------------------------|
| 1977 | 0,73 | 47,0 % | 49,0 % |
| 1979 | 0,82 | 46,0 % | 47,0 % |
| 1981 | 1,10 | 42,0 % | 45,0 % |
| 1983 | 1,49 | 39,0 % | 38,0 % |
| 1986 | 2,27 | 28,0 % | 24,0 % |
| 1991 | 4,80 | 25,0 % | 19,0 % |
| 1994 | 3,68 | 29,0 % | 27,0 % |

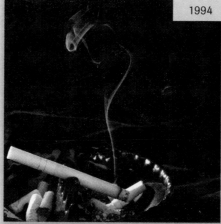

*La fumée de tabac dans l'environnement, ou FTE, est un problème de santé publique. La FTE est classée officiellement parmi les substances carcinogènes pour les humains.*

**22** Pendant 20 jours, chaque soir en rentrant du travail, Sandrine a compilé des données sur le temps d'écoute des messages enregistrés sur son répondeur et le temps de rembobinage de la cassette. On présente ci-dessous la distribution à deux variables qu'elle a obtenue.

a) Construis un nuage de points pour représenter cette association statistique.

b) Estime le coefficient de corrélation entre ces variables.

c) Construis la droite de régression de cette association statistique.

d) Quel serait approximativement le temps de rembobinage pour un message de 80 s?

e) Détermine l'équation de régression.

**Fonctionnement du répondeur**

| Temps d'écoute (en s) | Temps de rembobinage (en s) | Temps d'écoute (en s) | Temps de rembobinage (en s) |
|---|---|---|---|
| 6 | 9 | 40 | 27 |
| 12 | 12 | 28 | 20 |
| 30 | 20 | 50 | 30 |
| 36 | 25 | 42 | 25 |
| 18 | 14 | 23 | 17 |
| 42 | 29 | 28 | 19 |
| 27 | 18 | 45 | 30 |
| 12 | 11 | 28 | 20 |
| 26 | 17 | 46 | 27 |
| 32 | 22 | 33 | 21 |

**23** Le tableau ci-dessous présente des données au sujet du taux de femmes sur le marché du travail selon qu'elles ont ou non des enfants de moins de 16 ans à la maison. Les deux variables sont probablement plus ou moins reliées entre elles et sans doute davantage liées à une ou plusieurs autres variables. On peut toutefois les comparer.

**Femmes sur le marché du travail au Québec**

| Année | Taux (en %) avec enfants | Taux (en %) sans enfant | Année | Taux (en %) avec enfants | Taux (en %) sans enfant |
|---|---|---|---|---|---|
| 1976 | 35,4 | 39,6 | 1985 | 55,5 | 46,7 |
| 1977 | 38,1 | 40,4 | 1986 | 58,1 | 47,6 |
| 1978 | 41,3 | 42,1 | 1987 | 60,8 | 48,1 |
| 1979 | 42,7 | 43,2 | 1988 | 61,9 | 48,9 |
| 1980 | 45,2 | 44,2 | 1989 | 64,2 | 48,2 |
| 1981 | 48,1 | 43,9 | 1990 | 67,0 | 50,5 |
| 1982 | 47,9 | 43,8 | 1991 | 67,0 | 50,3 |
| 1983 | 50,2 | 44,6 | 1992 | 66,9 | 50,4 |
| 1984 | 52,5 | 45,9 | 1993 | 67,3 | 50,6 |

a) Peut-on dire qu'avoir des enfants oblige les femmes à travailler à l'extérieur du foyer?

b) On met en relation les deux variables concernant les taux et on calcule le coefficient de corrélation. Le coefficient est-il positif ou négatif?

c) Calcule ce coefficient à l'aide d'une calculatrice à affichage graphique.

### 24

**Évolution de la masse chez l'être humain**

| Âge (en a) | Masse de l'homme (en kg) | Masse de la femme (en kg) |
|---|---|---|
| 0 | 3,40 | 3,36 |
| 1 | 10,1 | 9,77 |
| 2 | 12,6 | 12,32 |
| 4 | 16,55 | 16,45 |
| 6 | 21,95 | 21,14 |
| 8 | 27,32 | 26,41 |
| 10 | 32,68 | 31,95 |
| 12 | 38,36 | 39,82 |
| 14 | 48,91 | 49,27 |
| 16 | 58,95 | 53,18 |
| 18 | 65 | 54,54 |
| 25 | 69,65 | 56,36 |

On présente ci-contre la masse moyenne des hommes et des femmes selon l'âge.

**a)** Trace le nuage de points de la relation entre ces deux variables.

**b)** Estime le coefficient de corrélation entre ces variables. Vérifie ton estimation si tu disposes d'une calculatrice à affichage graphique.

**c)** Peut-on utiliser la droite de régression pour estimer la masse d'une personne de 50 ans?

*C'est vers l'âge de 9 ans que la fille atteint la moitié de sa masse adulte. Pour le garçon, c'est vers l'âge de 11 ans.*

### 25

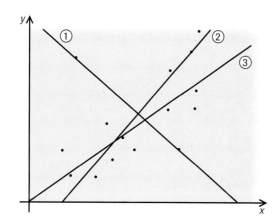

Laquelle des droites représente le mieux l'ensemble des points de ce nuage de points?

### 26

**Situation maritale**

| Taux de mariages | Taux de divorces |
|---|---|
| 5,6 | 2 |
| 6 | 3 |
| 5,1 | 2,9 |
| 5 | 1,9 |
| 6,7 | 2 |
| 6,3 | 2,4 |
| 5,4 | 0,4 |
| 6,1 | 1,9 |
| 4,9 | 2,2 |
| 6,8 | 1,3 |
| 5,2 | 2,2 |
| 6,8 | 2 |
| 6,1 | 2,9 |
| 9,7 | 4,8 |

Le tableau ci-contre présente le taux de mariages et le taux de divorces par 1000 personnes dans 14 pays.

**a)** Quel est le coefficient de corrélation entre ces deux variables?

**b)** Est-il sage de dire que plus le taux de mariages est élevé, plus le taux de divorces est élevé? Donne un argument en faveur de cette affirmation et un argument contre.

Source : United Nations Publications, *Demographic Yearbook 1990* et *Monthly Bulletin of Statistics*, juin 1991

*c)* Voici le nuage de points de la relation entre ces deux distributions.

En te basant sur la droite de régression, prédis le taux de divorces pour un pays dont le taux de mariages est de 9 pour 1000 personnes.

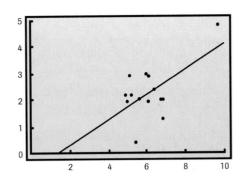

*d)* Doit-on avoir une grande confiance en cette prédiction? Pour répondre à cette question, recalcule, à l'aide d'une calculatrice, le coefficient de corrélation en ajoutant cette autre donnée :

1)  (2, 6)          2)  (9, 1)

*e)* Pourquoi observe-t-on autant de variation?

**27** On divise par 2 toutes les valeurs prises par deux variables. A-t-on modifié ainsi leur coefficient de corrélation?

**28** Quelle est la caractéristique des données des deux variables statistiques ci-contre?

| X | Y |
|----|-----|
| -4 | 6 |
| -3 | -2 |
| -2 | -6 |
| 5 | 15 |
| 0 | -10 |
| 2 | -7 |
| 1 | -9 |
| -5 | 9 |
| 3 | -2 |
| 4 | 12 |

**29** Les médecins et les compagnies de tabac reconnaissent une corrélation importante entre la consommation de tabac et le cancer du poumon. Cela signifie-t-il qu'une personne qui fume mourra du cancer du poumon? Explique ta réponse.

**30** Dans une région donnée, depuis les 10 dernières années, on a observé une assez forte corrélation négative entre le prix d'une place à un match et le rendement de l'équipe locale. Cela signifie-t-il que l'augmentation du prix du billet fait perdre l'équipe? Explique ta réponse.

**31** On raconte qu'aux États-Unis, un chercheur a établi une très forte corrélation positive entre les salaires des enseignants et enseignantes et le volume des ventes de bière. Laquelle des hypothèses suivantes est la plus plausible?

1. L'augmentation des ventes de bière doit être la cause de l'augmentation des salaires des enseignants et enseignantes.

2. L'augmentation des salaires des enseignants et enseignantes est la cause de l'augmentation des ventes de bière.

3. L'amélioration du niveau de vie a donné aux travailleurs et travailleuses de meilleurs revenus et davantage de loisirs.

**32** Trace un nuage de points distribués de chaque côté d'une droite dont l'équation est $y = -0,5x + 35$. Le coefficient de corrélation entre les variables doit être d'environ -0,8.

**33** Vrai ou faux?

**a)** Il ne peut y avoir de corrélation que si les deux variables varient simultanément.

**b)** Si le coefficient de corrélation est nul, cela peut signifier que la corrélation n'est pas linéaire.

**34** Dans une classe, on a mesuré le diamètre et la circonférence de différents couvercles. En utilisant les données compilées et une droite de régression, montre que $\pi \approx 3,14$.

**Expérience sur la relation diamètre-circonférence**

| Diamètre (en cm) | Circonférence (en cm) | Diamètre (en cm) | Circonférence (en cm) |
|---|---|---|---|
| 20 | 62,8 | 21 | 66 |
| 25 | 78,5 | 14 | 44 |
| 18 | 56,5 | 30 | 94 |
| 22,5 | 70,6 | 25 | 78,5 |
| 12 | 37,7 | 24,5 | 77 |
| 8 | 25 | 36 | 113 |

**35** **DU BROME DANS L'EAU**

*La mer Morte, située à la frontière d'Israël et de la Jordanie, est en fait un lac salé. On considère son rivage comme le point le plus bas de la surface terrestre, soit en moyenne 396 m sous le niveau de la mer.*

Le brome est un minerai que l'on trouve dans l'eau de mer et les lacs salés. On l'utilise pour le traitement de l'eau. Son taux de dissolution dans l'eau augmente avec la température de celle-ci. Dans les couples de données ci-dessous, la première variable est la température de l'eau, en degrés Celsius, et la seconde est le taux de dissolution du brome, en grammes par 100 g d'eau.

(2, 59), (20, 66), (12, 64), (24, 70), (44, 78), (30, 74), (22, 68), (50, 82), (54, 85), (10, 60), (40, 75), (28, 72), (64, 90), (70, 92), (56, 85), (85, 100), (60, 88), (45, 80), (50, 84), (80, 95).

Fais une étude complète de la corrélation entre les variables de cette situation.

## 36  FORT AU BÂTON !

Quel est le rôle de la moyenne des frappeurs dans le nombre de victoires d'une équipe de baseball? Pour faire la lumière sur ce sujet, on a relevé la moyenne des frappeurs des Expos au cours de 20 saisons ainsi que le nombre de victoires de l'équipe.

**Les Expos au bâton**

| Saison | Moyenne | Nombre de victoires | Saison | Moyenne | Nombre de victoires |
|--------|---------|---------------------|--------|---------|---------------------|
| 1977 | .260 | 75 | 1987 | .265 | 91 |
| 1978 | .254 | 76 | 1988 | .251 | 81 |
| 1979 | .264 | 95 | 1989 | .247 | 81 |
| 1980 | .257 | 90 | 1990 | .250 | 85 |
| 1981 | .246 | 60 | 1991 | .246 | 71 |
| 1982 | .262 | 86 | 1992 | .252 | 87 |
| 1983 | .264 | 82 | 1993 | .257 | 94 |
| 1984 | .251 | 78 | 1994 | .278 | 74 |
| 1985 | .247 | 84 | 1995 | .259 | 66 |
| 1986 | .254 | 78 | 1996 | .262 | 88 |

Source : Club de baseball Montréal inc.

Quelles sont tes conclusions?

## 37  EST-IL PAYANT DE S'ABSENTER ?

Dans une école, les notes accumulées au cours de l'année ont une pondération de 60 % et l'examen de fin d'année, de 40 %. Voici les résultats du groupe de Maude durant l'année et à l'examen de fin d'année. Comme on peut s'en rendre compte, Philippe était absent à l'examen final. L'enseignante a décidé d'utiliser la droite de régression pour attribuer un résultat à Philippe. Quel est ce résultat?

**Groupe 2 – Sommaire**

| Élève | Note/60 | Note/40 |
|-------|---------|---------|
| Maude | 45 | 21 |
| Steve | 49 | 22 |
| Annie | 32 | 8 |
| Marjorie | 48 | 29 |
| Richie | 54 | 35 |
| Vanessa | 26 | 6 |
| Ariane | 41 | 26 |
| Philippe | 38 | – |
| Tiffany | 48 | 32 |
| David | 56 | 38 |
| Maryse | 40 | 24 |
| Alexandra | 42 | 22 |
| Marc | 36 | 19 |
| Valérie | 40 | 25 |
| Mélanie | 46 | 27 |
| Tran | 58 | 40 |
| Emmanuel | 31 | 18 |
| Nathalie | 45 | 25 |
| Chloé | 50 | 30 |
| Maxime | 49 | 29 |

## 1. HÉRÉDITÉ ET LONGÉVITÉ

On a posé à deux groupes d'adultes la question suivante : «À quel âge votre père et votre grand-père sont-ils décédés?» Les données qu'on a obtenues sont présentées ci-contre.

**a)** Présente ces données dans un tableau à double entrée.

**b)** Ce tableau de corrélation laisse-t-il voir un lien entre les données? Si oui, décris ce lien.

**Âge au décès**

| Âge du père (en a) | Âge du grand-père (en a) | Âge du père (en a) | Âge du grand-père (en a) |
|---|---|---|---|
| 74 | 82 | 79 | 85 |
| 63 | 74 | 65 | 42 |
| 63 | 58 | 67 | 73 |
| 81 | 60 | 49 | 94 |
| 63 | 80 | 77 | 76 |
| 84 | 84 | 93 | 97 |
| 86 | 97 | 33 | 72 |
| 67 | 57 | 74 | 81 |
| 41 | 71 | 71 | 75 |
| 60 | 75 | 56 | 69 |

## 2. DEGRÉS DE LATITUDE ET DEGRÉS CELSIUS

Construis un nuage de points illustrant la relation entre les variables du tableau ci-contre.

**Conditions climatiques**

| Latitude Nord (en °) | Température annuelle moyenne (en °C) |
|---|---|
| 32 | 25 |
| 45 | 11 |
| 41 | 15 |
| 36 | 23 |
| 40 | 18 |
| 43 | 13 |
| 27 | 28 |
| 45 | 12 |
| 48 | 10 |
| 31 | 24 |
| 33 | 25 |

*Pôle Nord*

*Latitude Nord*

*Équateur*

*Latitude Sud*

*Pôle Sud*

## 3. 
Y a-t-il une corrélation entre les variables décrites ci-dessous? Si oui, donne en mots ses caractéristiques.

**a)** La vitesse d'un véhicule et la distance nécessaire au freinage.

**b)** La taille d'une personne et le nombre de ses frères et soeurs.

**c)** La température mensuelle moyenne et le coût du chauffage d'une maison.

**d)** La température le jour et la température la nuit.

## 4. 
Dans la relation entre les variables décrites, la corrélation est-elle positive, nulle ou négative?

**a)** Le temps consacré au patinage artistique et la performance lors de l'évaluation en fin de saison.

**b)** Le nombre de cigarettes fumées chaque jour et le risque de cancer du poumon.

**c)** La valeur de revente d'une moto et l'âge de cette moto.

**d)** Au golf, le nombre de parties jouées durant la saison et le nombre de coups frappés par partie.

**5.** Décris en deux mots la corrélation que montrent ces nuages de points.

**a)**

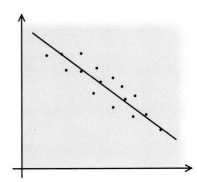

**b)**

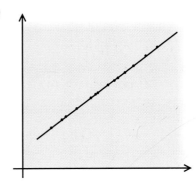

**6.** Associe chaque coefficient de corrélation au nuage de points correspondant.

  –0,81          –0,08            0,81          0,89

①                    ②                    ③                    ④

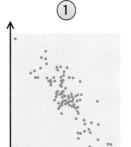          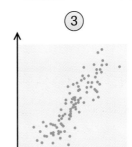          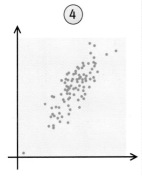

**7.** Dans chaque cas, estime le coefficient de corrélation à l'aide d'un rectangle.

**a)**

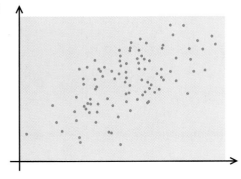

**b)**

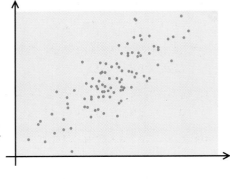

**c)**

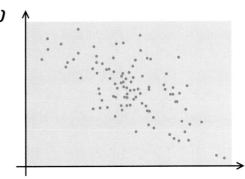

**d)**

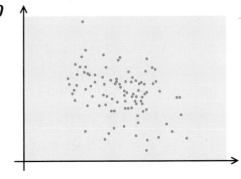

### 8. UNE ÉQUIPE EN FORME

Voici une distribution à deux variables. La première indique le nombre de tractions et la seconde, le nombre de redressements assis effectués par les joueuses d'une équipe de ringuette :

(27, 30), (26, 28), (38, 45), (52, 60), (35, 36), (40, 54), (40, 50), (52, 36), (42, 55), (35, 38), (45, 53), (38, 42), (60, 45), (46, 46), (34, 36), (45, 45), (48, 62), (30, 34).

**a)** Fais une étude complète de la corrélation entre ces deux variables.

**b)** Donne une raison qui peut expliquer cette corrélation.

### 9. AU PANIER!

Voici des données relevées, après un certain nombre de matchs, auprès d'une jeune équipe de basket-ball.

**a)** Fais une étude complète de la corrélation entre ces variables.

**b)** On sait qu'une faute entraîne un ou deux lancers au panier pour l'adversaire. Ainsi, il n'est pas possible qu'une entraîneuse demande à ses joueuses de commettre des fautes afin de marquer des points. Comment peut-on alors expliquer la corrélation entre ces deux variables?

**Basket-ball**

| Joueuse | Points | Fautes |
|---|---|---|
| Jeannie | 3 | 2 |
| Bernadette | 72 | 22 |
| Donna | 0 | 2 |
| Gaëlle | 48 | 18 |
| Élizabeth | 9 | 8 |
| Léonie | 35 | 7 |
| Louise | 2 | 3 |
| Mary | 46 | 21 |
| Pascale | 7 | 3 |
| Philippa | 60 | 20 |
| Sophie | 56 | 23 |
| Stéphanie | 0 | 1 |
| Victoria | 4 | 5 |
| Lan | 28 | 10 |

### 10. Vrai ou faux?

**a)** Un nuage de points indique s'il y a corrélation ou non, mais il n'indique pas la cause de cette corrélation.

**b)** Le coefficient de corrélation que l'on estime à l'aide d'un rectangle ne s'applique que dans les relations linéaires.

# Rencontre avec...
## Karl Pearson
### (1857-1936)

Monsieur Pearson, on dit que vous avez été un élève brillant et acharné toute votre vie. On vous considère comme l'un des artisans du triomphe de la nouvelle biologie basée sur la théorie de l'évolution. Parlez-nous un peu de vous.

Il est vrai que le travail intellectuel a rempli mon existence. Mais, vous savez, je n'ai en réalité rien inventé. J'ai simplement repris les idées de sir Francis Galton.

Sir Francis Galton a été un homme important dans votre vie, n'est-ce pas?

En effet! Lui et moi étions comme Batman et Robin. Il émettait ses idées et moi, je l'encourageais et le critiquais. Je me considérais comme son disciple et, ironiquement, j'ai même réussi à prouver que certaines de ses idées étaient fausses!

Vous avez beaucoup travaillé sur le développement des tests de biométrie et, entre autres, sur des tests d'intelligence, je crois?

Oui, mes idées sur le coefficient de corrélation en ont intéressé plusieurs et cet outil se prêtait particulièrement bien aux tests d'intelligence.

Parlez-nous donc de ce fameux coefficient de corrélation!

C'est un nombre entre −1 et 1, inclusivement, qui décrit l'intensité du lien entre deux variables. Il permet de confirmer ou d'infirmer l'existence d'un lien sans cependant l'expliquer.

Ce fameux coefficient de corrélation, qui a fait votre gloire, vous a aussi causé beaucoup d'ennuis, dont une grande querelle avec sir Ronald Fisher. Racontez-nous!

Nos points de vue divergeaient. Moi, je prélevais mes données sur de grands échantillons et j'essayais d'en déduire des corrélations. Lui préférait de petits échantillons et recherchait plutôt les causes. La dispute tourna au vinaigre et il alla jusqu'à refuser une grande promotion plutôt que de travailler avec moi. Ah, vous savez, il n'y avait pas que Fisher qui m'en voulait... J'ai également étudié de près la tuberculose, l'alcoolisme et le retard mental. Mes résultats ont souvent contredit les vues des gens de cette époque. À plusieurs reprises, j'ai été attaqué par les médecins et les autorités publiques.

Vos travaux sur le retard mental vous ont incité à devenir un partisan de l'eugénisme. Expliquez-nous vos idées sur ce sujet.

À cette époque, la génétique n'en était qu'à ses débuts et je croyais fermement qu'il fallait améliorer le patrimoine génétique humain. Je proposais de contrer la fertilité des individus porteurs de caractères défavorables sans pour autant leur faire de mal. On a jugé ma position trop radicale. Jamais je n'aurais imaginé que certains puissent un jour proposer l'élimination pure et simple de ces individus! L'histoire a prouvé que nous avions eu tort d'avancer, ne serait-ce qu'un seul instant, ce genre d'idées. Je n'ai heureusement pas été témoin des horreurs du deuxième conflit mondial.

Pearson a beaucoup fait pour la statistique. En plus d'introduire et de développer la notion de corrélation, il a proposé la notion de déviation standard. Il a appliqué les méthodes statistiques aux questions sociales de son temps, principalement à l'hérédité et à l'évolution. Outre ses travaux en biométrie, Pearson s'est distingué en tant que professeur de mécanique et de mathématique appliquée. Il a également contribué à l'avancement de la probabilité. Toutefois, son habileté à promouvoir les méthodes statistiques dans l'étude des phénomènes humains et sociaux constitue probablement son plus grand apport à l'histoire.

Lors de sa dispute avec Fisher, Pearson prétendait qu'il était possible de déterminer le degré de corrélation entre deux variables, mais qu'il ne revenait pas à la statistique d'en expliquer les causes.

Voici une situation qui illustre jusqu'à quel point Pearson disait vrai.

En 1974, aux États-Unis, on limita la vitesse à 90 km/h sur les autoroutes. Il s'ensuivit une baisse importante des accidents mortels. On suggéra alors une relation de cause à effet entre le nombre d'accidents mortels et la limite de vitesse. Cependant, après quelques années, on constata que le coefficient de corrélation baissait. Quelle était donc la véritable cause? (Indice : Pourquoi a-t-on réduit la limite de vitesse?)

# PROJET 1   Une étude de corrélation

Présentez le rapport le plus complet possible (4 ou 5 pages) sur l'un des sujets qui vous sont suggérés ci-dessous ou sur tout autre sujet qui vous intéresse. Les données peuvent être recueillies auprès de différentes sources et selon diverses méthodes. On doit viser les meilleures méthodes de formation de l'échantillon, qui doit contenir environ 150 cas, et éviter les sources de biais. On utilisera des outils technologiques (ordinateur ou calculatrice à affichage graphique).

**Sujet 1** : La taille des parents influence-t-elle la taille des enfants à la naissance? On évaluera le degré de dépendance entre la taille des parents et celle des enfants à la naissance. La taille de la mère est-elle plus significative que celle du père? Qu'en est-il précisément?

**Sujet 2** : Le cancer est-il en corrélation avec l'âge? On peut facilement prétendre que le cancer a un lien avec l'âge des personnes. Dans quelle mesure cela est-il vrai? Quel est le coefficient de corrélation entre ces variables?

**Sujet 3** : Lequel du tour de poitrine, du tour de taille ou du tour de hanches est le meilleur indicateur de la masse d'une personne à l'adolescence (entre 12 et 18 ans)? On établira s'il existe un lien véritable entre ces trois variables et la variable *masse,* autant chez les filles que chez les garçons.

# PROJET 2   Une recherche sur Internet

Effectuez une recherche sur Internet à propos de la corrélation entre deux variables. Recherchez les différentes sources qui permettent de faire des choses intéressantes sur la notion de corrélation.

Produisez un rapport des informations intéressantes auxquelles vous avez eu accès et principalement des sites actifs qui vous ont permis d'apprendre et d'appliquer vos connaissances sur la corrélation.

Faites également mention de tout ce qui vous aura intéressés et qui serait de nature à motiver la classe, ou à aider des élèves en difficulté à réaliser des apprentissages valables sur la corrélation.

# PROJET 3   Des indicateurs de succès

On s'interroge souvent à savoir si la note en mathématique en sixième année, au primaire, est un bon indicateur du succès en mathématique en première et en cinquième secondaire. Réalisez un projet qui permettra de répondre à ces questions. Dans votre projet, vous pourriez aussi rechercher si la note en français est un meilleur indicateur.

# JE CONNAIS LA SIGNIFICATION DES EXPRESSIONS SUIVANTES :

**Variables statistiques :**    caractères pouvant prendre diverses valeurs dans une étude statistique.

**Distribution statistique :**    ensemble des valeurs associées à une variable statistique et leurs effectifs.

**Distribution à deux variables :**    distribution faisant intervenir deux variables statistiques dont les valeurs se rapportent au même élément d'un échantillon ou d'une population.

**Tableau de corrélation :**    tableau à double entrée, pour deux variables quantitatives, montrant les effectifs de leurs distributions intégrées.

**Nuage de points :**    représentation des couples d'une distribution à deux variables quantitatives à l'aide de points dans un plan cartésien.

**Corrélation :**    lien entre deux variables statistiques quantitatives.

**Coefficient de corrélation :**    indice mesurant le sens et l'intensité du lien entre deux variables statistiques quantitatives.

**Corrélation linéaire :**    corrélation entre deux variables quantitatives dont la représentation cartésienne se rapproche d'une droite.

**Régression :**    technique statistique qui utilise l'association entre la variable indépendante et la variable dépendante comme moyen de prédiction.

**Régression linéaire :**    technique statistique qui utilise une droite pour faire des prédictions dans le cas d'une association statistique qui s'approche du modèle linéaire.

**Droite de régression :**    droite qui représente, de la meilleure façon possible, l'ensemble des points plus ou moins alignés de la relation entre deux variables statistiques.

# JE MAÎTRISE LES HABILETÉS SUIVANTES :

**Construire** un tableau à double entrée pour une distribution à deux variables.

**Construire** un nuage de points à partir d'une distribution à deux variables quantitatives.

**Décrire** en mots la corrélation entre deux variables quantitatives.

**Tracer** à l'oeil ou à l'aide d'une calculatrice une droite de régression.

**Estimer** à l'oeil et à l'aide d'une méthode graphique le coefficient de corrélation.

**Déterminer** à l'aide d'une calculatrice un coefficient de corrélation dans une relation linéaire.

**Interpréter** la corrélation entre deux variables.

# Regard 3

## LES DISTANCES ......

### LES GRANDES IDÉES

▶ Accroissements.

▶ Distance entre deux points.

▶ Point de partage d'un segment dans un rapport donné.

▶ Point milieu d'un segment.

▶ Comparaison de distances.

▶ Problèmes de distance.

▶ Lieux géométriques.

### OBJECTIF TERMINAL

▶ Résoudre des problèmes en utilisant le concept de distance.

### OBJECTIFS INTERMÉDIAIRES

▶ Calculer la distance entre deux points.

▶ Déterminer les coordonnées d'un point d'un segment partageant celui-ci dans un rapport donné.

▶ Comparer des distances.

▶ Justifier une affirmation dans la résolution d'un problème.

## ACCROISSEMENTS DES COORDONNÉES

### L'épave du galion

*Les galions étaient des voiliers armés destinés au commerce avec l'Amérique et au transport de l'or que les Espagnols tiraient de leurs colonies.*

Des plongeurs ont découvert l'épave d'un galion espagnol coulé dans le golfe du Mexique au XVIᵉ siècle. Ils ont repéré différents vestiges éparpillés au fond de la mer. Une scientifique a noté la position de ces objets dans un plan cartésien dont les axes sont gradués en décamètres. L'origine du plan correspond à l'endroit où une bouée a été fixée pour marquer le site.

Le passage d'une position à une autre se traduit par une modification des coordonnées que l'on appelle **accroissement.**

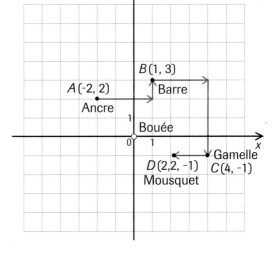

*a)* Détermine l'accroissement des abscisses et l'accroissement des ordonnées pour passer :

1) de $A$ à $B$;     2)  de $B$ à $C$;

3) de $C$ à $D$.

*b)* Les accroissements des coordonnées de $C$ à $B$ sont-ils les mêmes que ceux de $B$ à $C$?

*c)* Comment fait-on pour calculer un accroissement :

1) des abscisses?    2)  des ordonnées?

Les accroissements des abscisses ou des ordonnées sont des **nombres** qui peuvent être **positifs, négatifs** ou **nuls.**

Pour un **point de départ** $P_1(x_1, y_1)$ et un **point d'arrivée** $P_2(x_2, y_2)$ :

• l'accroissement des abscisses de $P_1$ à $P_2$ est $\Delta x = x_2 - x_1$;

• l'accroissement des ordonnées de $P_1$ à $P_2$ est $\Delta y = y_2 - y_1$.

# SEGMENTS HORIZONTAUX OU VERTICAUX

## Le champ de mines

On estime que 800 personnes sont tuées chaque année par des mines antipersonnel et que 10 fois plus de civils que de militaires sont atteints. Parmi les exercices proposés aux élèves officiers d'un corps de cadets, l'un consiste à simuler le désamorçage de mines antipersonnel. À partir du plan ci-dessous, les élèves officiers doivent repérer sur le terrain des objets représentant des mines. Les distances sont exprimées en mètres, et l'origine du plan correspond à la position d'un gros arbre facilement repérable.

*Dans certains pays éprouvés par des guerres récentes, entre autres le Viêtnam et le Cambodge, des mines antipersonnel encore enfouies dans les terres agricoles menacent la sécurité des paysans.*

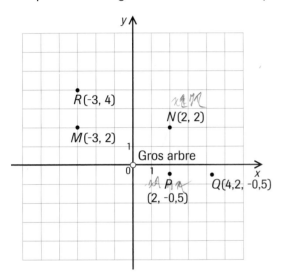

*a)* Quel est l'accroissement des coordonnées :

    1) de $R$ à $M$?

    2) de $N$ à $M$?

*b)* Détermine la distance entre les points suivants et justifie ta réponse.

    1) $N$ et $P$

    2) $Q$ et $P$

*c)* Quelle différence observe-t-on entre la distance de $N$ à $P$ et l'accroissement des ordonnées de $N$ à $P$?

> La **distance** entre deux points $P_1$ et $P_2$ correspond à la longueur du segment reliant ces deux points et est notée $d(P_1, P_2)$. Une **distance** s'exprime par un **nombre positif.**

*d)* On donne les coordonnées des extrémités d'un segment. Indique si celui-ci est horizontal ou vertical, et donne sa longueur.

    1) (21, 0) et (53, 0)        2) (5, 14) et (5, -8)

    3) (-12, 97) et (7, 97)      4) (-80, -7,43) et (-80, -9,57)

Il existe, en mathématique, des opérations qui, à tout nombre, associent un nombre positif. L'une d'elles est la **valeur absolue.** On la note en plaçant le nombre entre deux traits verticaux.

Si le nombre est **positif,** on **conserve ce nombre** : $|5| = 5$.

Si le nombre est **négatif,** on prend son **opposé** afin d'obtenir un nombre positif : $|-7| = -(-7) = 7$.

***e)*** Détermine le résultat :

1) $|24|$          2) $|\text{-}3{,}6|$          3) $\left|-\dfrac{2}{5}\right|$          4) $|0|$

Plus formellement, on définit l'opération **valeur absolue** sur un nombre réel $x$ comme suit :

$$|x| = x, \text{ si } x \geqslant 0$$

$$|x| = \text{-}x, \text{ si } x < 0$$

***f)*** Soit le point de départ $A(5, 10)$ et le point d'arrivée $B(\text{-}2, 10)$. Détermine :

1) $\Delta y$          2) $\Delta x$          3) $|\Delta x|$          4) $d(A, B)$

***g)*** Quand on connaît les coordonnées des extrémités d'un segment, explique en mots comment on peut calculer sa longueur s'il est :

1) horizontal ;        2) vertical.

• La distance entre deux points $P_1(x_1, y_1)$ et $P_2(x_2, y_1)$ déterminant un segment **horizontal** correspond à $|x_2 - x_1|$.

• La distance entre deux points $P_1(x_1, y_1)$ et $P_2(x_1, y_2)$ déterminant un segment **vertical** correspond à $|y_2 - y_1|$.

## SEGMENTS OBLIQUES

### Le grand jeu

Le camp Trois-Saumons, près de Saint-Jean-Port-Joli, existe depuis plus de 50 ans. Carl est animateur dans ce camp de vacances pour adolescents et adolescentes. Il a organisé un grand jeu dans la forêt qui entoure le camp. Il a préparé pour chaque équipe un plan du terrain avoisinant. Les distances sont exprimées en kilomètres.

Une partie du jeu consiste à circuler en forêt sur des vélos de montagne à la recherche d'un trésor. Les coordonnées de l'endroit où sont remisés les vélos sont (-4, 1) et celles de l'emplacement du trésor sont (2, 4).

On s'intéresse à la distance entre ces deux points.

Pour résoudre ce problème, on a complété un triangle rectangle en $A$ en traçant un segment vertical et un segment horizontal.

**a)** Quelles sont les coordonnées du point $A$?

**b)** Détermine la longueur de chacun des segments suivants :

1) $\overline{VA}$ 
2) $\overline{AT}$

**c)** De quel énoncé géométrique bien connu peut-on se servir pour calculer la distance de $V$ à $T$?

**d)** Quelle est cette distance?

**e)** Détermine un troisième point permettant de former un triangle rectangle, puis calcule la distance entre les points donnés.

1) $(2, 3)$ et $(6, 6)$

2) $(-5, -4)$ et $(1, 4)$

3) $(1, -2)$ et $(-4, 10)$

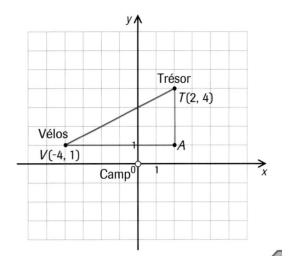

Aux deux points qui définissent un **segment oblique** dans un plan cartésien, il est naturel d'ajouter un **troisième point** dont on connaît les coordonnées et qui forme avec les deux autres un **triangle rectangle.** La relation de Pythagore permet de calculer la distance entre les deux points déterminant le segment oblique.

Pour la distance entre deux points $P_1(x_1, y_1)$ et $P_2(x_2, y_2)$, on détermine le point $A$ qui forme un triangle rectangle avec les deux premiers.

**f)** Quelles sont les coordonnées du point $A$?

**g)** Quelle expression correspond à la longueur :

1) du segment horizontal?

2) du segment vertical?

**h)** Donne la formule qui permet de calculer $d(P_1, P_2)$.

**i)** Détermine la valeur de :

1) $(5)^2$ 
2) $(-5)^2$

3) $|5|^2$ 
4) $|-5|^2$

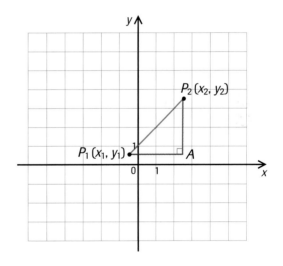

Dans un plan, la distance entre deux points $P_1(x_1, y_1)$ et $P_2(x_2, y_2)$ peut se calculer à l'aide de :

$$d(P_1, P_2) = \sqrt{(x_2 - x_1)^2 + (y_2 - y_1)^2}$$

**j)** Explique pourquoi cette formule est aussi valable pour deux points déterminant un segment horizontal ou vertical.

## INVESTISSEMENT 1

1. Calcule mentalement la distance entre les deux points donnés.

a)

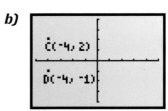
A(-4, 2)  B(1, 2)

b)

C(-4, 2)

D(-4, -1)

c) E(12, 0) et F(10, 0)    d) G(2, -5) et H(2, -13)    e) I(5, -7,75) et J(-3, -7,75)

f) K(2,25, -7) et L(-3,75, -7)    g) M(π, -2) et N(π, 1,3)    h) P(k, 4) et S(k, -7)

2. Dans le graphique ci-contre, les points représentent les endroits où Jean-Yves a planté des rosiers près de sa maison. Les coordonnées sont entières et mesurées en mètres. Détermine la distance entre le point A et chacun des autres points.

$\sqrt{(-3--1)^2+(1-1)^2}$

$\sqrt{(4)+(0)} = \sqrt{4} = 2$

d(A,B) = 2

d(A,C) = 1

d(A,D) = 4

d(A,E) = 4

d(A,F) = 6

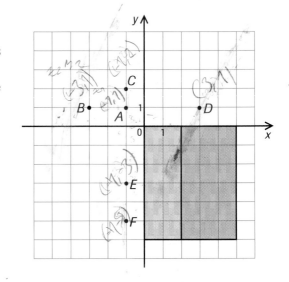

3. Sonia consulte un plan de son village. Des coordonnées cartésiennes mesurées en hectomètres lui permettent de repérer les bâtiments. Les coordonnées de l'école sont (8,25, 2,55) et celles de la résidence de Sonia, (8,25, 18,35). Le transport scolaire est accordé à tous ceux et celles qui demeurent à plus d'un kilomètre de l'école. Sonia y a-t-elle droit? oui elle y a droit elle habite a 16 km

4. Calcule la valeur de chacune des expressions suivantes :

a) |-5 − 7|          b) -|5 − (-4)|        c) (5-2)²

d) |3 − 5|           e) |-23,4|             f) abs (9-15)

g) |3| − |5|  9      h) |2 − 5|²            i) abs (-6+9)

j) |-6| + |9|  15    k) (2 − 5)²  9         l) abs (-8-9)

5. Dans chacun des cas suivants, détermine la distance entre le point de départ A(-4, 3) et le point d'arrivée B si les accroissements des coordonnées sont :

a) Δx = 4 et Δy = 3          b) Δx = -4 et Δy = 6

c) Δx = 6 et Δy = -3         d) Δx = -6 et Δy = -5

**6.** Calcule la distance entre les points donnés.

**a)**
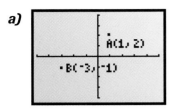

**b)**
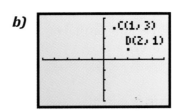

**c)** $E(7, 5)$ et $F(3, 2)$

**d)** $G(-4, 7)$ et $H(17, -21)$

**e)** $I(-4, -5)$ et $J(8, 0)$

**f)** $K(0,1, -2)$ et $L(1, -6)$

**7.** On a placé cinq points dans un plan cartésien.

**a)** Estime en unités la distance entre le point $A$ et chacun des autres points.

**b)** Calcule ces mêmes distances à l'aide des coordonnées des points.

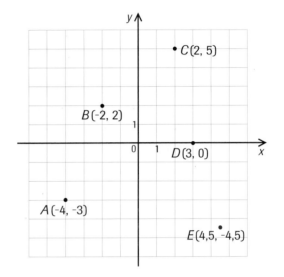

**8.** À partir du point $A(-4, -2)$, on a effectué la suite de déplacements horizontaux et verticaux suivants : $\Delta x = 5$, $\Delta y = -2$, $\Delta x = 2$, $\Delta y = 7$ et $\Delta x = -4$.

**a)** Quelles sont les coordonnées du point d'arrivée à la suite de ces déplacements ?

**b)** Quelle est la distance entre le point de départ et le point d'arrivée ?

**9.** Trois tours Martello font partie des fortifications de la ville de Québec, dans le secteur du parc des Champs de Bataille, communément appelé «les plaines d'Abraham». Une de ces tours abrite l'observatoire de Québec. Sur un plan dont les axes sont gradués en kilomètres, les coordonnées des tours sont (0,5, 3,9), (1,2, 0,9) et (1,3, 0,2). Quelles distances séparent ces tours ?

*Les tours Martello, des fortins surmontés d'une plate-forme à canons, ont été construites par les Anglais au début du XIX<sup>e</sup> s. pour protéger leurs colonies. À la suite de la guerre de l'Indépendance américaine, les relations entre l'Angleterre et les États-Unis étant restées tendues, les Britanniques ont construit 16 tours Martello le long de la frontière canado-américaine.*

**10.** Plusieurs jeunes adultes gagnent quelques dollars en arbitrant des parties de balle-molle. Sur un terrain de balle-molle, deux buts consécutifs sont distants de 18 m. Si le voltigeur de droite capte la balle au point (61, 3) et la lance à l'un de ses coéquipiers pour tenter de retirer un coureur, quelle distance la balle doit-elle franchir pour atteindre :

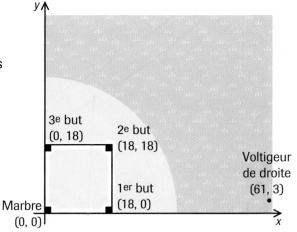

**a)** le 2e but?

**b)** le 3e but?

**c)** le marbre?

**11.** On donne les coordonnées des sommets de trois triangles. Détermine lequel est équilatéral, lequel est isocèle et lequel est scalène.

> $\triangle ABC$ : $A(0, 9)$, $B(6,5, -2,26)$ et $C(-6,5, -2,26)$
>
> $\triangle DEF$ : $D(3, 2)$, $E(15, -3)$ et $F(5, -10)$
>
> $\triangle GHI$ : $G(2, 5,4)$, $H(9,8, -5)$ et $I(-2,2, -10)$

**12.** Soit le quadrilatère dont les sommets sont $A(3, 6)$, $B(9, 9)$, $C(12, 3)$ et $D(6, 0)$.

**a)** Un quadrilatère qui a ses côtés opposés congrus est un parallélogramme. Est-ce le cas pour $ABCD$?

**b)** Un parallélogramme qui a ses diagonales congrues est un rectangle. Est-ce le cas pour $ABCD$?

**13.** Un jardinier a représenté dans un plan cartésien les jardins qu'il doit entretenir. Les points $A(-10, 1)$, $B(-2, 7)$ et $C(7, -5)$ sont les sommets d'un triangle illustrant une plate-bande. Détermine, en utilisant la relation de Pythagore, si ce triangle est rectangle.

**14.** On considère trois points quelconques dans un plan cartésien.

**a)** Comment peut-on vérifier, à l'aide des distances, si ces points sont alignés?

**b)** Dans chacun des cas suivants, détermine si les points $A$, $B$ et $C$ sont alignés.

   1) $A(5, 10)$, $B(-1, 0)$ et $C(-4, -5)$

   2) $A(-2, -7)$, $B(2, -1)$ et $C(8, 8)$

**15.** Quelle est la distance entre les points dont les coordonnées sont données?

   **a)** (5897, -2543) et (4563, -1987)

   **b)** $(\pi, \sqrt{23})$ et $\left(\dfrac{34}{7}, -4{,}6754\right)$

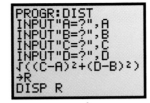

**16.** On considère un point quelconque $X(a, b)$.

   **a)** Quelle est la distance entre ce point $X$ et le point $Y(a + 5, b + 12)$?

   **b)** Quelle est la distance entre ce point $X$ et un point situé 4 unités à gauche et 3 unités au-dessus de lui?

**17.** Lisa roule en vélo vers le nord sur une distance de 3 km. Elle tourne ensuite vers l'est et parcourt 1,5 km. Elle fait ensuite 1 km vers le nord, puis 0,5 km vers l'ouest. À quelle distance est-elle alors de son point de départ?

**a)** Si $a$ et $b$ représentent des nombres réels, déterminez si chacun des énoncés suivants est toujours vrai, parfois vrai ou jamais vrai.

   1) $|a + b| = |a| + |b|$         2) $|a - b| = |a| - |b|$

   3) $|a + b| \leqslant |a| + |b|$         4) $|a - b| \geqslant |a| - |b|$

**b)** Les points $X(-4, -3)$, $Y(-3, 4)$ et $Z(8, 6)$ sont trois sommets d'un parallélogramme.

   1) Est-il possible de calculer l'aire de ce parallélogramme sans connaître le quatrième sommet? Justifiez votre réponse.

   2) Déterminez un point qui pourrait être le quatrième sommet.

   3) Pouvez-vous déterminer deux autres points qui pourraient être le quatrième sommet? Si oui, identifiez-les.

   4) L'aire est-elle la même quel que soit le quatrième sommet? Justifiez votre réponse.

## PARTAGE D'UN SEGMENT

### Une journée de rafting

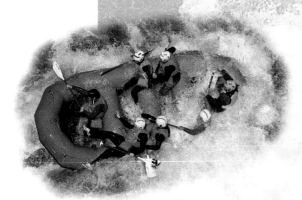

La rivière Rouge, au nord de Montréal, et la Jacques-Cartier, dans Portneuf, sont très populaires pour le rafting. Un groupe d'élèves profitent d'une journée d'activités parascolaires pour descendre la rivière Jacques-Cartier en canot pneumatique. Après quelques heures de descente, ils font une pause. L'un des moniteurs déclare : «Nous avons complété les deux tiers du parcours.» Une monitrice ajoute : «Nous avons parcouru une distance deux fois plus longue que celle qu'il nous reste à franchir.»

*Rafting sur la rivière Rouge, à Grenville.*

**a)** Ces deux déclarations sont-elles équivalentes?

**b)** Quelles longueurs le moniteur compare-t-il lorsqu'il parle du rapport $\frac{2}{3}$?

**c)** Quelles longueurs la monitrice compare-t-elle dans sa déclaration?

**d)** Dans quelle déclaration compare-t-on :

    1) deux parties d'un même tout?        2) une partie avec le tout?

Un point d'un segment partage celui-ci en deux parties selon un **rapport de partie à partie.** Ce rapport est composé des mesures des segments situés **de part et d'autre** du point de partage.

Le point $P$ partage le segment $MN$ dans le rapport $\frac{a}{b}$ si et seulement si :

• $P$ est un point de $\overline{MN}$ et

• $\dfrac{m\,\overline{MP}}{m\,\overline{PN}} = \dfrac{a}{b}$.

**e)** Le segment *AG* a été divisé en 10 segments congrus. Le point *C* partage le segment *AG* dans le rapport 3 : 7.

Indique dans quel rapport $\overline{AG}$ est partagé par les points suivants :

1) *B*    2) *D*    3) *E*    4) *F*

**f)** Le point *H* partage le segment *AB* ci-contre dans le rapport $\frac{5}{3}$. À quelle fraction de la longueur de $\overline{AB}$ est-il situé?

**g)** Un point *K* est situé aux $\frac{7}{10}$ de la longueur d'un segment *MN*. Dans quel rapport partage-t-il le segment *MN*?

> Si un point partage un segment dans le rapport $\frac{a}{b}$, alors il est situé à $\frac{a}{a+b}$ de la longueur du segment.

**h)** En te référant au plan cartésien ci-contre, détermine dans quel rapport le point donné partage le segment *OM*.

1) *A*(2, 0)    2) *B*(3, 0)
3) *C*(5, 0)    4) *D*(6, 0)

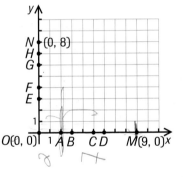

**i)** En te référant au même plan cartésien, détermine dans quel rapport le point donné partage le segment *ON*.

1) *E*(0, 3)    2) *F*(0, 4)
3) *G*(0, 6)    4) *H*(0, 7)

**j)** Quelles sont les coordonnées du point *P* qui partage :

1) le segment *OM* dans le rapport $\frac{3}{2}$?

2) le segment *ON* dans le rapport $\frac{2}{3}$?

3) le segment *OS* dans le rapport $\frac{5}{3}$?

4) le segment *OT* dans le rapport $\frac{1}{4}$?

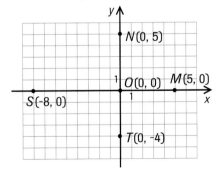

**k)** Un point *P* partage le segment *OM* dans le rapport $\frac{3}{1}$. En te référant aux axes, détermine les coordonnées de *P*. Justifie ta réponse.

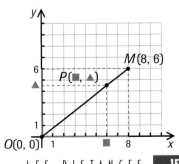

**l)** Un point $P$ partage le segment $OM$ dans le rapport $\frac{a}{b}$. Détermine les expressions qui représentent les coordonnées de $P$. Justifie ta réponse.

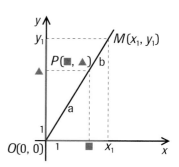

# COORDONNÉES DU POINT DE PARTAGE

## Le concert rock

Dans le cadre du Festival du canton, on a organisé un concert rock. Le plan du terrain où se déroulera l'événement est représenté dans le graphique ci-contre où les axes sont gradués en décamètres. La conceptrice des effets spéciaux a calculé qu'il lui faudrait trois échafaudages pour placer les différents projecteurs. La position du premier doit partager le segment $MN$ dans le rapport $\frac{2}{1}$.

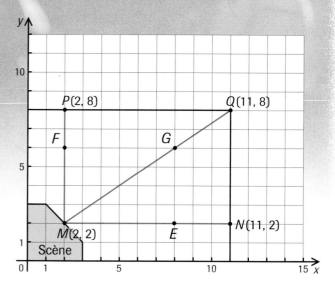

Mick Jagger et les Rolling Stones en spectacle au Stade olympique de Montréal.

**a)** Considérons le point $E$ où sera placé le premier échafaudage.

1) Quelle est la valeur de l'accroissement des abscisses ($\Delta x$) de $M$ à $N$?

2) À quelle fraction de l'accroissement des abscisses ($\Delta x$) le point $E$ est-il placé?

3) Complète :
l'abscisse de $E$ = l'abscisse de $M + \left(\dfrac{\blacksquare}{\blacksquare}\right) \Delta x$.

4) Quelles sont les coordonnées de $E$?

**b)** Le deuxième échafaudage est placé au point $F$ qui partage $\overline{MP}$ dans le rapport $\frac{2}{1}$.

1) Quel est l'accroissement des ordonnées ($\Delta y$) de $M$ à $P$?

2) À quelle fraction de l'accroissement des ordonnées ($\Delta y$) le point $F$ est-il placé?

3) Complète : l'ordonnée de $F$ = l'ordonnée de $M + \left(\dfrac{\blacksquare}{\blacksquare}\right) \Delta y$.

4) Quelles sont les coordonnées de $F$?

**c)** Le troisième et dernier échafaudage est placé au point *G* qui partage le segment *MQ* dans le rapport 2 : 1. Quelles sont les coordonnées de *G* ?

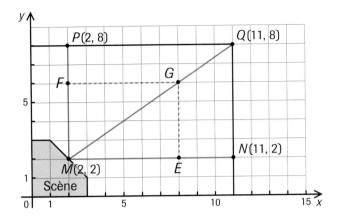

**d)** Quelles expressions représentent les coordonnées de *P* s'il partage le segment *MN* dans un rapport $\frac{a}{b}$ ?

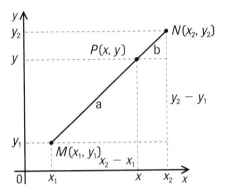

On constate donc que :

1) l'abscisse du point *P* qui partage un segment *MN* dans le rapport $\frac{a}{b}$ égale l'abscisse du point de départ augmentée d'une fraction de l'accroissement des abscisses de *M* à *N*.

2) l'ordonnée du point *P* qui partage un segment *MN* dans le rapport $\frac{a}{b}$ égale l'ordonnée du point de départ augmentée d'une fraction de l'accroissement des ordonnées de *M* à *N*.

Les coordonnées du point *P* qui partage un segment dont les extrémités sont $P_1(x_1, y_1)$ et $P_2(x_2, y_2)$ selon un rapport $\frac{a}{b}$ sont :

$$\left(x_1 + \frac{a}{a+b}(x_2 - x_1),\ y_1 + \frac{a}{a+b}(y_2 - y_1)\right)$$

**1.** Indique si chacun des énoncés suivants fait référence à un rapport de partie à partie.

**a)** La distance à parcourir est partagée en deux étapes dans un rapport $\frac{5}{4}$.

**b)** Joseph a abandonné la course à cause d'une crampe après avoir parcouru les $\frac{3}{4}$ de la distance.

**c)** Tuong Vi a coupé la corde aux $\frac{2}{3}$ de sa longueur.

**d)** Le billot a été divisé en deux parties de couleurs différentes dans le rapport 2 : 7.

**e)** La porte d'entrée partage la façade de l'édifice dans le rapport $\frac{1}{2}$.

✗**2.** Le segment *AM* est partagé en 12 segments congrus.

Détermine le point :

**a)** qui est situé au tiers de la longueur de $\overline{AM}$.

**b)** qui est situé aux $\frac{3}{4}$ de la longueur de $\overline{AM}$.

**c)** qui partage $\overline{AM}$ dans le rapport $\frac{5}{7}$.

**d)** qui partage $\overline{AM}$ dans le rapport 5 : 1.

**3.** Le point d'attache de la tige principale d'un mobile est situé à 15 cm de la première extrémité et à 25 cm de la seconde.

**a)** Dans quel rapport le point d'attache partage-t-il la tige à partir de la première extrémité ?

**b)** Dans quel rapport le point d'attache partage-t-il la tige à partir de la seconde extrémité ?

**c)** À partir de la première extrémité, à quelle fraction de la longueur totale de la tige le point d'attache est-il situé ?

**4.** Une échelle a 5 barreaux. La distance entre le sol et le premier barreau est la même que la distance entre chacun des barreaux. Cette distance est également la même entre le dernier barreau et l'extrémité de l'échelle. Dans quel rapport chacun des barreaux partage-t-il les montants de l'échelle ?

**5.** Détermine les coordonnées du point qui partage le segment *AB* dans le rapport donné.

**a)** *A*(2, 0), *B*(9, 0) ; $\frac{5}{2}$      **b)** *A*(3, 5), *B*(3, -2) ; $\frac{5}{9}$      **c)** *A*(2, 1), *B*(8, 10) ; 2 : 1

**d)** *A*(13, 6), *B*(1, 2) ; $\frac{1}{3}$      **e)** *A*(-3, 1), *B*(7, -4) ; $\frac{3}{2}$      **f)** *A*(-4, 3), *B*(2, -7) ; $\frac{3}{5}$

**6.** Les coordonnées de *M* sont (3, 2) et celles de *N* sont (18, 12). Détermine les coordonnées du point *P* :

**a)** qui partage $\overline{MN}$ dans le rapport $\frac{2}{3}$ ;      **b)** qui est situé aux $\frac{2}{3}$ de la longueur de $\overline{MN}$ ;

**c)** qui partage $\overline{NM}$ dans le rapport $\frac{2}{3}$ ;      **d)** qui est situé aux $\frac{2}{3}$ de la longueur de $\overline{MN}$ à partir de *N*.

**7.** À l'aide d'une calculatrice, détermine, au centième près, les coordonnées du point qui partage le segment *MN* dans le rapport donné.

**a)** *M*(107, 113), *N*(112, 123) ; $\frac{111}{139}$

**b)** *M*(-11, 13), *N*(14, -12) ; $\frac{11}{4}$

**c)** $M(\pi, \sqrt{3})$, $N\left(\frac{10}{3}, \frac{10}{7}\right)$ ; $\frac{7}{3}$

**8.** Sur la carte remise au départ d'un rallye automobile, on constate que l'itinéraire comprend une route en ligne droite entre les points $A(7, 12)$ et $B(17, 7)$. À un moment donné, une copilote calcule qu'il reste à franchir le quadruple de la distance déjà parcourue sur cette route. Quelles sont, à ce moment-là, les coordonnées du point où se trouve la voiture?

**9.** Soit les points $A(-8, -6)$, $B(9, 12)$ et $O(0, 0)$.

**a)** Détermine d$(A, O)$.

**b)** Détermine d$(B, O)$.

**c)** On affirme que le point $O$ ne partage pas le segment $AB$ dans le rapport 2 : 3. Explique pourquoi.

# FORUM

Voici 4 affirmations. Déterminez si chacune d'elles est toujours vraie, parfois vraie ou jamais vraie. Justifiez vos réponses.

**a)** Un rapport de partie à partie est inférieur à 1.

**b)** Si $P$ partage $\overline{AB}$ dans le rapport $\dfrac{a}{b}$, alors $P$ partage $\overline{BA}$ dans le rapport $\dfrac{b}{a}$.

**c)** Si $P$ partage $\overline{AB}$ dans le rapport $\dfrac{m}{n}$, alors d$(A, P)$ = m et d$(P, B)$ = n.

**d)** Si $P$ partage $\overline{AB}$ dans le rapport $\dfrac{1}{2}$, alors $P$ est le milieu de $\overline{AB}$.

# POINT MILIEU

**Le nouveau casse-croûte**

La propriétaire d'une chaîne de casse-croûte veut attribuer une nouvelle franchise dans un secteur populeux d'une grande ville. Elle possède déjà deux restaurants dont les coordonnées sont (-2, 1) et (3, 2) sur un plan de la ville dont les axes sont gradués en kilomètres. Après étude, elle choisit de localiser le nouveau casse-croûte à mi-chemin de ces deux restaurants.

**a)** Détermine les coordonnées du nouveau casse-croûte.

**b)** Soit les points $P_1(x_1, y_1)$ et $P_2(x_2, y_2)$ et $M$ le point milieu du segment $P_1P_2$. On représente par $(x_M, y_M)$ les coordonnées de $M$. Justifie chacune des étapes de la démarche suivante :

$$1° \quad x_M = x_1 + \frac{1}{2}(x_2 - x_1)$$

$$2° \quad x_M = x_1 + \frac{1}{2}x_2 - \frac{1}{2}x_1$$

$$3° \quad x_M = \frac{2x_1 + x_2 - x_1}{2}$$

$$4° \quad x_M = \frac{x_1 + x_2}{2}$$

**c)** De la même façon, montre que $y_M = \dfrac{y_1 + y_2}{2}$.

**d)** Le résultat est-il le même si l'on considère $P_2$ comme point de départ et $P_1$ comme point d'arrivée? Justifie ta réponse.

> Les coordonnées $(x_M, y_M)$ du point milieu d'un segment dont les extrémités sont $P_1(x_1, y_1)$ et $P_2(x_2, y_2)$ sont :
>
> $$(x_M, y_M) = \left( \frac{x_1 + x_2}{2}, \frac{y_1 + y_2}{2} \right)$$
>
> Cette formule est une application particulière de celle du point de partage. C'est le cas où a = b.

# INVESTISSEMENT 3

*gauche          droite*

**1.** Le point $P$ est le point milieu de $\overline{P_1P_2}$. Dans quel rapport $P$ partage-t-il $\overline{P_1P_2}$ ? $\frac{1}{1}$

**2.** Calcule mentalement les coordonnées du point milieu des segments dont les coordonnées des extrémités sont données.

*÷2 après*

**a)** (6, 0) et (24, 0) $(15, 0)$

**b)** (-6, 17) et (6, 31) $(0, 12)$

**c)** (6, 6) et (12, -12) $(9, -3)$

**d)** (-23, 41) et (-29, -21) $(-26, 10)$

**e)** (1, 4) et (6, 7)

**f)** (2,5, 1,8) et (5,5, 1,2)

**3.** Les points $K(-2, -5)$ et $L(6, 7)$ sont les extrémités d'un segment.

**a)** Détermine les coordonnées du point $M$, milieu de $\overline{KL}$. $(2, 1)$

**b)** Calcule la distance entre $M$ et $K$.   $\sqrt{(x_B - x_A)^2 + (y_B - y_A)^2}$

**c)** Détermine la distance entre $M$ et $L$.

**d)** Quel est le rapport des distances calculées ci-dessus?

**4.** La position d'un navire sur une carte maritime, dont les axes sont gradués en kilomètres, correspond au point de coordonnées (240, 310). Le navire doit atteindre un port dont la position est (600, 160). On doit changer de pilote à mi-chemin. En supposant que le trajet est en ligne droite, à quel point s'effectuera le changement de pilote?

*Carte maritime du Saint-Laurent.*

**5.** Le plan d'un parc public comprend un grand bassin circulaire. Les points de coordonnées (-3, 7) et (9, -9) de ce plan correspondent aux extrémités d'un diamètre du bassin.

 **a)** Quelles sont les coordonnées du centre du bassin?

 **b)** Quel est le rayon du bassin?

**6.** Les coordonnées des sommets d'un triangle sont $A(-6, -3)$, $B(8, 5)$ et $C(2, -3)$.

 **a)** Vérifie que la distance entre les points milieux des côtés $AB$ et $AC$ est la moitié de m $\overline{BC}$.

 **b)** Détermine la longueur de la médiane qui joint le sommet $A$ au milieu de $\overline{BC}$.

 **c)** Quelles sont les coordonnées du point milieu du segment joignant le pied de cette médiane et le sommet $B$?

**7.** Dans chacun des cas suivants, le point $M$ est le milieu d'un segment $AB$. Détermine les coordonnées de $B$ si :

 **a)** $A(5, 0)$ et $M(8, 0)$     **b)** $A(0, 8)$ et $M(0, 5)$

 **c)** $A(5, 6)$ et $M(8, 11)$     **d)** $A(-5, 6)$ et $M(8, -11)$

**8.** Simone est pilote d'un avion qui combat les incendies de forêt. Après une journée harassante, elle examine un plan de la région dont les axes sont gradués en kilomètres. La position de la base correspond au point (10, 56). Durant la journée, elle s'est rendue au point (72, 100). Ce point est le point milieu du segment joignant la base et le lac Long. Quelle est la position du lac Long?

**9.** Les points $A(2, 3)$, $B(12, 9)$ et $C(16, 3)$ sont les sommets d'un triangle.

 **a)** Détermine les points milieux de chacun des côtés de ce triangle.

 **b)** Le segment qui joint un sommet et le milieu du côté opposé est une médiane. Pour chacune des trois médianes, détermine le point qui la partage dans le rapport 2 : 1 à partir du sommet.

 **c)** Que constate-t-on?

*Pour combattre les incendies de forêt, lorsqu'il n'y a pas de plan d'eau à proximité, on utilise des avions qui déversent des produits chimiques plutôt que des bombardiers d'eau.*

---

 **a)** Le point $M(3, 4)$ est le milieu d'un segment $AB$ de longueur 10.

  1) Déterminez des coordonnées possibles pour les points $A$ et $B$.

  2) Combien y a-t-il de cas possibles?

  3) Quelle est la caractéristique commune à tous les points que vous avez déterminés?

 **b)** En n'utilisant que la formule du point milieu, expliquez comment vous détermineriez les coordonnées d'un point qui partage un segment d'extrémités données dans le rapport :

  1) 1 : 3      2) 1 : 15      3) 17 : 15

La valeur absolue de $x$ est notée $|x|$. Par définition, $|x| = x$ si $x \geqslant 0$ et $|x| = {-x}$ si $x < 0$. Ainsi, $|5| = 5$ et $|{-5}| = -({-5}) = 5$.

On peut établir différentes **relations** entre les coordonnées de **deux points** d'un plan cartésien.

| Relation entre les points $P_1(x_1, y_1)$ et $P_2(x_2, y_2)$ | Formule | Précisions |
|---|---|---|
| **Accroissement** des abscisses de $P_1$ à $P_2$<br><br>**Accroissement** des ordonnées de $P_1$ à $P_2$ | $\Delta x = x_2 - x_1$<br><br>$\Delta y = y_2 - y_1$ | Un accroissement peut être positif, négatif ou nul. |
| **Distance** entre les points $P_1$ et $P_2$ | $d(P_1, P_2) = \sqrt{(x_2 - x_1)^2 + (y_2 - y_1)^2}$<br>ou<br>$d(P_1, P_2) = \sqrt{(\Delta x)^2 + (\Delta y)^2}$ | Avec ces formules, on peut calculer la longueur des segments et déterminer ainsi des périmètres et des aires. |
| Coordonnées du point $P(x, y)$ qui **partage** un segment d'extrémités $P_1$ et $P_2$ selon un rapport $\frac{a}{b}$ | $x = x_1 + \dfrac{a}{a + b}\Delta x$<br><br>$y = y_1 + \dfrac{a}{a + b}\Delta y$<br>ou<br>$x = x_1 + \dfrac{a}{a + b}(x_2 - x_1)$<br><br>$y = y_1 + \dfrac{a}{a + b}(y_2 - y_1)$ | Le point $P$ partage le segment $P_1P_2$ de telle sorte que $\dfrac{m\,\overline{P_1P}}{m\,\overline{PP_2}} = \dfrac{a}{b}$. |
| Coordonnées du **point milieu** $P(x_M, y_M)$ d'un segment d'extrémités $P_1$ et $P_2$ | $(x_M, y_M) = \left(\dfrac{x_1 + x_2}{2}, \dfrac{y_1 + y_2}{2}\right)$ | Le point milieu $P$ partage le segment $P_1P_2$ dans un rapport $1 : 1$. |

**1** Calcule mentalement la distance entre l'origine et les points suivants :

   **a)** $E(3, 4)$       **b)** $F(5, 12)$       **c)** $M(-6, -8)$       **d)** $N(-24, -10)$

**2** Calcule mentalement la distance entre les points dont les coordonnées sont :

   **a)** $(5, 4)$ et $(5, -4)$       **b)** $(-23, 7)$ et $(-7, 7)$

   **c)** $(-2, -42)$ et $(-2, 29)$       **d)** $(3, 4)$ et $(-3, -4)$

**3** Détermine, par estimation, lequel des deux points donnés est le plus rapproché de l'origine.

   **a)** $R(6, 7)$ et $P(5, 8)$       **b)** $S(7, 15)$ et $T(-9, 14)$

   **c)** $U(6, 11)$ et $X(-5, -12)$       **d)** $W(2,5, 3)$ et $Z(-2,1, -2,87)$

**4** Détermine mentalement les coordonnées du point milieu des segments dont les extrémités ont les coordonnées suivantes :

   **a)** $(5, 7)$ et $(11, -1)$       **b)** $(-8, 7)$ et $(-5, -2)$

   **c)** $(-2,4, 5,3)$ et $(3,6, 4,7)$       **d)** $\left(\dfrac{7}{2}, \dfrac{5}{3}\right)$ et $\left(\dfrac{11}{4}, \dfrac{3}{4}\right)$

**5** Les points $A(2, 3)$ et $B(14, 3)$ sont les extrémités d'un segment de droite. Détermine mentalement dans quel rapport chacun des points ci-dessous partage le segment $AB$.

   **a)** $K(5, 3)$       **b)** $H(8, 3)$       **c)** $J(12, 3)$       **d)** $G(6,5, 3)$

**6** En complétant un triangle rectangle, détermine la distance entre les points dont les coordonnées sont données.

   **a)** $A(6, 3)$ et $B(2, 1)$       **b)** $C(4, -3)$ et $D(-2, 6)$

   **c)** $E(-12, -5)$ et $F(-2, -2)$

**7** Sur un écran radar, un technicien a suivi le déplacement de trois navires. Dans le plan cartésien ci-contre, dont les axes sont gradués en kilomètres, chaque segment représente le déplacement d'un des navires. Détermine la distance parcourue par chacun.

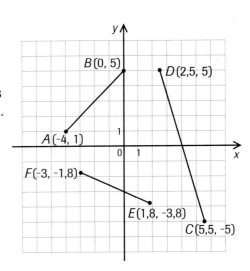

**8** Un fermier possède un champ ayant la forme d'un quadrilatère. On a représenté ce champ dans un plan cartésien dont les axes sont gradués en décamètres. Les sommets de ce quadrilatère sont $A(0, -8)$, $B(-4{,}8, 6)$, $C(0, 8)$ et $D(3{,}6, -8)$. Pour léguer une partie du terrain à chacune de ses deux filles, le fermier a partagé le champ à l'aide de la diagonale $AC$. Il a donné à l'aînée la partie correspondant au triangle $ABC$ et à la cadette, l'autre partie.

**a)** Laquelle a obtenu le champ ayant le plus grand périmètre? Justifie ta réponse.

**b)** Laquelle a obtenu le champ ayant la plus grande superficie? Justifie ta réponse.

**9** On donne les points $A(a, b)$ et $B(a - 2, b + 2)$.

**a)** Quelle est la distance entre ces deux points?

**b)** Quelles sont les coordonnées du point milieu du segment $AB$?

**10** Rose-Anne a reçu pour son anniversaire une paire d'émetteurs-récepteurs portatifs qui peuvent transmettre jusqu'à une distance de 1,5 km. Sur un plan de la municipalité où les distances sont en kilomètres, la résidence de Rose-Anne a pour coordonnées (4, -1,5), celle de Jonathan, (3, -2,8) et celle de Keith, (5, -0,4). Rose-Anne devrait-elle prêter un appareil à Jonathan ou à Keith? Justifie ta réponse.

**11** Deux navires de plaisance se dirigent vers le port de Saint-Martin-des-Dunes. Dans un système de repérage gradué en kilomètres, on a établi que les trajectoires suivies par ces navires correspondaient aux relations définies par $y_1 = \frac{1}{3}x + 400$ et $y_2 = \frac{5}{4}x + 180$. Dans le même système, l'île des Palmiers est située au point (375, 412). Quelle distance sépare cette île du port?

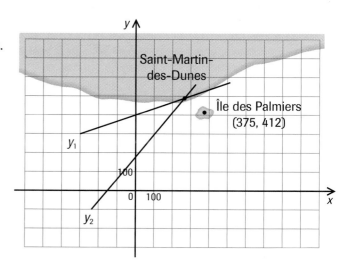

**12** Dans quel rapport le point $P$ partage-t-il le segment $AB$ si les coordonnées de $A$, $B$ et $P$ sont les suivantes?

**a)** $A(-10, -7)$, $B(10, 1)$ et $P(-5, -5)$

**b)** $A(2, 2{,}5)$, $B(-8, 5)$ et $P(-6, 4{,}5)$

**13** Quelles sont les coordonnées du point qui partage le segment de droite joignant le point $A(-2, -5)$ au point $B(6, 9)$ dans le rapport donné?

**a)** $1 : 3$        **b)** $1 : 1$        **c)** $7 : 5$        **d)** $3 : 4$

**14** Les extrémités d'un segment sont les points *A* et *B*. Quelles sont les coordonnées du point *P* qui partage le segment *AB* dans le rapport donné?

**a)** $A(4, -5)$, $B(-1, 2)$; $\frac{2}{3}$

**b)** $A(-12, -5)$, $B(-1, 7)$; $\frac{3}{5}$

**15** Dans un plan cartésien dont les axes sont gradués en mètres, un dessinateur a représenté la flèche d'une grue mécanique. La base de la flèche est située au point $A(3, 4)$ et son sommet au point $B(13, 19)$. Pour diminuer ou augmenter l'angle, un câble entouré sur un treuil est fixé aux $\frac{2}{5}$ de la flèche à partir de la base.

Quelles sont les coordonnées du point où est attaché le câble? (7,10)

$\frac{2}{5}(3+13) + (4+19)$

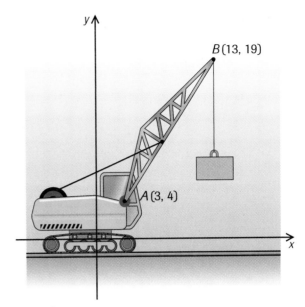

*On appelle «grutier» la personne chargée de conduire une grue.*

$x_P = \frac{x_a + a}{a+b}$

$(x_b - x_a)$

$\frac{3+2}{5}(13-3)$
$4+3 = 7$

$x_P = \frac{y_a + a}{a+b}$

$(y_b - y_a) = \frac{4+2}{5}$
$(19-4)$

$\boxed{10}$

**16** Quel est le point milieu de chacun des segments de droite ayant pour extrémités les points dont les coordonnées sont les suivantes?

**a)** $(-5, 8)$ et $(8, -4)$

**b)** $(9, 5)$ et $(9, -6)$

**c)** $(2a + b, a - 2b)$ et $(a - b, a + b)$

**17** Quelle expression algébrique représente la distance entre les points suivants?

**a)** $G(5a, a)$ et $H(2a, 5a)$

**b)** $I(a - b, 4)$ et $J(a + b, 5)$

**c)** $K(2u + 1, 3 + u)$ et $L(2u - 2, u + 7)$

**18** Le dessin ci-dessous représente la vue de face d'une ferme en acier utilisée pour la construction du toit d'un entrepôt. Le point *C* est situé au tiers de la longueur de la poutre *AD* à partir de *D,* et le point *B* est le milieu de $\overline{AC}$. Quelles sont les coordonnées des points *B* et *C*?

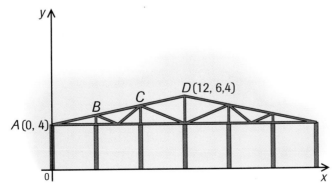

*Une ferme est un assemblage de pièces de bois ou de métal placées en triangle pour supporter les versants d'une toiture.*

**19** Les sommets d'un triangle sont les points $A(-4, 6)$, $B(9, -2)$ et $C(6, 13)$. On partage le côté $AB$ en quatre segments congrus.

**a)** Quelles sont les coordonnées des points qui partagent ainsi le côté $AB$?

**b)** Si l'on joint ces points au point $C$, on obtient quatre triangles. Sans les calculer, formule une conjecture au sujet des aires de ces quatre triangles. Justifie ta réponse.

**20** Dans un triangle, les médianes se rencontrent au tiers de leur longueur à partir de la base. Quelles sont les coordonnées du point d'intersection des médianes si les sommets du triangle sont les points $A(-2, 3)$, $B(10, 2)$ et $C(9, 5)$?

> *Une pièce de forme triangulaire constituée d'un matériau homogène et d'épaisseur uniforme a son centre de gravité au point d'intersection de ses médianes.*

**21** Le point $M(-4, -1)$ est le milieu du segment qui joint le point $A(-8, 5)$ au point $B$. Quelles sont les coordonnées de $B$?

**22** Les extrémités d'un segment de droite sont les points $A(3, 1)$ et $B(-1, -2)$. On prolonge le segment $BA$ jusqu'en $C$ de telle sorte que m $\overline{AC}$ = 2 m $\overline{BA}$ et que $A$ est entre $B$ et $C$. Quelles sont les coordonnées du point $C$?

**23** Dans un plan cartésien, on a tracé un cercle de centre $O(4, 2)$ et dont le rayon mesure 6 unités. Les droites $d_1$ et $d_2$ se rencontrent au point $E$. Les équations de ces droites sont :

$$d_1 : y_1 = -\frac{7}{2}x + 12 \text{ et } d_2 : y_2 = \frac{1}{4}x$$

À quelle distance du centre les deux droites se rencontrent-elles?

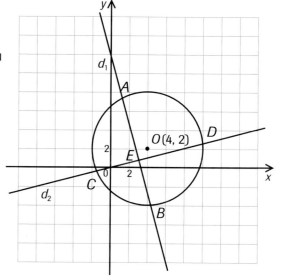

**24** Pour combattre les incendies de forêts, de petits avions sont envoyés pour reconnaître la situation avant l'arrivée des bombardiers d'eau. Un avion de reconnaissance a repéré trois foyers d'incendie situés aux points $A(3, 4)$, $B(1, -7)$ et $C(-3, 1)$ dans un système de coordonnées cartésiennes gradué en kilomètres.

**a)** Le triangle $ABC$ est-il rectangle? Justifie ta réponse.

**b)** Détermine l'aire de la région délimitée par ce triangle et qui risque d'être ravagée par l'incendie.

**25** Dans un plan cartésien, dont les axes sont gradués en mètres, on a représenté un parc municipal. Le long de la rue du Roi, on a installé cinq lampadaires, dont un à chacune des extrémités *B* et *C*. Les trois autres divisent le côté *BC* en segments congrus.

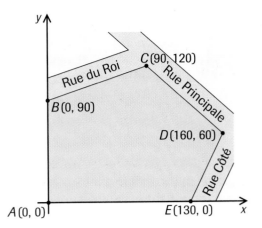

*a)* Quelles sont les coordonnées des points représentant ces trois lampadaires?

*b)* Quelle distance sépare deux lampadaires consécutifs?

**26** Youri planifie avec son entraîneur la course en kayak à laquelle il participera bientôt. Sur un plan cartésien dont les axes sont gradués en mètres, on a représenté le site de la course. La bouée de départ a pour coordonnées (350, 180) et celle d'arrivée, (900, 650). L'entraîneur recommande à Youri d'amorcer son sprint final dès qu'il aura franchi 90 % du parcours.

*a)* Si la course se fait en ligne droite, quelle distance les kayakistes parcourent-ils?

*b)* Quelles seront les coordonnées de la position de Youri quand il amorcera son sprint?

**27** Dans la figure ci-contre, indique le point qui partage:

*a)* $\overline{AH}$ dans le rapport $\dfrac{3}{4}$;

*b)* $\overline{HE}$ dans le rapport $\dfrac{2}{3}$;

*c)* $\overline{BG}$ aux $\dfrac{5}{8}$ de sa longueur;

*d)* $\overline{HA}$ aux $\dfrac{2}{7}$ de sa longueur.

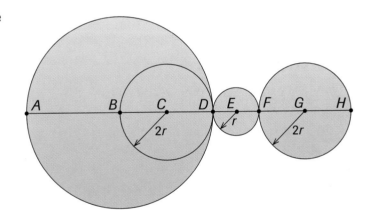

**28** Deux nageuses, Cynthia et Marité, se donnent rendez-vous au chalet de leur copine Lisa, situé sur la rive opposée. On a représenté la situation dans un plan cartésien dont les axes sont gradués en mètres. Après avoir nagé un certain temps, elles s'arrêtent au même moment et font la planche pour se reposer. Cynthia a alors franchi les 3/4 de son trajet et Marité, les 4/5 du sien. À ce moment, quelle distance sépare les deux nageuses?

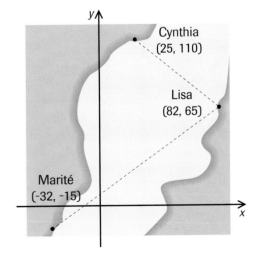

## 29 LE MÉTRO

Une rame de métro quitte la station *A* et se rend en ligne droite à la station *B*. La conductrice doit amorcer le freinage dès qu'elle a franchi 85 % de la distance séparant les deux stations. On a représenté cette situation dans le plan cartésien ci-contre, dont les axes sont gradués en mètres.

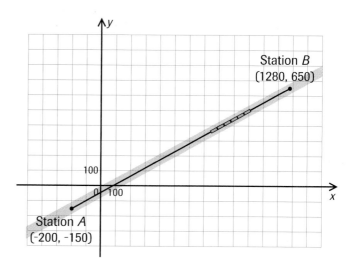

**a)** Quelle est la position de l'avant de la rame au moment d'amorcer le freinage ?

**b)** Quelle distance reste-t-il à parcourir à ce moment-là ?

*Station de métro McGill, à Montréal.*

*Inauguré en octobre 1966, le métro de Montréal compte, en 1997, 65 stations et 65 km de rails. Une rame de 9 voitures peut transporter 1200 passagers ou passagères. Sa vitesse maximale est de 72 km/h. En un an, les trains parcourent environ 65 000 000 km.*

## 30 DES ESSAIS ROUTIERS

Pour évaluer la puissance du moteur d'une automobile, on effectue des essais dans une côte.

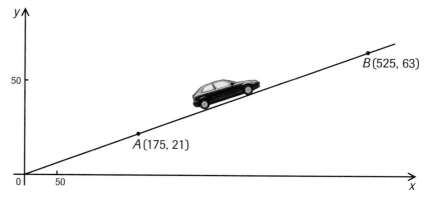

On observe, entre les points *A* et *B*, situés dans un même plan vertical, la position de l'automobile au moment des changements de rapport. Après plusieurs essais, on a noté que l'automobile franchit le premier tiers de la distance en deuxième vitesse, les 2/5 suivants en troisième vitesse et le reste en quatrième vitesse. Les distances sont en mètres.

**a)** Quelle est la distance entre le point *A* et le point *B* ?

**b)** Quelles sont les coordonnées de la position de l'automobile au moment de passer en quatrième vitesse ?

## 31 UN DÉBIT À CONTRÔLER

On a représenté, par un graphique cartésien, la
vue de plan d'une section du réseau d'aqueduc
d'un quartier résidentiel. Les distances sont
exprimées en mètres. À une distance de 245 m
du point *A*, dans la direction de *B*, on a installé
une valve pour contrôler le débit d'eau dans le
tuyau. Quelles sont les coordonnées de
l'emplacement de cette valve?

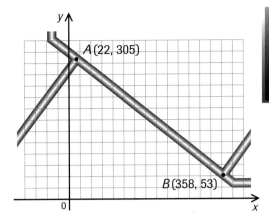

Le premier aqueduc
construit par les
Romains, l'Aqua
Appia, était
souterrain et
mesurait 16 km.

## 32 UN MUR PORTEUR

Le dessin ci-contre montre la vue de
face du mur d'un entrepôt. La structure
est constituée de six poutres
métalliques verticales régulièrement
espacées. Quelle est la longueur de
chacune des poutres métalliques
verticales si les axes sont gradués en
mètres?

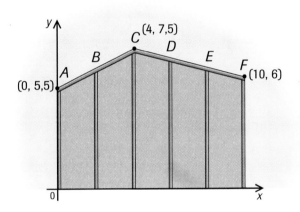

## 33 LA CLÔTURE DU PARC DE STATIONNEMENT

Des ouvriers travaillent à l'installation d'une clôture autour d'un parc de stationnement pour
automobiles. Au cours d'une journée, une équipe a installé la section qui relie les points *A*
et *B*. Le lendemain, d'autres ouvriers se sont joints à l'équipe et, ensemble, ils ont ajouté, en
ligne droite, une deuxième section quatre fois plus grande que la première. Les distances
sont exprimées en mètres.

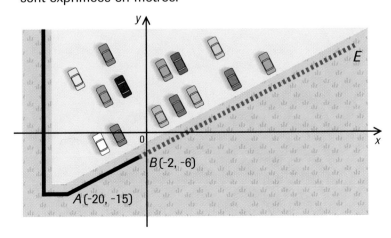

**a)** Quelles sont les
coordonnées de
l'extrémité *E* de la
clôture à la fin de
cette journée?

**b)** Quelle est la longueur
de la clôture installée
au cours des deux
derniers jours?

## 1. LES DÉPLACEMENTS SUCCESSIFS

Dans un plan cartésien, pour se rendre du point $A$(-8, 3) au point $B$, on applique successivement les accroissements suivants :

$$\Delta x = 8, \Delta y = -5, \Delta x = -7, \Delta y = 2, \Delta x = 4 \text{ et } \Delta y = -9$$

**a)** Quelles sont les coordonnées du point $B$?

**b)** Quelle est la distance entre le point $A$ et le point $B$?

## 2. LE SERVICE POSTAL

Les responsables du service des postes envisagent de placer une boîte aux lettres rue des Rosiers entre les rues des Érables et des Ormes. Le graphique ci-dessous montre les rues avoisinantes. Les distances entre les rues sont égales, et les axes sont gradués en mètres.

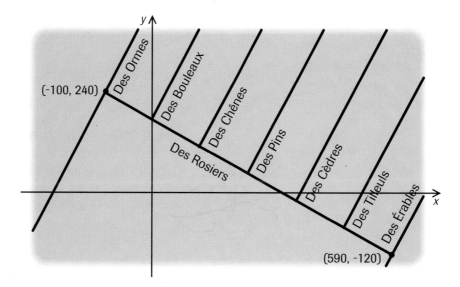

**a)** Quelle est, au mètre près, la longueur de la rue des Rosiers?

**b)** Quelles seraient les coordonnées de la boîte aux lettres si elle était placée au coin:

    1) de la rue des Bouleaux?

    2) de la rue des Pins?

    3) de la rue des Cèdres?

## 3. L'EXCURSION MARITIME

À partir de Rivière-du-Loup, les touristes peuvent faire une excursion en bateau et visiter les villages côtiers de Port-au-Persil et de Port-aux-Quilles. Le graphique ci-contre montre les positions de ces endroits. Les distances sont en kilomètres.

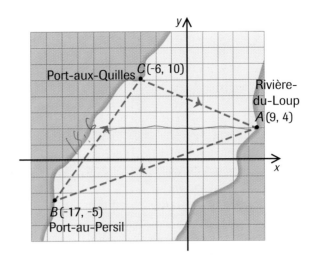

**a)** Quelle distance sépare :

   1) Rivière-du-Loup de Port-au-Persil?

   2) Port-au-Persil de Port-aux-Quilles?

**b)** Lors de la dernière excursion, le capitaine a dû, à mi-chemin entre Port-au-Persil et Port-aux-Quilles, revenir directement à Rivière-du-Loup pour effectuer une réparation. Quelle distance le bateau a-t-il parcourue lors de cette dernière excursion?

## 4. LA LIGNE DE DISTRIBUTION

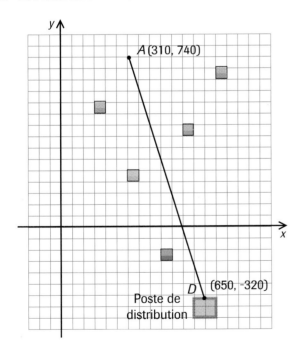

La ligne électrique reliant le point $A$ au poste de distribution permet de desservir la clientèle d'un quartier résidentiel. Sur cette ligne, on a installé des transformateurs pour abaisser la tension. Cette situation est représentée dans le graphique ci-contre, où les axes sont gradués en mètres.

Quelles sont les coordonnées du transformateur qui partage la ligne, à partir du poste de distribution, dans les rapports suivants?

**a)** 1 : 7

**b)** 5 : 3

## RAPPORTS ET DIFFÉRENCES

### Les oasis

Dans le désert, les points d'eau sont des endroits vitaux, que l'on voyage en véhicule motorisé ou à dos de chameau. Le graphique cartésien ci-contre représente la situation suivante : une caravane doit se déplacer dans le Sahara entre les villages de Touggourt (*A*) et de El Oued (*B*). Selon le trajet choisi, il faudra faire boire les chameaux soit au point d'eau *C*, soit à l'oasis *D*. Les distances sont en kilomètres.

*a)* Intuitivement, comment peut-on déterminer lequel des trajets est le plus court pour joindre Touggourt et El Oued, celui qui passe par *C* ou celui qui passe par *D*?

*le C*
*Parce qu'elle est la + proche de*

*b)* Détermine la distance de *A* à *B* en passant :

1) par *C*;  *217 km*   2) par *D*. *la diagonale*
*224,59*

*c)* Lequel des deux itinéraires est le plus court? De combien de kilomètres? *7, 58 km*

*d)* Quelle fraction du trajet reste-t-il à parcourir aux voyageurs qui s'arrêtent au point *C*? *C : A*
*80%      B   B*

*e)* Quelle est la valeur du rapport $\dfrac{d(A, D)}{d(C, B)}$?  *1*

*f)* Comment un rapport entre deux distances nous renseigne-t-il sur les grandeurs respectives de ces distances? *inférieur à 1*

*g)* Sans le calculer, indique si le rapport $\dfrac{d(A, C)}{d(D, B)}$ est supérieur, inférieur ou égal à 1.
*+ petit que 1*

Le chameau marche à la vitesse moyenne de 4 km/h, mais il peut porter des charges de 450 kg et faire plus de 45 km par jour.

On peut **comparer des distances** en déterminant leur **différence** ou en calculant leur **rapport**. L'**égalité** de deux distances est caractérisée par une **différence nulle** ou un **rapport égal à 1.**

# MINIMISER UNE DISTANCE

Dans plusieurs secteurs de l'activité humaine, **minimiser une distance** est une préoccupation importante du point de vue environnemental et économique. C'est le cas de la situation suivante.

## Le relais de motoneige

Un club de motoneige désire aménager un sentier reliant Amos (*A*) et La Sarre (*S*). On construira aussi un relais le long de la route *CD*, afin qu'il puisse être ravitaillé par camion. On se demande à quelle distance *x* de *D* on devra construire le relais *R* pour que le sentier soit le plus court possible.

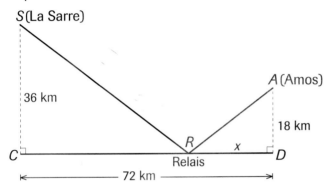

*Randonnée en motoneige dans les forêts d'Abitibi.*

Ce problème se résout de diverses façons. On peut calculer la longueur du sentier en situant le relais à différents endroits le long de la route.

***a)*** À l'aide d'une calculatrice et de la relation de Pythagore, complète la table de valeurs suivante pour les différentes valeurs de *x* indiquées.

| d(R, D) $x$ | d(C, R) $72 - x$ | d(A, R) $\sqrt{\blacksquare}$ | d(S, R) $\sqrt{\blacksquare}$ | d(A, R) + d(S, R) longueur du sentier |
|---|---|---|---|---|
| 0 | 72 | 18 | 80,50 | 98,50 |
| 10 | 62 | 20,59 | 71,69 | $\blacksquare$ |
| 20 | 52 | 26,91 | $\blacksquare$ | $\blacksquare$ |
| 30 | $\blacksquare$ | $\blacksquare$ | $\blacksquare$ | $\blacksquare$ |
| 40 | $\blacksquare$ | $\blacksquare$ | $\blacksquare$ | $\blacksquare$ |
| 50 | $\blacksquare$ | $\blacksquare$ | $\blacksquare$ | $\blacksquare$ |
| 60 | 12 | 62,64 | 37,95 | 100,59 |
| 70 | 2 | 72,28 | 36,06 | 108,33 |

***b)*** En examinant cette table, détermine un intervalle où le relais pourrait être construit pour minimiser le trajet.

***c)*** Comment serait-il possible d'obtenir une réponse plus précise?

Les **tables de valeurs** sont des outils d'analyse qui permettent de voir l'**évolution d'une situation** selon différentes valeurs des variables. Souvent, on est en mesure de déterminer un **intervalle** où se trouve la solution. En réduisant le pas de variation de $x$ dans la table, on peut déterminer la valeur recherchée avec plus de précision.

On peut aussi suivre une démarche semblable mais en utilisant cette fois la calculatrice à affichage graphique.

*d)* Détermine une expression algébrique contenant la variable $x$ et qui représente :

1) la distance de $C$ à $R$; $72-x$   2) d($A$, $R$); $\sqrt{x^2+18^2}$

3) d($S$, $R$);

4) la longueur totale du sentier.

$\sqrt{x^2+18^2} + \sqrt{(72-x)^2+36^2}$

```
Y1◘√(18²+X²)
Y2◘√(36²+(72-X)²
)
Y3◘Y1+Y2
Y4=
Y5=
Y6=
Y7=
```

*e)* Entre ces expressions à l'écran d'édition de ta calculatrice. Après examen de la table, que peut-on dire au sujet de la longueur minimale du sentier? *environ* 90 km

*f)* Comment peut-on obtenir encore plus de précision? *en diminuant le pas de graduation*

```
X      Y2      Y3
0     80.498  98.498
10    71.694  92.285
20    63.246  ████
30    55.317  90.303
40    48.166  92.03
50    42.19   95.331
60    37.947  100.59
Y3=90.1528012975
```

*g)* Si on construit le relais à l'endroit qui minimise la longueur du sentier, quelle sera la distance :

1) de $R$ à $D$? *24 km*   2) de $A$ à $R$? *30 km*   3) de $R$ à $S$? *60 km*

```
X      Y2      Y3
20    63.246  90.153
21    62.426  90.085
22    61.612  90.037
23    60.803  90.009
24    60      ████
25    59.203  90.009
26    58.412  90.035
Y3=90
```

La **calculatrice** à affichage graphique **facilite** beaucoup le calcul des **valeurs d'une table,** particulièrement si toutes les quantités comprises dans le problème peuvent s'exprimer à l'aide d'une **même variable.**

## UNE MÉTHODE GÉOMÉTRIQUE

$\frac{AD}{SC} = \frac{RA}{RS} = \frac{RD}{CR}$

$\frac{AD}{SC} = \frac{RD}{CR}$

$\frac{18}{36} = \frac{x}{72-x}$

$36x = 18(72-x)$

$36x = 1296 - 18x$

Pour résoudre le problème précédent, on peut construire un autre graphique représentant la situation. On détermine $A'$, le symétrique de $A$ par la réflexion d'axe $CD$. On trace le segment $SA'$ qui rencontre $\overline{CD}$ au point $R$.

*a)* Quel est le plus court chemin entre $S$ et $A'$ ?

**b)** Quel énoncé permet d'affirmer que m $\overline{RA}$ = m $\overline{RA}$'? *CaC*

**c)** Quel est le plus court chemin de *S* à *A* passant par un point de $\overline{CD}$?

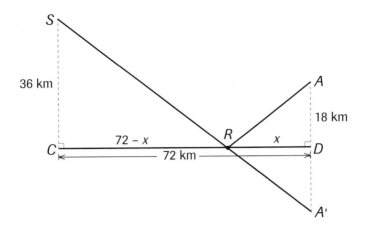

Il reste à déterminer la distance de *R* à *D*.

**d)** Pourquoi peut-on dire que les triangles *DRA* et *CRS* sont semblables?

**e)** Pose une proportion qui découle de cette similitude.

Une démarche géométrique est souvent complétée par une démarche algébrique.

**f)** Pour trouver la distance entre *R* et *D*, résous l'équation obtenue.

Les **énoncés géométriques** permettent de résoudre des problèmes de distance. Parfois, il faut ajouter des éléments à la figure afin de se ramener à une situation connue. L'algèbre vient souvent s'allier à la géométrie pour résoudre des problèmes.

**1.** Dans un triangle *ABC*, $\dfrac{m\ \overline{BC}}{m\ \overline{AB}} = \dfrac{7}{10}$ et $\dfrac{m\ \overline{BC}}{m\ \overline{AC}} = \dfrac{5}{4}$.

   **a)** Quel est le plus long côté de ce triangle? m $\overline{AB}$ = 10

   **b)** Quel est le plus petit côté? m $\overline{AC}$ = 4

**2.** Deux segments de droites *DE* et *RS* sont tels que : m $\overline{DE}$ − m $\overline{RS}$ < 0.
   Que peut-on affirmer au sujet de la valeur du rapport $\dfrac{m\ \overline{RS}}{m\ \overline{DE}}$? *que c'est supérieur à 1*

**3.** Dans le graphique ci-contre, les distances sont en kilomètres. Pour se rendre de la ville *A* à la ville *C,* on peut passer par la ville *B* ou par la ville *D*.

**a)** Quel parcours est le plus court?

**b)** Combien de kilomètres de plus les automobilistes devront-ils parcourir si une inondation les oblige à emprunter le parcours le plus long plutôt que le parcours le plus court?

**c)** De combien de kilomètres réduirait-on le parcours le plus court si une route reliait les villes *A* et *C* en ligne droite?

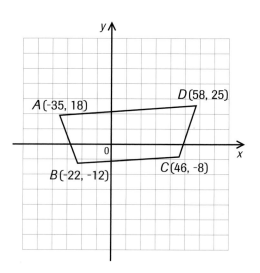

**4.**

*Le lac Beauport est un site exceptionnel de villégiature et d'activités sportives, tant hivernales ( stivales. Ce lac ait partie de la première ̃igneurie de la ̃uvelle-France, ( ̃yée à Robert ̃ard, en 1634.*

La région du lac Beauport, au nord de Québec, a formé plusieurs athlètes olympiques, notamment les membres de la famille Laroche. Lydia passe ses vacances dans un chalet sur le bord de ce lac. Elle décide de se rendre au club nautique en canot automobile. En passant, elle prend ses amies Marie-Ange et Suzanne. Sur un plan cartésien dont les axes sont gradués en hectomètres, on a représenté le lac et ses environs. Les coordonnées du chalet de Lydia sont (1, 2), celles du chalet de Marie-Ange, (8, 1), celles du chalet de Suzanne, (7, 7) et celles du club nautique, (13, 6). Pour que son itinéraire soit le plus court possible, Lydia doit-elle prendre Marie-Ange ou Suzanne en premier? Justifie ta réponse.

**5.** On veut joindre le point *A*(0, 2) au point *B*(10, 3) par une ligne brisée qui touche à l'axe des *x*.

**a)** Pour que cette ligne soit la plus courte possible, à quel point de l'axe des *x* doit-elle toucher?

**b)** Quelle sera la longueur totale de la ligne brisée?

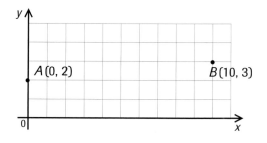

**6.** Une face d'un morceau de contreplaqué a la forme d'un trapèze rectangle dont les dimensions sont indiquées sur l'illustration. À partir d'un point *P* sur le côté *BC*, on veut tracer deux segments qui diviseront le trapèze en trois triangles.

**a)** À quelle distance de *B* doit-on placer le point *P* pour que le périmètre du triangle *APD* soit le plus petit possible?

**b)** Quelle sera alors l'aire de chacun des triangles formés?

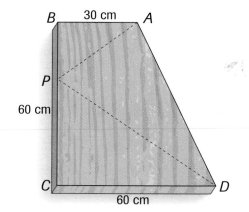

**7.** On veut alimenter en eau deux bâtiments d'une propriété rurale à partir d'une seule prise d'eau *P* située sur le bord de la rivière. Le bâtiment *A* est situé à 50 m de la rivière et le bâtiment *B*, à 60 m. La distance entre *C* et *D* est de 275 m.

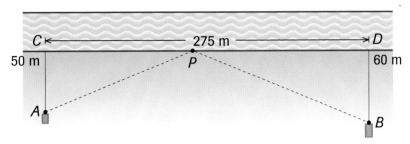

a) Où doit-on placer la prise d'eau pour que les canalisations soient les plus courtes possible?

b) Quelle sera la longueur totale des canalisations?

**8.** On a installé un toit rigide au-dessus d'un stand commercial dans une foire agricole. La partie arrière est à 2,5 m du sol et la partie avant a 7,5 m de hauteur. La largeur du toit est de 13 m. On a aussi installé les supports en métal léger *BP* et *CP*.

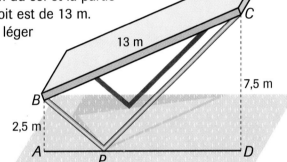

a) Si la somme des longueurs de ces supports est minimale, quelle est la longueur de chacun?

b) Dans quel rapport le point *P* partage-t-il le segment *AD*?

# FORUM

Dans la figure ci-contre, $a = $ m $\overline{RM}$ et $b = $ m $\overline{SN}$. Catherine formule la conjecture suivante :

> Si le point *P* partage le segment *MN* dans un rapport égal à $\frac{a}{b}$, alors la ligne brisée *RPS* est le plus court chemin pour aller de *R* à *S* en passant par un point de $\overline{MN}$.

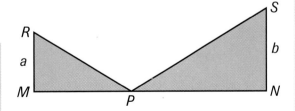

a) Vérifiez si cette conjecture est vraie dans le cas où $a = 5$, $b = 7$ et m $\overline{MN} = 36$.

b) Cette conjecture est-elle vraie dans tous les cas? Justifiez votre réponse.

c) La réciproque d'une proposition est obtenue en remplaçant l'hypothèse par la conclusion et la conclusion par l'hypothèse. Quelle est la réciproque de la conjecture de Catherine?

d) Cette réciproque est-elle vraie? Justifiez votre réponse.

# PROBLÈMES DE DISTANCE

## RÉSOLUTION DE TRIANGLES

### Le canal

Dimitri et François sont assis sur un banc en bordure d'un canal. Les deux amis ne s'entendent pas sur la largeur du canal et décident de recourir à la géométrie pour régler leur différend. Ils savent que, sur la rive opposée, les lampadaires qui éclairent le canal sont distants de 30 m. À partir du banc, en ligne avec l'un des lampadaires, ils reculent de 10 m et se déplacent ensuite de 8 m parallèlement au canal de sorte que leur position est alignée sur le banc et le deuxième lampadaire.

**a)** Quelle stratégie Dimitri et François ont-ils utilisée?

**b)** Quelle condition minimale justifie leur stratégie?

*Le canal de Beauharnois, un can[...] de la voie maritime [...] Saint-Laurent, en amont de Montréal, [...] été construit dans le[...] années 1950 pour contourner les rapid[...] de Soulanges qui interdisaient autrefo[...] toute navigation ent[...] le lac Saint-Louis et lac Saint-François.*

*Vers 530 av. J.-C., l'ingénieur Eupalinos de Mégare a réalisé dans l'île de Samos un aqueduc formé d'un tunnel de 1 km de long, 2 m de large et 2 m de haut. Le percement de ce tunnel rectiligne avait été entrepris par les deux extrémités. La technique utilisée pour les calculs était basée sur les triangles semblables. Dans le calcul du point de rencontre des deux sections du tunnel, l'erreur fut de moins de 1 %.*

**c)** Quelle est la largeur du canal?

Certaines conditions minimales assurent la similitude de deux triangles. Ce sont :

- Deux triangles qui ont deux angles homologues congrus sont semblables. **(AA)**

- Deux triangles dont les mesures des côtés homologues sont proportionnelles sont semblables. **(CCC)**

- Deux triangles possédant un angle congru compris entre des côtés homologues de longueurs proportionnelles sont semblables. **(CAC)**

Dans des triangles semblables :

- tous les **angles** homologues sont **congrus**;

- toutes les mesures des **lignes homologues** sont **proportionnelles.**

## D'un édifice à l'autre

Une rue de 20 m de largeur sépare deux édifices. Du pied de l'un, on voit le sommet de l'autre sous un angle d'élévation de 65°.

**a)** Est-il possible de calculer la hauteur de l'édifice le plus haut à l'aide de la relation de Pythagore? Pourquoi?

**b)** Quel rapport trigonométrique permet de calculer cette hauteur?

**c)** Quelle est la hauteur de l'édifice?

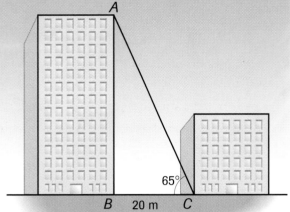

Lorsque des distances correspondent à des mesures de côtés de triangles rectangles, il est possible, avec les rapports trigonométriques, de les déterminer dès qu'on connaît la mesure d'un angle aigu et la mesure d'un côté.

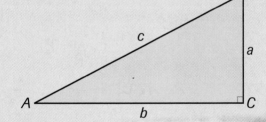

$$\sin A = \frac{a}{c}$$

$$\cos A = \frac{b}{c}$$

$$\tan A = \frac{a}{b}$$

Le mot «trigonométrie» a été inventé par l'astronome allemand Pitiscus en 1599. Cette branche de la mathématique avait toutefois été créée par les Grecs, au IIIe s. av. J.-C.

## Le minéralier

En attendant d'être chargé de minerai de fer, un minéralier est ancré dans la baie de Sept-Îles. Andrée et Louis s'interrogent sur la distance qui sépare le navire de la rive. Ils se demandent s'ils peuvent déterminer cette distance à partir des mesures indiquées sur la figure ci-contre.

**a)** Le triangle *ABC* est-il rectangle? Justifie ta réponse.

**b)** La loi des sinus permet-elle de calculer d'autres mesures?

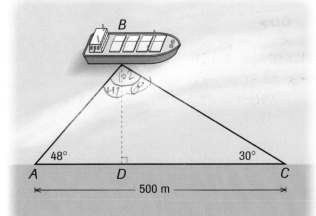

Le port de Sept-Îles est le 5e au monde pour la profondeur. Il a déjà accueilli le plus gros minéralier au monde, le «World Gala» (338 m de long et 55 m de large).

*c)* Quelle est la distance entre le minéralier et la rive?

La loi des sinus permet de calculer des distances lorsque, dans un triangle, on connaît trois mesures, dont celle d'un angle et celle du côté qui lui est opposé.

Si *a*, *b* et *c* sont les mesures des côtés respectivement opposés aux angles *A*, *B* et *C*, alors :

$$\frac{a}{\sin A} = \frac{b}{\sin B} = \frac{c}{\sin C}$$

## CALCUL D'AIRES

### Le patio

Jean-Sébastien est technicien en architecture. Une cliente lui a demandé d'évaluer le coût d'aménagement du patio dont elle lui a fourni le plan. Les axes sont gradués en mètres. Pour le type de dalles choisi par la cliente, Jean-Sébastien lui demande 25 $ le mètre carré.

> *Dans les Métriques, Héron d'Alexandrie étudie le calcul des aires de différentes figures planes et de divers solides. Cet ouvrage, qui daterait du 1er s. av. J.-C., n'a été retrouvé qu'en 1896, à Constantinople.*

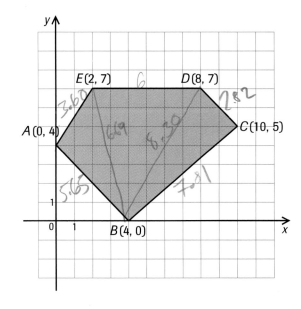

*a)* Quelle stratégie Jean-Sébastien peut-il utiliser pour calculer l'aire de ce polygone?

*b)* Calcule le coût de cet aménagement.

L'utilisation d'un **système de coordonnées cartésiennes** simplifie souvent la résolution de problèmes. Il s'agit de rechercher **la position la plus avantageuse** soit pour la figure, soit pour le système de coordonnées.

**1.** Dans un trapèze isocèle *ABCD*, on trace les diagonales *AC* et *BD*, qui se rencontrent au point *E*.

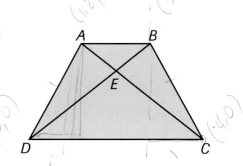

**a)** Nomme les paires de triangles congrus et indique les conditions minimales qui justifient ces congruences.

**b)** Nomme les paires de triangles semblables et indique les conditions minimales qui justifient ces similitudes.

**c)** On représente le trapèze *ABCD* dans un plan cartésien. Quelles sont les coordonnées de *D* si les autres sommets sont *A*(1, 2), *B*(3, 2) et *C*(4, 0)?

**2.** La forme d'un terrain correspond à celle du quadrilatère ci-contre où certaines mesures sont indiquées. La propriétaire se propose de construire une clôture autour de son terrain. Elle plante un piquet aux quatre coins, puis tous les 2 m. Les angles *A* et *BDC* sont congrus de même que les angles *C* et *ABD*. Combien de piquets devra-t-elle planter pour clôturer son terrain?

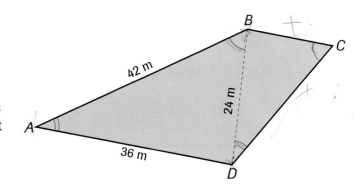

**3.** Il existe plus de 25 sortes de sapins. Certains ont un tronc d'une circonférence de plus de 2,5 m. À un même moment de la journée, l'ombre projetée par un sapin baumier mesure 7,5 m, alors que celle d'un bâton de 1,4 m planté verticalement dans le sol mesure 0,8 m. Quelle est la hauteur du sapin?

**4.**

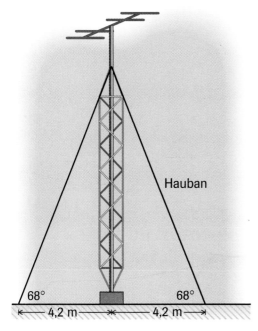

Hauban

68°    68°
← 4,2 m →  ← 4,2 m →

Deux haubans retiennent une antenne de télécommunication. Ils forment des angles de 68° avec l'horizontale et sont attachés au sol à 4,2 m du pied de l'antenne. Quelle est la longueur totale du fil d'acier utilisé pour les haubans?

*Johannes Müller, appelé aussi Jean de Montroyal, a écrit au XVIᵉ s. un traité intitulé* De Triangulis. *C'est une trigonométrie très complète.*

**5.** Dans un bloc de bois, un sculpteur veut tailler une pyramide droite à base carrée ayant les mesures indiquées sur le dessin ci-contre.

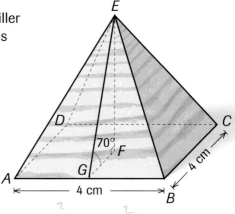

**a)** Quelle est la hauteur de la pyramide?

**b)** Quelle est la mesure de l'apothème?

**c)** Quelle est la mesure de l'arête *AE*?

**6.** Pour fabriquer un meuble, une menuisière doit construire des blocs ayant la forme d'un prisme droit à base triangulaire de 5 cm d'épaisseur. Le côté le plus long du triangle mesure 20 cm de longueur et, à ses extrémités, les angles mesurent respectivement 30° et 45°. Quel est le volume de l'un de ces blocs?

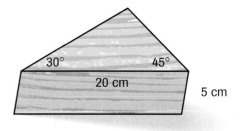

**7.** Quelle est l'aire du triangle dont les sommets sont les points *A*(-4, -7), *B*(5, 3) et *C*(9, -2)?

**8.** Un historien étudie le plan d'un site où l'on a retrouvé des monuments préhistoriques. Il constate que quatre d'entre eux sont placés de telle sorte qu'ils forment les sommets d'un rectangle et sont disposés sur un même cercle. Les coordonnées des sommets sont (-10, 20), (10, 30), (30, -10) et (10, -20). Les distances sont en mètres.

**a)** Quel est le diamètre du cercle?

**b)** Quelles sont les coordonnées du centre de ce cercle?

**c)** Quelle est l'aire du rectangle?

*L'ensemble mégalithique de Stonehenge, en Angleterre, est formé de plusieurs rangs concentriques de menhirs de 3 à 6 m de hauteur. Cet ensemble a probablement été érigé à l'âge du bronze (entre 2000 et 1500 av. J.-C.).*

**9.** Un regroupement de producteurs forestiers expérimente un insecticide biologique. Le territoire à traiter a la forme d'un quadrilatère quelconque, comme le montre le graphique cartésien ci-contre où les axes sont gradués en kilomètres. S'il en coûte 6500 $ pour traiter 1 km² de terrain, quel sera le montant nécessaire pour financer cette opération?

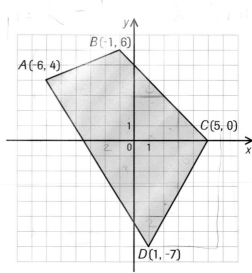

**10.** On a représenté le quadrilatère *RSTU* dans le graphique cartésien ci-contre.

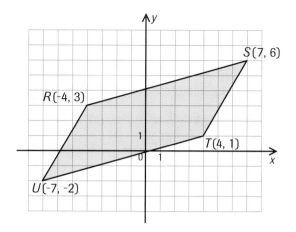

**a)** Démontre que ce quadrilatère est un parallélogramme.

**b)** Détermine l'aire de ce polygone.

**c)** Quelle est la mesure de la hauteur issue du sommet *R* ?

**d)** Détermine la mesure de l'angle *U* et explique la démarche utilisée.

## FORUM

On considère le triangle dont les sommets sont les points *O*(0, 0), *A*(3, 4) et *B*(6, 0). Dans chacun des cas suivants, indiquez s'il est possible de trouver une figure répondant aux conditions données. Si oui, donnez un exemple ; sinon dites pourquoi.

**a)** Un triangle équivalent au triangle *OAB* et ayant un périmètre supérieur à celui du triangle *OAB*.

**b)** Un triangle équivalent au triangle *OAB* et ayant un périmètre inférieur à celui du triangle *OAB*.

## TEMPS ET VITESSE

### La planète rouge

La sonde spatiale *Mars Pathfinder* a atteint la surface de la planète rouge le 4 juillet 1997. Pendant une partie de son voyage, sa vitesse était de 7,5 km/s.

**a)** Quels éléments définissent une vitesse ?

**b)** À la vitesse de 7,5 km/s, quelle distance la sonde pouvait-elle parcourir :

1) en 20 s ?  2) en 5 min ?

3) en 1 h ?  4) en une semaine ?

La sonde Pathfinder *un peu après l'«amarsissage», ses pétales ouverts, reposant encore sur les ballons qui ont servi à amortir le choc. À gauche, le robot éclaireur Sojourner à l'oeuvre sur le sol martien.*

**c)** Quelle règle faut-il inscrire à l'écran d'édition d'une calculatrice à affichage graphique pour obtenir la table montrant la distance parcourue par la sonde selon le temps écoulé pendant cette partie du voyage ?

**d)** Quelle règle algébrique permet d'exprimer la distance *d* parcourue à une vitesse constante *v* pendant un temps *t* ?

**e)** Si la vitesse est une constante, quel type de relation décrit cette règle ?

***f)*** À 7,5 km/s, combien de temps la sonde prendrait-elle pour parcourir une distance égale à celle qui sépare :

1) Québec et Montréal (270 km)?    2) Halifax et Vancouver (6 000 km)?

3) la Terre et la Lune (381 500 km)?

***g)*** Quelle règle faut-il inscrire à l'écran d'édition d'une calculatrice à affichage graphique pour obtenir la table montrant le temps écoulé selon la distance parcourue par la sonde pendant cette partie du voyage?

***h)*** Quelle règle algébrique permet d'exprimer le temps *t* pris pour franchir une distance *d* à une vitesse constante *v*?

***i)*** Si la vitesse est une constante, de quel type est la relation exprimant le temps écoulé selon la distance parcourue?

On définit une **vitesse** par la relation $v = \dfrac{d}{t}$.

La vitesse est exprimée à l'aide des mêmes unités que celles qui sont utilisées pour la distance et le temps.

Pour un mobile qui se déplace à une **vitesse constante** :

- la relation qui exprime la **distance** parcourue selon le **temps** écoulé est une relation de variation **directe** et peut être représentée par la règle $d = vt$;

- la relation qui exprime le **temps** écoulé selon la **distance** parcourue est une relation de variation **directe** et peut être représentée par la règle $t = \dfrac{d}{v}$.

## La sauvagine

Pour compléter une étude sur la sauvagine, Lucie et Jerry passent l'été dans un petit chalet sur une île située à 3 km de la rive. Pour se ravitailler, ils se rendent une fois par semaine au village. Ils font une partie du parcours en chaloupe, à une vitesse moyenne de 5 km/h, et le reste à vélo, à une vitesse moyenne de 13 km/h. Sur la rive, une distance de 4 km sépare l'épicerie du quai situé en face de l'île. Lucie et Jerry se demandent en quel point *P* de la côte ils devraient accoster pour que le temps du parcours soit le plus court possible.

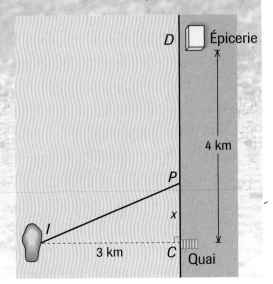

*Le terme «sauvagine» regroupe l'ensemble des oiseaux sauvages (le canard, l'oie, la perdrix, etc.) appréciés comme gibier.*

**a)** Sachant que $x$ représente la distance entre le quai et le point $P$, complète la table suivante :

| Distance du quai à $P$ (en km) | Distance de l'île à $P$ (en km) | Temps de parcours de l'île à $P$ (en h) | Distance à parcourir à vélo (en km) | Temps du parcours à vélo (en h) | Temps total du parcours (en h) |
|---|---|---|---|---|---|
| 0 | 3 | $\frac{3}{5} = 0{,}6$ | 4 | $\frac{4}{13} \approx 0{,}31$ | $0{,}6 + 0{,}31 \approx 0{,}91$ |
| 0,5 | $\sqrt{x^2+9} = 3{,}04$ | $\frac{\sqrt{x^2+9}}{5} = 0{,}61$ | $4-x = 3{,}5$ | $\frac{4-x}{13} = 0{,}27$ | $\frac{\sqrt{x^2+9}}{5} + \frac{4-x}{13} = 0{,}88$ |
| 1 | 3,16 | 0,63 | 3 | 0,23 | 0,86 |
| 1,5 | 3,35 | 0,67 | 2,5 | 0,19 | 0,86 |
| 2 | 3,61 | 0,72 | 2 | 0,15 | 0,87 |
| 2,5 | 3,91 | 0,78 | 1,5 | 0,12 | 0,90 |
| 3 | 4,24 | 0,85 | 1 | 0,08 | 0,93 |
| 3,5 | 4,61 | 0,92 | 0,5 | 0,04 | 0,96 |
| 4 | 5 | 1 | 0 | 0 | 1 |
| $x$ | $\sqrt{x^2 + 9}$ | | | | |

*Cas particulier* (lignes 0 à 4) — *Généralisation* (ligne $x$)

**b)** À l'aide d'une calculatrice à affichage graphique, recherche le point précis de la côte où Lucie et Jerry doivent accoster pour minimiser le temps de parcours.

```
Y1█√(3²+X²)
Y2█√(3²+X²)/5
Y3█(4-X)/13
Y4█Y2+Y3
Y5=
Y6=
Y7=
Y8=
```

| X | Y3 | Y4 |
|---|---|---|
| 0 | .30769 | .90769 |
| .5 | .26923 | .87751 |
| 1 | .23077 | .86322 |
| 1.5 | .19231 | .86313 |
| 2 | .15385 | .87496 |
| 2.5 | .11538 | .89641 |
| 3 | .07692 | .92545 |

Y4=.863128085558

La construction d'une table de valeurs menant à une généralisation est une stratégie importante de résolution de problèmes.

1. Annie vient de s'acheter une nouvelle voiture et elle met à l'épreuve son régulateur de vitesse numérique. Sur l'autoroute, chaque kilomètre est indiqué sur une petite borne.

   **a)** Pour passer du kilomètre 313 au kilomètre 289, il lui a fallu un quart d'heure en laissant son régulateur à la même vitesse. Quelle était cette vitesse?

   **b)** Plus tard, le régulateur était fixé à 95 km/h pendant 12 min. Quelle distance a-t-elle alors parcourue?

   **c)** Du kilomètre 228 au kilomètre 195, Annie a fixé son régulateur à 99 km/h. Combien de temps a-t-elle pris pour franchir cette section?

   **d)** Quelle règle exprime le temps qu'il lui faut pour franchir une distance *d* lorsque le régulateur est fixé à 99 km/h?

2. Une automobile roule à une vitesse constante de 90 km/h sur une autoroute. Si elle maintient cette vitesse, combien de temps mettra-t-elle pour parcourir les distances suivantes?

   **a)** 135 km      **b)** 24 km      **c)** 900 m      **d)** *x* km      **e)** (18 − *x*) km

3. Mona fait une randonnée à vélo. Son point de départ est le village de Saint-Agapit. Elle se rend d'abord à Saint-Apollinaire à une vitesse de 30 km/h. Après un repos de 10 min, elle se rend à Bernières en roulant à 25 km/h. Cette situation est représentée dans le plan cartésien ci-dessous où les distances sont en kilomètres.

   **a)** Quelle est la durée de sa randonnée?

   Le lendemain, elle effectue une randonnée de 20 km. Elle parcourt d'abord une distance *d* à la vitesse de 30 km/h, puis termine l'itinéraire en roulant à 25 km/h.

   **b)** Quelle expression algébrique exprime le temps qu'elle a pris pour cette randonnée?

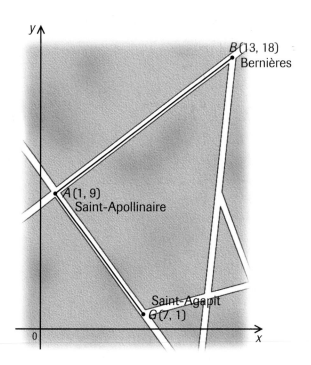

**4.** Lors d'une excursion en montagne, des naturalistes empruntent un sentier et se dirigent vers un poste d'observation situé à 2,8 km de leur point de départ. Un sentier perpendiculaire au premier, de 0,9 km de long, conduit du poste d'observation au camp qui est le but de leur expédition. Pour arriver plus rapidement au camp, ils quittent le sentier et s'aventurent dans la forêt à partir d'un certain point *P*. Ils marchent à 5 km/h sur le sentier et à 4 km/h en forêt. La variable *d* représente la distance entre le point de départ et le point *P*.

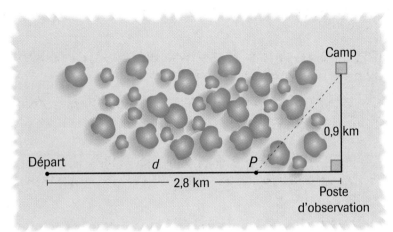

*a)* Construis une table de valeurs pour calculer le temps mis par les naturalistes pour se rendre au camp si les valeurs de *d*, en kilomètres, sont 0, 1, 2, et 2,8.

*b)* Quelle expression algébrique exprime le temps durant lequel les naturalistes ont marché sur le sentier?

*c)* Quelle expression algébrique exprime :

1) la distance entre *P* et le poste d'observation?

2) la distance entre *P* et le camp?

3) le temps mis pour se rendre du point *P* au camp?

*d)* À quelle distance du point de départ doit être placé le point *P* pour que le parcours total prenne le moins de temps possible?

**5.** Julien et Viviane participent à une course à relais d'un type particulier. Le départ se donne dans un champ et Julien doit courir pour rejoindre la route asphaltée où l'attend sa coéquipière. Cette dernière regagne ensuite l'arrivée à vélo. Julien court à la vitesse moyenne de 10 km/h et Viviane roule à 26 km/h en vélo. Certaines mesures sont indiquées sur la figure ci-contre. Quelle distance Viviane doit-elle parcourir à vélo pour que leur course soit la plus rapide possible?

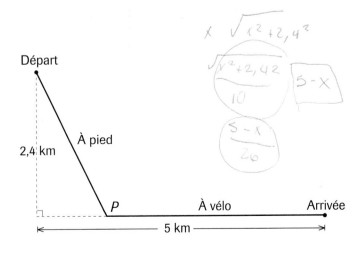

**6.** Une plate-forme de forage est située à 15 km de la rive. À la suite d'un accident, on doit transporter un blessé à l'hôpital, situé à 25 km du quai, le long de la côte. Une vedette transportera le blessé sur la rive où une ambulance prendra le relais pour la dernière partie du trajet. L'ambulance roule à une vitesse moyenne de 80 km/h et le bateau à 48 km/h. À quelle distance du quai doit-on donner rendez-vous à l'ambulance pour que le temps de transport soit le plus court possible?

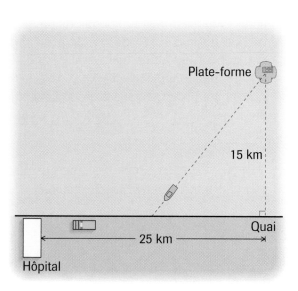

Plus d'un millier de plates-formes pétrolières sont dispersées sur les océans de la planète. De nos jours, plus du quart de la production mondiale de pétrole provient des réservoirs sous-marins. Les puits de forage peuvent atteindre des profondeurs de 400 m.

La structure d'une plate-forme de forage peut peser plus de 90 000 tonnes. Pour la déplacer, plusieurs bateaux-remorqueurs sont nécessaires.

## FORUM

Claude roule à bicyclette pendant une heure à une vitesse constante *v*. André roule pendant une demi-heure à la moitié de la vitesse *v*, puis pendant une demi-heure au double de la vitesse *v*. Louise circule pendant trois quarts d'heure au quart de la vitesse *v* et pendant un quart d'heure au quadruple de la vitesse *v*. Enfin, François roule pendant 40 min au tiers de la vitesse *v* et durant 20 min au triple de la vitesse *v*.

***a)*** Classez les cyclistes selon l'ordre croissant des distances parcourues.

***b)*** Ce classement est-il toujours le même quelle que soit la vitesse *v*?

# LIEUX GÉOMÉTRIQUES

## La clientèle de la vendeuse

Salomé a accepté un emploi comme vendeuse à commission. Son territoire comprend toutes les résidences situées à moins de 1 km du bureau où elle travaille. Elle consulte un plan de la ville.

*a)* Le bureau de Salomé est situé au point S. La résidence de son ami Nicolas (N) fait-elle partie du territoire qui lui est assigné?

*b)* Colorie la région qui correspond au territoire de Salomé.

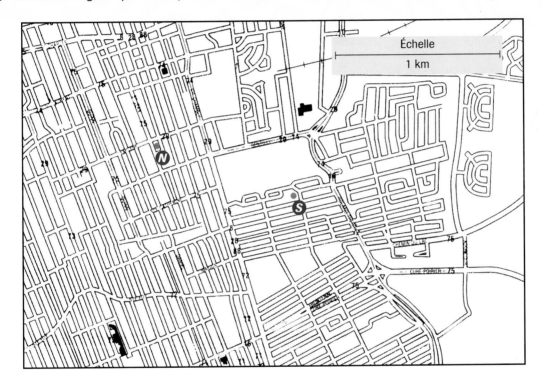

La figure dessinée est le **lieu géométrique** des points situés à moins de 1 km du bureau de Salomé.

*c)* Identifie sur la carte :

1) le point milieu du segment qui joint le point S, bureau de Salomé, et le point N, résidence de Nicolas;

2) d'autres points situés à égale distance de S et de N;

3) tous les points équidistants de S et de N.

*d)* Quel est le lieu géométrique de tous les points situés à égale distance des points S et N?

Un **lieu géométrique** est un ensemble de points ayant une **propriété commune** qu'ils sont les **seuls** à posséder.

## L'île au trésor

Des pirates ont mis la main sur le plan de l'île au Trésor. Au verso du plan se trouve une phrase pleine de promesses : «À plus de 200 m du quai et à moins de 100 m du gros rocher.» Ils en déduisent immédiatement qu'il s'agit de l'endroit où est caché le trésor de Tony le flibustier. Voici une reproduction de la carte de l'île au Trésor :

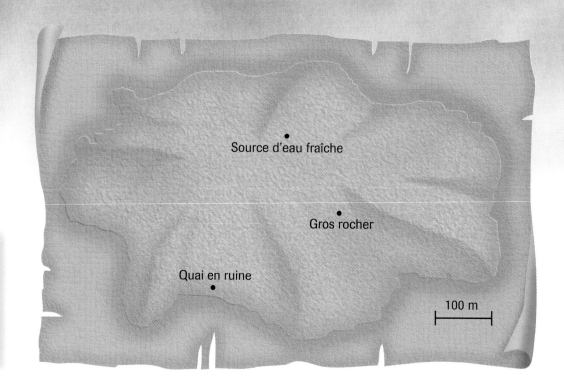

*Une figure ayant la forme d'un croissant de lune s'appelle une lunule.*

**a)** Sur la carte, détermine quelques points où pourrait être caché le trésor.

**b)** Trace le lieu géométrique des points qui répondent aux deux conditions énoncées dans le document.

Après avoir bien examiné le vieux parchemin, l'un des pirates croit distinguer la phrase suivante, à peine lisible : «à moins de 100 m de la source».

**c)** Trace le lieu des points qui satisfont les trois conditions.

**d)** Décris en mots la figure obtenue.

_____

_____

_____

Un lieu géométrique peut être déterminé par deux ou **plusieurs conditions.** Il est souvent facile d'identifier la figure obtenue par des termes connus (cercle, médiatrice, etc.), mais ce n'est pas toujours le cas. Parfois, seul un **dessin du lieu géométrique** peut le décrire convenablement.

**INVESTISSEMENT 7**

**1.** Keven et Manon sont les parents de jeunes enfants. Ils cherchent une nouvelle résidence.
Ils désirent qu'elle soit située à moins d'un kilomètre de l'école et du terrain de jeux mais à plus d'un demi-kilomètre de la voie ferrée. Détermine la région où ils doivent concentrer leurs recherches.

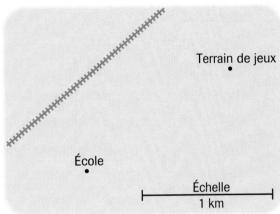

**2.** Patrick et Astride possèdent un bungalow en banlieue sur un terrain de 20 m sur 30 m.
Ils veulent planter quelques arbres sur ce terrain. Les arbres doivent être à plus de 4 m de la rue, à plus de 3 m de la piscine, à plus de 2 m de la maison et à plus de 2 m des terrains des voisins. Détermine les endroits où ils pourront planter des arbres.

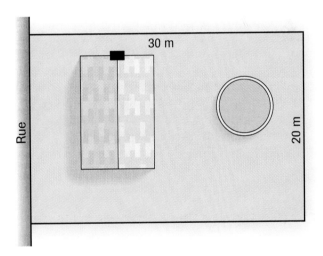

**3.** Dans une certaine tribu, chaque famille veut installer sa case à égale distance de la rivière et de la case du chef de la tribu.

**a)** Détermine 5 points qui sont à égale distance de la rivière et de la case du chef.

**b)** Trace le lieu de tous les points qui sont à égale distance de la rivière et de la case du chef.

**c)** Quel nom donne-t-on à ce lieu ?

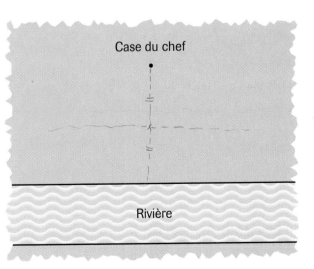

**4.** Trace, dans un plan cartésien, chacun des lieux géométriques suivants :

   **a)** le lieu des points qui sont à 5 unités de distance de l'origine ;

   **b)** le lieu des points dont la distance à l'axe vertical est inférieure à 2 unités ;

   **c)** le lieu des points qui sont à égale distance des deux axes de coordonnées ;

   **d)** le lieu des points dont les deux coordonnées sont négatives.

**5.** Dessine un triangle équilatéral de 10 cm de côté et détermine le lieu des points situés à moins de 10 cm de tous les sommets.

**6.** Décris en mots les lieux géométriques suivants :

   **a)** les points dont l'ordonnée est le double de l'abscisse ;

   **b)** les centres de tous les cercles passant par l'origine et le point de coordonnées (2, 0) ;

   **c)** les points équidistants des extrémités du segment de droite *AB*.

**7.** Détermine la figure que forme chacun des lieux suivants :

   **a)** les points situés à 5 cm d'un point donné de l'espace ;

   **b)** les points de l'espace dont toutes les coordonnées sont positives et inférieures à 5 ;

   **c)** les points qui sont au plus à 5 cm d'un segment donné dans l'espace.

**8.** L'illustration ci-contre provient de *Cabri-Géomètre*, un logiciel qui permet de déterminer des lieux géométriques. Décris des lieux que l'on peut observer dans cette figure.

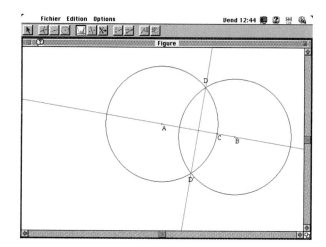

Certains lieux géométriques sont plus remarquables que d'autres. Identifiez les lieux géométriques suivants :

**a)** Les points équidistants des côtés d'un angle *A*.

**b)** Les points du plan cartésien dont l'ordonnée est l'inverse de l'abscisse.

**c)** Les points équidistants des trois côtés d'un triangle.

**d)** Les points *A*, *B* et *C* n'étant pas alignés, tous les points qui forment avec *A*, *B* et *C* un quadrilatère dont les angles opposés sont supplémentaires.

Pour résoudre des problèmes de distance, il existe plusieurs stratégies. En voici quelques-unes :

| Stratégie | Précisions |
|---|---|
| Comparaison par soustraction | $d(A, B) - d(C, D) > 0 \Rightarrow d(A, B) > d(C, D)$ <br> $d(A, B) - d(C, D) = 0 \Rightarrow d(A, B) = d(C, D)$ <br> $d(A, B) - d(C, D) < 0 \Rightarrow d(A, B) < d(C, D)$ |
| Comparaison par rapport | $\dfrac{d(A, B)}{d(C, D)} > 1 \Rightarrow d(A, B) > d(C, D)$ <br> $\dfrac{d(A, B)}{d(C, D)} = 1 \Rightarrow d(A, B) = d(C, D)$ <br> $\dfrac{d(A, B)}{d(C, D)} < 1 \Rightarrow d(A, B) < d(C, D)$ |
| Construction d'une table de valeurs | Permet de suivre l'évolution de la situation selon les valeurs des variables et de généraliser. |
| Utilisation d'une calculatrice à affichage graphique | À partir des règles, fournit les tables de valeurs avec la précision recherchée. |
| Utilisation d'énoncés géométriques | Permet le calcul de distances en établissant des liens et en justifiant la démarche. |
| Utilisation d'un plan cartésien | Fournit les éléments nécessaires au calcul de distances. |
| Utilisation de formules | Permet de calculer, entre autres, des distances à partir de la vitesse et du temps. |
| Construction de lieux géométriques | L'utilisation de la distance permet de fixer les conditions qui définissent un lieu géométrique. |
| Utilisation de rapports trigonométriques | Permet de résoudre des problèmes de distance dans les triangles rectangles ou quelconques. |

**1** Dans chaque cas, détermine lequel des trois nombres est le plus grand.

**a)**  0,4; 41 %; $\frac{21}{50}$

**b)**  $\frac{4}{13}$; $\frac{5}{13}$; $\frac{1}{3}$

**c)**  $0,\overline{34}$; $0,3\overline{34}$; $0,\overline{343}$

**2** On donne les extrémités des segments *AB, CD* et *EF*. Estime lequel est le plus long.

$A(0, 1)$; $B(7, 8)$        $C(2, 2)$; $D(11, 6)$        $E(1, 3)$; $F(9, 9)$

**3** Estime combien de fois le segment *AB* est plus long, ou plus court, que le segment *CD*, sachant que :

**a)**  m $\overline{AB}$ = 0,24 cm et m $\overline{CD}$ = 2,5 cm

**b)**  m $\overline{AB}$ = 4,6 m et m $\overline{CD}$ = 225 m

**c)**  m $\overline{AB}$ = 12,5 km et m $\overline{CD}$ = 250 km

**d)**  m $\overline{AB}$ = 5496 m et m $\overline{CD}$ = 498 m

**4** Si $\frac{m\ \overline{AC}}{m\ \overline{AB}} = \frac{5}{4}$, $\frac{m\ \overline{AD}}{m\ \overline{AB}} = \frac{7}{5}$ et $\frac{m\ \overline{AE}}{m\ \overline{AB}} = \frac{13}{10}$, lequel, parmi ces segments, est le plus long ?

**5** À partir de chacune des égalités suivantes, indique si $\overline{AB}$ est plus long que $\overline{CD}$.

**a)**  m $\overline{AB}$ + 2 = m $\overline{CD}$

**b)**  m $\overline{AB}$ − 2 = m $\overline{CD}$

**c)**  m $\overline{AB}$ + 2 = m $\overline{CD}$ + 3

**d)**  m $\overline{AB}$ − m $\overline{CD}$ = 3 − π

**6** Si m $\overline{AB}$ − m $\overline{CD}$ = -3 et $\frac{m\ \overline{CD}}{m\ \overline{EF}}$ = 0,8, lesquels des énoncés suivants sont vrais ?

**a)**  m $\overline{CD}$ − m $\overline{EF}$ < 0

**b)**  $\frac{m\ \overline{EF}}{m\ \overline{AB}}$ > 1

**c)**  m $\overline{AB}$ − m $\overline{EF}$ < 0

**d)**  $\frac{m\ \overline{AB}}{m\ \overline{CD}}$ > 0

**7** Une droite passe par les points $A(-2, 3)$ et $B(7, 3)$. Parmi les points suivants, lequel est le plus éloigné de cette droite ?

$C( 27, 14)$        $D(-41, 22)$        $E(12, -21)$        $F(-59, -18)$

**8** Dans un plan cartésien dont les axes sont gradués en kilomètres, on a représenté l'île d'Orléans. L'origine correspond au village de Sainte-Pétronille. Les coordonnées du village de Sainte-Famille sont (16, 16), celles de Saint-Laurent sont (10, 2) et celles de Saint-Jean, (20, 12). On ne connaît pas les coordonnées de Saint-François, mais on sait que Saint-Jean est situé à mi-chemin entre Saint-Laurent et Saint-François.

**a)**  Quel village est situé le plus près de Sainte-Famille : Saint-Laurent, Saint-Jean ou Saint-François ? Justifie ta réponse.

**b)**  Donne une approximation de la superficie de l'île en calculant l'aire du polygone dont les sommets correspondent aux cinq villages mentionnés.

**9** À la balle-molle, le champ intérieur a la forme d'un carré d'environ 20 m de côté dont les sommets sont les buts. Une joueuse fait le tour des buts en parcourant un cercle qui passe par les 4 buts.

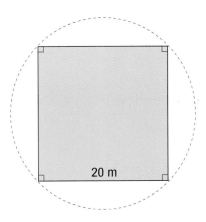

20 m

**a)** De combien de mètres ce parcours surpasse-t-il le périmètre du carré?

**b)** Quel pourcentage du périmètre du carré représente la longueur supplémentaire?

**c)** Quel est le rapport des deux périmètres?

**10** On cherche le plus court chemin pour aller du point *A* au point *B* en passant par un point de l'axe des *y*.

**a)** Détermine graphiquement le point de l'axe des *y* qui permet d'atteindre ce but.

**b)** Calcule la distance de ce parcours et compare-la à deux autres chemins possibles satisfaisant les mêmes conditions.

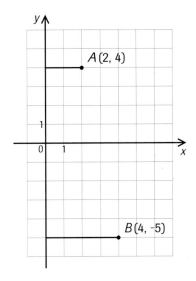

*A* (2, 4)

*B* (4, -5)

**11** Le départ de la compétition de natation du village a lieu face au club nautique, sur la rive opposée. Les nageuses et nageurs doivent traverser la rivière jusqu'au poste de contrôle et se rendre ensuite à l'île des Fauvettes. L'emplacement du poste de contrôle a été déterminé de sorte que le trajet soit le plus court possible.

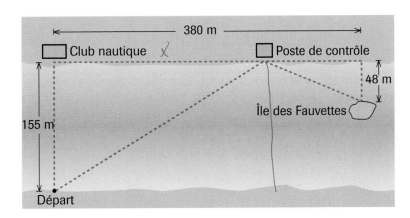

380 m

Club nautique ✗    Poste de contrôle

48 m

Île des Fauvettes

155 m

Départ

*En 1997, le record du 400 m en nage libre appartenait à Kieren Perkins, d'Australie. Ce record a été établi en 1994 avec un temps de 3 min 43,80 s.*

**a)** À quelle distance du club nautique, au mètre près, se trouve le poste de contrôle?

**b)** Quelle est la longueur de la course?

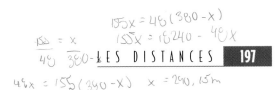

$d_{totale} : \sqrt{155^2 + 290,15^2} + \sqrt{89,85^2 + 48^2}$

$= 431 m$

$155x = 48(380-x)$

$\dfrac{155}{48} = x$    $155x = 18240 - 48x$

$48x = 155(390-x)$    $x = 290,15 m$

380

**12** Un éleveur a construit une nouvelle écurie pour loger ses chevaux. Le dessin ci-contre montre une vue de côté de ce bâtiment. Le faîte de l'écurie a été placé de façon à minimiser la longueur des versants *AB* et *BC*.

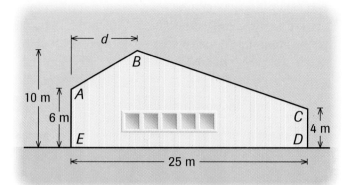

**a)** À quelle distance *d* de la façade est situé le faîte?

**b)** Quelle est la longueur de chacun des versants du toit?

**13** Le quadrilatère dont les sommets sont *E*(3, 7), *F*(10, 8), *G*(10, 0) et *H*(3, 1) est inscrit dans un cercle de centre *C*(7, 4).

**a)** Quel est le rayon du cercle?

**b)** Quel est le périmètre du quadrilatère?

**c)** Quelle est l'aire du quadrilatère?

**d)** Détermine la valeur du rapport suivant : $\dfrac{\text{aire du quadrilatère}}{\text{aire du disque}}$ .

**14** Reproduis le polygone ci-contre le plus exactement possible. Détermine ensuite son aire en centimètres carrés. (Un système de repérage pourrait être utile.)

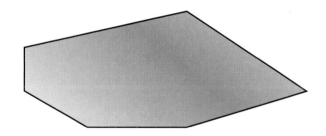

**15** Soit les points *A*(3, 7), *B*(9, 1), *C*(-3, -5) et *D*(15, 13).

**a)** Montre que les points *C* et *D* appartiennent à la médiatrice du segment *AB*.

**b)** Détermine l'aire du quadrilatère *ACBD*.

**16** Dans un plan cartésien, les points *C* et *D* ont la même ordonnée. Quelles sont les coordonnées du point *C* si les points *A*, *B* et *C* sont alignés?

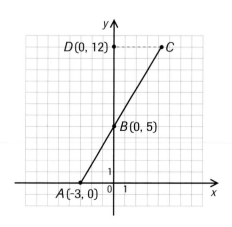

**17** Lorsque les rayons du soleil forment un angle de 56° avec le sol, l'ombre projetée par un immeuble de 8,9 m de hauteur s'étend sur une partie d'une rue de 18 m de largeur. Dans quel rapport l'extrémité de l'ombre partage-t-elle la largeur de la rue?

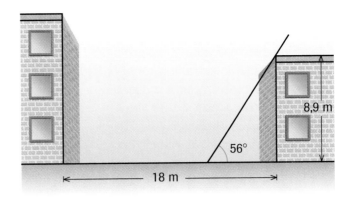

**18** Un chien est attaché à une corde de 14 m de longueur fixée à sa niche, comme le montre la figure ci-contre. Il contourne le poteau *A* et se rend au point *C* de la clôture. Si la corde est bien tendue, à quelle distance le chien se trouve-t-il de sa niche?

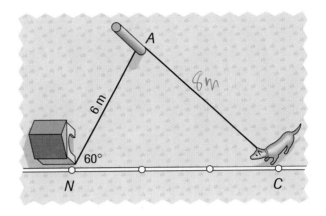

**19**

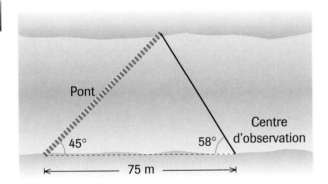

Dans un parc touristique, on a aménagé un pont suspendu pour traverser une rivière. Cette situation est représentée ci-contre. Les extrémités du pont et le centre d'observation sont situés dans le même plan horizontal et certaines mesures sont indiquées.

*a)* Quelle distance sépare les deux extrémités du pont?

*b)* Quelle est la largeur de la rivière?

*La plus longue passerelle suspendue au monde est située dans le Parc de la gorge de Coaticook au Québec.*

**20** Christine Cossette est une nageuse de longue distance. En 1984, elle a traversé à la nage le lac Saint-Jean, aller et retour, en un temps de 18 h 27 min. Elle devenait alors la première personne à réussir un tel exploit. Dans la représentation ci-contre, les distances sont en kilomètres. Calcule la vitesse moyenne, en kilomètres par heure, que Christine Cossette a maintenue pour effectuer le trajet Roberval-Péribonka-Roberval.

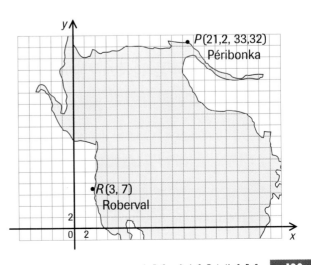

**21** Pour se rendre en voiture chez son amie Lynda, Éric a le choix entre deux itinéraires. Dans le premier cas, il peut emprunter une petite route de gravier sur 5 km, à une vitesse moyenne de 50 km/h, puis rouler 38 km sur l'autoroute à une vitesse moyenne de 95 km/h. La seconde possibilité est de prendre la route la plus courte : la distance est de 31,5 km, mais la vitesse moyenne est de 70 km/h. Quel itinéraire permet à Éric de se rendre le plus rapidement chez Lynda, s'il n'y a pas d'imprévus sur la route? Justifie ta réponse.

**22** Dans une course, les athlètes doivent partir du point *A* en portant sur leurs épaules un lourd sac de sable. Ils doivent ensuite déposer leur sac quelque part sur la route *CD,* puis se rendre au point *C.* Vasco estime qu'avec la charge, il peut courir à 200 m/min et sans la charge, à 300 m/min. À l'aide des mesures indiquées sur le graphique, détermine à quelle distance du point *C* il devrait déposer son sac de sable.

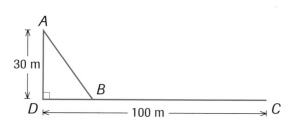

**23** Dans un plan cartésien, trace le lieu des points qui sont situés à moins de 2 unités de chacun des deux axes mais à plus de 2 unités de l'origine. Quelle est l'aire de la figure obtenue?

**24** Décris le plus précisément possible les lieux géométriques suivants :

  **a)** Les points du plan dont l'ordonnée est l'opposé de l'abscisse.

  **b)** Les points dont le produit de l'ordonnée et de l'abscisse est négatif.

  **c)** Les points *C* qui forment avec les points *A*(0, 0) et *B*(10, 0) un triangle *ABC* dont la hauteur issue de *C* mesure 5 unités.

**25** Détermine les coordonnées de tous les points qui appartiennent au lieu suivant : les points à coordonnées entières qui sont situés à 10 unités de distance du point (10, 10).

**26** Dans un plan cartésien dont les axes sont gradués en mètres, on a représenté l'emplacement d'un nouvel ensemble résidentiel. Celui-ci occupe le rectangle dont les points ont des abscisses comprises entre 0 et 800 et des ordonnées comprises entre 0 et 600. Des bornes-fontaines ont déjà été installées aux endroits ayant pour coordonnées : (200, 0), (600, 0), (600, 200), (800, 200), (0, 400), (400, 400), (800, 400), (200, 600) et (600, 600). Selon la réglementation en vigueur, il doit y avoir une borne-fontaine à moins de 200 m de toutes les résidences. Quel nombre minimal de bornes-fontaines devra-t-on ajouter pour que le territoire soit conforme aux normes?

**27** Décris les lieux suivants dans l'espace :

  **a)** Les points de l'intersection d'un plan et d'une boule qui se coupent.

  **b)** Les points de l'intersection de deux plans qui se coupent.

  **c)** Les points de l'intersection d'un cylindre droit et d'un plan qui coupe ses bases perpendiculairement.

**28** Certains lieux géométriques sont plus difficiles à identifier. Pour y arriver, on doit faire appel à son sens de l'observation et procéder de façon méthodique. Sur le plan cartésien, place les points $F_1(-8, 0)$, $F_2(8, 0)$ et les points de la première colonne de la table de valeurs ci-dessous.

**a)** Complète la table de valeurs suivante :

| Point $P(x, y)$ | $d(P, F_1)$ | $d(P, F_2)$ | $d(P, F_1) + d(P, F_2)$ |
|---|---|---|---|
| (10, 0) | | | |
| (8, 3,6) | | | |
| (6, 4,8) | | | |
| (0, 6) | | | |
| (-6, 4,8) | | | |
| (-8, 3,6) | | | |
| (-10, 0) | | | |
| (-8, -3,6) | | | |
| (-6, -4,8) | | | |
| (0, -6) | | | |
| (6, -4,8) | | | |
| (8, -3,6) | | | |

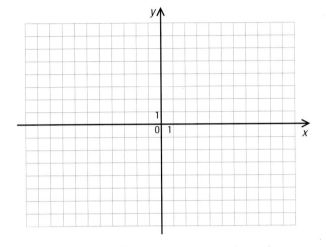

**b)** Quelle est la caractéristique commune à tous ces points?

_____

_____

_____

**c)** Identifie ou décris dans tes mots le lieu géométrique auquel appartiennent ces points.

_____

**d)** Détermine les coordonnées d'un autre point de ce lieu. Justifie ta réponse.

_____

**29** Bao vient d'obtenir un emploi dans une usine. Il veut emménager dans un endroit où il sera à la même distance de l'église ($E$) et de l'usine ($U$) et à moins de 400 m d'un dépanneur ($D$). Détermine les endroits où il devrait chercher un logement.

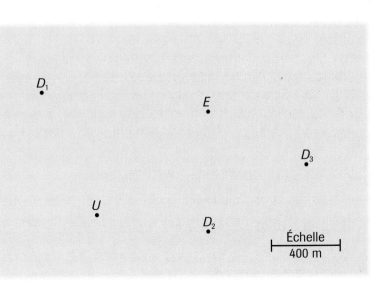

**30** Deux cercles peuvent être concentriques, sécants, tangents ou disjoints. Pour établir les positions relatives entre deux cercles, on considère la distance entre leurs centres et la mesure de leurs rayons.

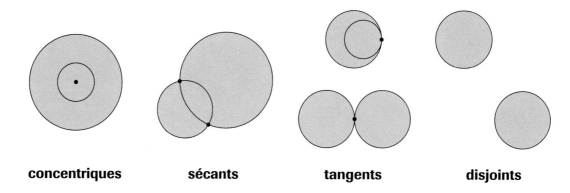

| concentriques | sécants | tangents | disjoints |

**a)** Soit deux cercles dont les rayons $r_1$ et $r_2$ mesurent respectivement 3 cm et 2 cm. Complète le tableau ci-dessous. Les données sont en centimètres.

| Distance $d$ entre les centres | Relation entre les deux cercles |
|---|---|
| 0 | |
| 5 | cercles tangents extérieurement |
| 1 | |
| 2 | |
| 7 | |

**b)** Dans le tableau ci-dessous, on donne la position relative de deux cercles de rayons $r_1$ et $r_2$. Complète-le de façon à établir, dans chaque cas, la relation entre la mesure des rayons et la distance $d$ qui sépare les centres des cercles.

| Position relative des cercles | Relation entre $d$, $r_1$ et $r_2$ ($r_1 > r_2$) |
|---|---|
| concentriques | |
| sécants | $d < r_1 + r_2$ |
| tangents extérieurement | |
| tangents intérieurement | $d = r_1 - r_2$ |
| disjoints | |

## 31 UNE EXPLOITATION PLANIFIÉE

Une compagnie minière prépare l'exploitation d'un gisement de fer. Elle prévoit installer un nouveau concasseur sur la route principale. Les camions transporteront d'abord le minerai brut du puits jusqu'au concasseur à une vitesse moyenne de 12 km/h. Ils seront ensuite chargés de minerai concassé qu'ils achemineront vers la fonderie à une vitesse moyenne de 15 km/h. De là, ils retourneront au puits à une vitesse moyenne de 25 km/h.

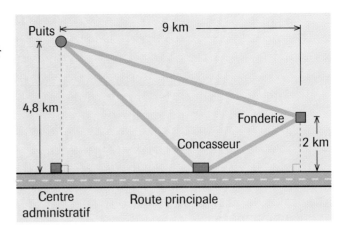

**a)** À l'aide des données indiquées sur le graphique, détermine à quelle distance du centre administratif on doit localiser le concasseur pour minimiser le temps du transport.

**b)** Quelle sera la longueur du trajet correspondant à un cycle de transport?

**c)** Quel sera, à la minute près, le temps pris par un camion pour effectuer un cycle?

*Vers 1200 av. J.-C., on savait extraire le fer du minerai qui le contient. Cette date marqua le début de l'âge de fer. Encore aujourd'hui, le fer est un élément primordial de l'économie des pays développés.*

## 32 LA STRUCTURE DU PONT

Le croquis ci-dessous comprend les données retenues pour la construction d'un pont. La longueur totale des poutres *AC* et *CE* est la plus courte possible. Quelle est alors la longueur de chacune de ces poutres?

*Le pont du Golden Gate franchit la baie de San Francisco. Ce pont suspendu, construit en 1933-1937, a une travée de 1280 m. Les ponts suspendus sont surtout utilisés pour franchir de longues portées.*

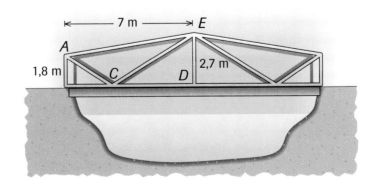

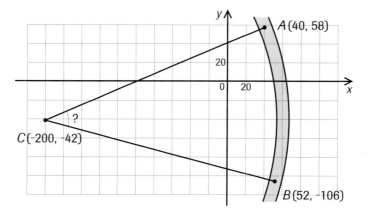

*Dans la conception du tracé d'un tronçon de route circulaire, l'arpenteur doit tenir compte du matériau utilisé pour le revêtement et de la vitesse de croisière sur cette route.*

On a représenté, dans un plan cartésien dont les axes sont gradués en mètres, une section de route qui comprend une courbe associée à un arc de cercle. L'arc appartient au cercle de centre $C(-200, -42)$ et ses extrémités sont les points $A(40, 58)$ et $B(52, -106)$.

**a)** Quel est le rayon de courbure de la route (m $\overline{CA}$)?

**b)** Quelle est la mesure de l'angle $ACB$?

**c)** Quelle est la longueur de cette courbe?

**34** LA TRANSMISSION DE MOUVEMENT PAR COURROIE

Les tangentes à un cercle possèdent une propriété qui s'énonce ainsi :

**Toute tangente à un cercle est perpendiculaire à l'extrémité du rayon qui aboutit au point de tangence.**

Cette propriété permet de résoudre des problèmes de géométrie tel le suivant.

Une poulie de 20 cm de rayon transmet, par courroie, un mouvement de rotation à une poulie de 8 cm de rayon. La distance entre les centres des deux poulies est de 84 cm.

**a)** Quelle est la longueur de la courroie?

**b)** Si la poulie motrice tourne à raison de 130 tours par minute, quel sera le nombre de tours effectués par la petite poulie en une minute?

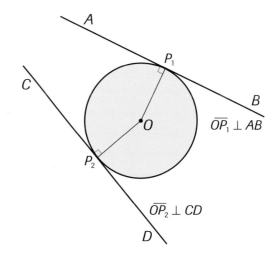

$\overline{OP_1} \perp AB$

$\overline{OP_2} \perp CD$

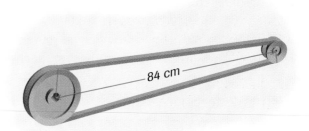

84 cm

## 1. LES DEUX MÂTS DU NAVIRE

Sur un voilier, on utilise le câble *ACE* pour maintenir les deux mâts. Ce câble passe dans un anneau fixé au pont et est attaché à l'extrémité de chaque mât. La distance entre les deux mâts est de 12 m. Les mâts *AB* et *DE* mesurent respectivement 14 m et 10 m.

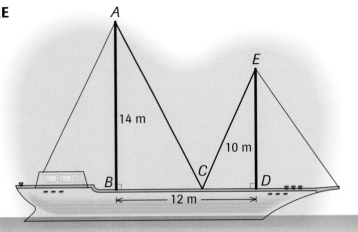

**a)** À quelle distance du pied du mât *AB* doit-on fixer l'anneau pour que la longueur du câble soit minimale?

**b)** Quelle est la longueur minimale du câble?

## 2. LA PATINOIRE

Sur une patinoire, Angela et Patrick lancent chacun une rondelle à ras de glace. Après un rebond sur la bande, les rondelles s'arrêtent aux points *C* et *Q*. Les triangles *ABC* et *QRP* sont semblables et certaines mesures sont indiquées sur le graphique.

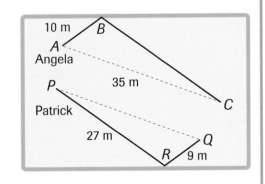

**a)** À quelle distance de Patrick s'arrête la rondelle qu'il a lancée? Justifie ta démarche par un énoncé géométrique.

**b)** Quelle est la différence entre les longueurs des trajectoires suivies par les rondelles?

## 3. LA GRANDE VILLA

Dans le plan cartésien ci-contre, les axes sont gradués en mètres et certaines données sont indiquées. Le quadrilatère *ABCD* correspond au plancher d'une villa. Le côté *AD* mesure 15 m.

**a)** Quelles sont, arrondies au centième près, les coordonnées de *D*?

**b)** Quelle est l'aire du plancher de la villa?

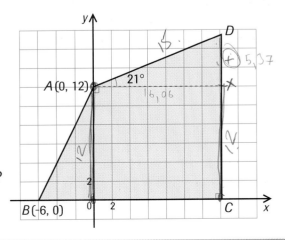

## 4. L'ENTRAÎNEMENT

Sylvain s'entraîne en vue d'une compétition cycliste. Il se rend de la ville *A* à la ville *C* en passant par *B*. Il revient ensuite par la route qui longe le lac, en passant par *D*. Il maintient une vitesse moyenne de 35 km/h à l'aller et au retour. Sur le plan, les distances sont en kilomètres.

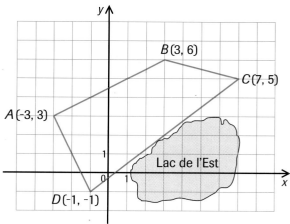

***a)*** Quelle est, en kilomètres, la différence entre le trajet du retour et celui de l'aller?

***b)*** Quel temps sera nécessaire pour le retour?

## 5. LE DÉFI

Lors d'un tournoi amical de golf, les golfeuses peuvent participer à un tirage si elles réussissent à frapper leur balle en respectant les conditions suivantes :

- La balle doit se retrouver à une distance supérieure ou égale aux $\frac{2}{3}$ de la distance qui sépare le tertre de départ du drapeau.

- La balle ne doit pas se retrouver au-delà du sentier qui borde le trou. Ce sentier correspond à la relation $y = 110$.

- Pour éviter le boisé, il faut respecter les contraintes $x \leq 160$ et $y \geq 40$.

Reproduis le graphique cartésien ci-dessous et détermine le lieu satisfaisant à ces conditions. Les distances sont en mètres.

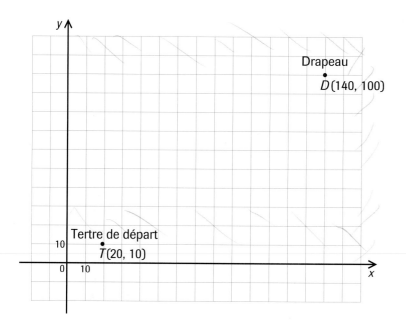

# Rencontre avec...
# Benjamin Banneker
## (1731-1806)

**Monsieur Banneker, vous êtes né à une époque où la majorité des noirs américains étaient des esclaves. Cependant, votre famille était libre. Expliquez-nous pourquoi.**

Ma grand-mère était domestique en Angleterre, où elle a travaillé plusieurs années sans salaire afin d'acheter sa liberté. Elle a émigré aux États-Unis en 1683 et elle avait amassé suffisamment d'argent pour acheter une terre ainsi que deux esclaves qu'elle a immédiatement affranchis, puis embauchés. C'est ainsi qu'elle a rencontré mon grand-père qui était l'un des esclaves éthiopiens qu'elle avait affranchis.

**Quelles études avez-vous poursuivies?**

J'ai peu fréquenté l'école! Ma grand-mère m'a appris à lire et à écrire. Puis, je suis allé à l'école primaire durant l'hiver lorsque mes parents n'avaient pas besoin de moi pour les aider à la culture du tabac. C'est à cette époque que j'ai appris l'arithmétique qui est devenue mon sujet favori. J'ai dû ensuite travailler à plein temps à la ferme et j'ai abandonné l'école. Cependant, j'ai toujours continué à lire, en empruntant des livres, car j'étais trop pauvre pour en acheter. J'ai fait l'acquisition de mon premier livre à l'âge de 32 ans et ce fut un grand jour pour moi!

**Parlez-nous de l'horloge que vous avez fabriquée à l'âge de 22 ans.**

Ma famille ne possédait ni montre, ni horloge. On se fiait à la position du Soleil dans le ciel pour connaître l'heure. Un jour, j'ai emprunté une montre de poche. Après en avoir observé le mécanisme, j'ai dressé un plan et je me suis servi de mes connaissances mathématiques pour en comprendre le fonctionnement. Finalement, j'ai reproduit et assemblé chacune des pièces en utilisant du bois. Mon horloge fonctionnait à merveille et indiquait même les secondes!

**Comment en êtes-vous arrivé à vous intéresser à l'astronomie?**

Georges Ellicot, un ami blanc qui partageait mon intérêt pour les mathématiques et les sciences, m'a prêté ses livres d'astronomie, son globe terrestre et son télescope. J'ai vite appris à m'en servir et j'ai été fasciné par les étoiles. La nuit, je notais leur position et le jour, j'étudiais les livres d'astronomie. C'est ainsi que j'ai prévu avec précision la prochaine éclipse du Soleil en effectuant des calculs à l'aide de notions mathématiques telles que les logarithmes, que je n'avais jamais étudiés auparavant.

**Comment conciliez-vous votre métier de cultivateur de tabac et votre intérêt pour les mathématiques?**

**J'utilisais, comme les autres fermiers, les prédictions que l'on retrouve dans les almanachs concernant les cultures. J'ai donc commencé, pour mon plaisir, à établir des tables montrant les positions et les mouvements du Soleil, de la Lune et des étoiles, jour après jour. Ces compilations m'ont demandé des centaines d'heures. Mon ami Georges Ellicot m'a persuadé de présenter mon travail à un éditeur. Mes almanachs ont été publiés pendant six ans et distribués dans plusieurs États.**

**Vous êtes donc devenu célèbre?**

**Ma célébrité est venue du fait que je venais de prouver, pour la première fois, qu'un noir américain pouvait avoir du talent en mathématique et en science. Plusieurs mouvements oeuvrant pour l'abolition de l'esclavage se sont servis de mon exemple comme argument en faveur de leur cause. De plus, Thomas Jefferson, alors secrétaire des États-Unis, a fait parvenir au marquis de Condorcet, secrétaire de l'Académie royale des sciences à Paris, une copie de mon travail afin de lui démontrer qu'une personne de race noire pouvait avoir du talent!**

Benjamin Banneker a quitté une seule fois sa ferme. Il a participé à l'établissement des bornes de Washington, territoire destiné à devenir la capitale des États-Unis. C'est ainsi qu'on a nommé un parc en son honneur à Washington, le *Ben Banneker Park*.

Dans ses loisirs, Banneker aimait collectionner et créer des problèmes mathématiques. Résous les deux problèmes suivants provenant de sa collection.

**1.** Un fermier donne à un de ses employés un montant de 100 $ afin d'acheter 100 animaux. Il lui recommande de débourser exactement les montants suivants : 5 $ pour une vache, 1 $ pour une chèvre et 0,05 $ pour un poulet. Combien d'animaux de chaque sorte l'employé doit-il se procurer s'il doit acheter au moins un animal de chaque sorte et dépenser exactement 100 $?

**2.** Un artiste peintre présente une de ses toiles. On lui demande quelle est la personne représentée. Il répond : «Je n'ai ni frère, ni soeur, mais le père de cet homme est le fils de mon père.» Quel est le lien de parenté entre cet homme et le peintre?

## PROJET 1  L'entreprise de terrassement

Vous possédez une entreprise de terrassement et vous désirez présenter une soumission pour l'aménagement d'une cour selon le plan illustré ci-contre.

Les dimensions de la cour sont de 20 m sur 25 m. Les cercles de centres *A, B* et *C* sont tangents et leurs rayons mesurent respectivement 6 m, 4 m et 2 m. Le petit disque sera recouvert d'asphalte, le grand de gravier et l'autre de sable. La surface autour des cercles sera gazonnée et celle entre les cercles sera recouverte de ciment.

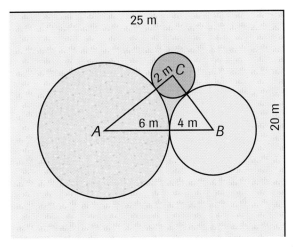

Calculez chacune des aires et informez-vous auprès des commerçants et commerçantes de votre région pour connaître le prix des matériaux. Préparez ensuite votre soumission en considérant les salaires des employés, les taxes à payer et les profits à réaliser.

Si plusieurs équipes travaillent à ce projet, on pourrait déterminer celle qui décrocherait le contrat, c'est-à-dire celle dont la soumission serait la plus basse tout en étant réaliste.

## PROJET 2  Le triangle variable

On considère tous les triangles *ABC* dont le côté *AB* mesure 5 cm et le côté *BC,* 7 cm. On veut étudier la variation du périmètre et de l'aire de ces triangles selon la mesure de l'angle *ABC.*

Complétez d'abord la table ci-dessous pour des angles variant de 0° à 180°, par pas de 10°.

| ∠ *ABC* | $\overline{AC}$ | Périmètre | Hauteur *AH* | Aire |
|---|---|---|---|---|
| 0° | – | – | – | – |
| 10° | | | | |
| 20° | | | | |

Tirez ensuite des conclusions de l'étude de la table. Par exemple, le périmètre ou l'aire varient-ils selon l'un des types de variations que vous connaissez? Pour quelle valeur de l'angle, le périmètre, la hauteur et l'aire ont-ils des mesures maximales et minimales? Quels sont le périmètre, la hauteur et l'aire quand le triangle est isocèle? Présentez vos découvertes aux autres élèves de la classe.

# JE CONNAIS LA SIGNIFICATION DES EXPRESSIONS SUIVANTES :

**Plan cartésien :** plan muni d'un système de deux axes orientés et gradués permettant de repérer un point à l'aide de deux coordonnées. Généralement, les axes sont perpendiculaires.

**Accroissement des coordonnées :** variation des abscisses ou variation des ordonnées d'un point à un autre.

**Distance entre deux points :** longueur ou mesure du segment de droite reliant ces deux points.

**Point de partage :** point d'un segment qui le divise en deux parties.

**Rapport de partage :** rapport des mesures des deux segments déterminés par le point de partage.

**Valeur absolue d'un nombre $x$ :** opération qui transforme $x$ en $x$ si $x \geq 0$ et en l'opposé de $x$ si $x < 0$.

**Lieu géométrique :** ensemble de points ayant une propriété géométrique commune qu'ils sont les seuls à posséder.

# JE MAÎTRISE LES HABILETÉS SUIVANTES :

**Calculer** la distance entre deux points.

**Déterminer** les coordonnées d'un point qui partage intérieurement un segment selon un rapport donné.

**Comparer** des distances.

**Résoudre** des problèmes où intervient le concept de distance en justifiant sa démarche.

# INDEX

**A**

Abscisses,
 accroissement des, 148, 164
Accroissement, 148
 des abscisses, 148, 164
 des coordonnées, 148, 210
 des ordonnées, 148, 164
Aires,
 calculs d', 148,164
Association,
 de variables statistiques, 78

**C**

Calculs d'aires, 182
Cartésiennes,
 système de coordonnées, 182
Classes, 81
Coefficient de corrélation, 129, 146
 estimation du, 108, 129
 interprétation du, 123
Comparaison de distances, 174
Contraintes, 26, 76
 de non négativité, 26
 polygone de, 26, 27, 31, 63, 76
Coordonnées,
 accroissement des, 148, 210
 du point de partage, 158
 système de, 182
Corrélation, 77, 89, 146
 caractéristiques d'une, 91
 coefficient de, 98, 99, 129, 146
 degré de, 98
 estimation de la, 107
 estimation du coefficient de, 108, 129
 forte, 91
 interprétation de la, 121
 interprétation du coefficient de, 123
 linéaire, 146
 négative, 91
 nulle, 91
 parfaite, 99
 positive, 91
 tableau de, 81, 129, 146

**D**

Demi-plan, 13, 76
 fermé, 13, 31
 ouvert, 13, 31
Différences,
 rapports et, 174

**D**istance(s),
 comparaison de, 174
 égalité de deux, 174
 entre deux points, 148, 149, 164, 210
 minimiser une, 175
 problèmes de, 180, 195
Distribution,
 à deux variables, 78-80, 146
 à plusieurs variables, 129
 statistique, 146
Droite,
 baladeuse, 50, 51, 63, 76
 de régression, 113-115, 146

**E**

Égalité de deux distances, 174
Énoncés géométriques, 177
Ensemble-solution, 4, 13
Équation(s),
 de régression, 114
 linéaires, 6, 20
 solution du système d', 20
 système d', 20

**G**

Géométrique(s),
 énoncés, 177
 lieux, 191, 210
 méthode, 176

**I**

Inéquation(s), 2, 3, 31, 76
 à deux variables, 12
 à une variable, 8
 équivalentes, 31
 linéaires, 3
 règles de transformation des, 6
 solution de l', 4, 76
 système d', 1, 20, 21, 31, 76
 traduction en, 3
 vers les, 2
Interprétation,
 de la corrélation, 121
 du coefficient de corrélation, 23
Intervalle de nombres, 2

**L**

Lien(s),
 existence d'un, 122
 statistique, 89
 types de, 121
Lieux géométriques, 191, 192, 210

Linéaire,
    corrélation, 146
    régression, 146

## M

Maximum, 40, 41, 53, 63, 76
Méthode,
    géométrique, 176
    graphique, 52
Milieu,
    point, 161, 162, 164
Minimiser une distance, 175
Minimum, 40, 41, 53, 63, 76

## N

Nuage de points, 90, 91, 129, 146

## O

Objectif, 40
    règle de l', 45, 46, 76
    visé, 39
Optimisation, 76
    problèmes d', 46, 57, 63
    résoudre un problème d', 58
Ordonnées,
    accroissement des, 148, 164

## P

Partage,
    d'un segment, 156
    point de, 156, 157, 210
    rapport de, 210
Plan cartésien, 210
Point(s),
    coordonnées du, 157
    de partage, 156, 157, 210
    distance entre deux, 164, 210
    milieu, 161, 162, 164
    nuage de, 90
    relation entre les, 164
Polygone,
    de contraintes, 26, 31, 63, 76
Prise de décision, 50
Problème,
    de distance, 180, 195
    d'optimisation, 46, 57, 63
    résoudre un, 58

## R

Rapport(s),
    de partage, 210
    de partie à partie, 156
    et différences, 174

Règles,
    de l'objectif, 45, 46, 76
    de transformation des inéquations, 6, 7
Régression, 146
    droite de, 113-115, 146
    équation de, 114
    linéaire, 146
Relation,
    entre les points, 164
    entre les variables, 89
Résolution de triangles, 180

## S

Segment(s),
    horizontaux, 149
    obliques, 150, 151
    partage d'un, 156
    verticaux, 149
Solution(s),
    avantageuses, 39
    de l'inéquation, 4
    ensemble, 4, 13
Statistique(s),
    distribution, 146
    relations, 79
    variables, 78, 129, 146
Systèmes,
    de coordonnées cartésiennes, 182
    d'inéquations, 31, 76
    linéaires, 1

## T

Table de valeurs, 176
Tableau,
    à double entrée, 80
    de corrélation, 81, 129, 146
Temps, 185
Triangles,
    résolution de, 180

## V

Valeur absolue, 149
    d'un nombre $x$, 210
Variables,
    association de, 78, 129, 146
    distribution à deux, 78, 80, 146
    distribution à plusieurs, 129
    relation entre les, 89
    statistiques, 78, 129, 146
Variation,
    directe, 186
    inverse, 186
Vitesse, 185, 186

# SOURCE DES PHOTOS

Nous tenons à remercier les personnes et les organismes qui nous ont gracieusement fourni des documents photographiques.

p. 1    Voie ferrée : Mike Agliolo/Int'l Stock/Réflexion Photothèque

p. 3    Inondations : J.-Philippe Dumas/PonoPresse

Hélicoptère : J.-Philippe Dumas/PonoPresse

p. 4    Jazz : Nawrocki Stock Photo/Réflexion Photothèque

p. 5    Everest : Chamoux-Beynie/PonoPresse

Téléphone cellulaire : Réflexion Photothèque

p. 8    Mère et jumeaux : Bill Tucker/Int'l Stock/Réflexion Photothèque

p. 9    Pompe à essence : Réflexion Photothèque

p. 12    Technicien en foresterie : Mark Bolster/Int'l Stock/Réflexion Photothèque

p. 13    Mélèze : Perry Mastrovito/Réflexion Photothèque

p. 14    Aérogare : Chuck Mason/Int'l Stock/Réflexion Photothèque

Signaleur : I. Wilson Baker/Int'l Stock/Réflexion Photothèque

p. 16    Mains avec calculatrices : Anne Gardon

p. 18    Camionneur : Dave Chapman/Réflexion Photothèque

p. 20    Nageuse : Dusty Willison/Int'l Stock/Réflexion Photothèque

p. 21    Orchestre : P. Cotterall/Camerique/Réflexion Photothèque

p. 24    Parlement : Derek Caron/Réflexion Photothèque

p. 26    Avion : Y. Tessier/Réflexion Photothèque

p. 27    Garçon qui lave auto : Réflexion Photothèque

p. 29    Forges du Saint-Maurice : Perry Mastrovito/Réflexion Photothèque

p. 30    Pommiers : Perry Mastrovito/Réflexion Photothèque

p. 32    Enseignante et élèves : Anne Gardon

p. 33    Rorqual à bosse : Sanford/Agliolo/Int'l Stock/Réflexion Photothèque

p. 34    Traversier : Michel Ponomareff/PonoPresse

p. 37    Parc de la Gaspésie : Francis Lépine/Réflexion Photothèque

p. 38    Produits laitiers : P. Miller/Réflexion Photothèque

p. 39    Édifice : Tibor Bognar/Réflexion Photothèque

p. 40    Chocolaterie : Anne Gardon/Réflexion Photothèque

p. 43    Kayaks : Yves Tessier/Réflexion Photothèque

p. 45    Mine d'or : Paul Jensen/Réflexion Photothèque

p. 46    Adolescente : Noble Stock/Int'l Stock/Réflexion Photothèque

p. 47    Dépanneur : Michel Gagné/Réflexion Photothèque

p. 48    Maïs : Sheila Naiman/Réflexion Photothèque

p. 49    Calèche : Michel Gagné/Réflexion Photothèque

p. 50    Adolescente : Benelux Presse/Réflexion Photothèque

p. 52    Yacht : Sheila Naiman/Réflexion Photothèque

p. 57    Adolescent et adolescente : Al Lock/Int'l Stock/Réflexion Photothèque

Adolescentes : Jay Thomas/Int'l Stock/Réflexion Photothèque

p. 59    Navire : Peter Langone/Int'l Stock/Réflexion Photothèque

p. 60    Ébéniste : Reed Kaestner/Réflexion Photothèque

p. 64    Terre : Mike Agliolo/Int'l Stock/Réflexion Photothèque

p. 68    Bain de soleil : Stock Imagery/Réflexion Photothèque

p. 71    Roulette : Mauritius-Arthur/Réflexion Photothèque

p. 75    Pèse-personne : Benelux Presse/Réflexion Photothèque

p. 77    Ordinateur et route : Sanford/Agliolo/Int'l Stock/Réflexion Photothèque

p. 78    Ferme : Yves Tessier/Réflexion Photothèque

p. 80    Moutons : Derek Caron/Réflexion Photothèque

p. 83    Carte commémorative : Yves Tessier/Réflexion Photothèque

p. 84    Bois : Réflexion Photothèque

p. 86    Port de Montréal : Sean O'Neill/Réflexion Photothèque

p. 87    Geyser : Troy et Mary Parlee/Réflexion Photothèque

p. 90    Geyser : Jerg Kroener/Réflexion Photothèque

p. 91    Coureuse : Chad Ehlers/Int'l Stock/Réflexion Photothèque

p. 93    Classe : Anne Gardon

p. 94    Backstreet Boys : London Features/PonoPresse

Jeunes musiciens : Yves Tessier/Réflexion Photothèque

p. 95    Sans-abri : H. Kaiser/Camerique/Réflexion Photothèque

p. 96    Industrie textile : Nawrocki Stock Photo/Réflexion Photothèque

p. 97   Renard : Stock Photo/Réflexion Photothèque

Lièvre : Bill Terry/Réflexion Photothèque

p. 98   Salle de chirurgie : Réflexion Photothèque

p. 104   Football : Jay Thomas/Int'l Stock/Réflexion Photothèque

p. 105   Cap-aux-Meules : Perry Mastrovito/Réflexion Photothèque

Adolescente : A. Dubroux/Réflexion Photothèque

p. 106   Hibiscus : Hollenbeck Photography/Int'l Stock/Réflexion Photothèque

p. 107   Scène d'hôpital : Stan-Pak/Int'l Stock/Réflexion Photothèque

p. 110   Rhinocéros : Tibor Bognar/Réflexion Photothèque

p. 111   CD-ROM: Mike Agliolo/Int'l Stock/Réflexion Photothèque

p. 112   Travailleuse en usine : John Zoiner/Int'l Stock/Réflexion Photothèque

Vendeuse de tissu : Nawrocki Stock Photo/Réflexion Photothèque

Chauffeur d'autobus : Hollenbeck Photography/Int'l Stock/Réflexion Photothèque

p. 113   Puits de pétrole : Hollenbeck Photography/Int'l Stock/Réflexion Photothèque

Paléontologue : Bob Burch/Réflexion Photothèque

p. 116   Mécaniciens : Réflexion Photothèque

p. 121   Basket-ball : Melanie Carr/Réflexion Photothèque

p. 122   Voiture : Clint Clemens/Int'l Stock/Réflexion Photothèque

p. 123   Laboratoire : Elliot Varner-Smith/Int'l Stock/Réflexion Photothèque

Cigognes : Bob Burch/Réflexion Photothèque

p. 124   Raisin : Réflexion Photothèque

Jeune hockeyeur : Mauritius-Cupak/Réflexion Photothèque

p. 125   Médecin : Mauritius-Arthur/Réflexion Photothèque

p. 126   Anneau de mariage : Mauritius-Hubatka/Réflexion Photothèque

p. 127   Chemin menant à la ville : Sanford/Agliolo/Int'l Stock/Réflexion Photothèque

p. 131   Pichets de bière : Nawrocki Stock Photo/Réflexion Photothèque

Bas-relief égyptien : Mauritius-J. Beck/Réflexion Photothèque

p. 132   Saut à la perche : Bob Burch/Réflexion Photothèque

p. 133   Fromagerie : Anne Gardon/Réflexion Photothèque

p. 134   Adolescente : Sheila Naiman/Réflexion Photothèque

Cigarettes : Greipp/Camerique/Réflexion Photothèque

p. 136   Fillette : Mauritius-Alexandre/Réflexion Photothèque

Garçonnet : Mauritius-Hoffmann/Réflexion Photothèque

p. 138   Mer Morte : Derek Caron/Réflexion Photothèque

p. 139   Expos : Michel Gagné/Réflexion Photothèque

Classe : Patrick Ramsey/Int'l Stock/Réflexion Photothèque

p. 140   Globe : Mike Agliolo/Int'l Stock/Réflexion Photothèque

p. 145   Père et bébé : Stock Imagery/Réflexion Photothèque

p. 147   Globe et satellite : Mike Agliolo/Int'l Stock/Réflexion Photothèque

p. 148   Galion : Extra 7 jours, vol. 5, n° 45

p. 149   Récolte de riz : Nawrocki Stock Photo/Réflexion Photothèque

p. 153   Tour Martello : André Deschênes

p. 156   Rafting : Francis Lépine/Réflexion Photothèque

p. 158   Mick Jagger : Réflexion Photothèque

p. 161   Hamburger : Réflexion Photothèque

p. 163   Incendie de forêt : A. Wycheck/Camerique/Réflexion Photothèque

p. 168   Pilote d'avion : Nawrocki Stock Photo/Réflexion Photothèque

p. 170   Métro : Anne Gardon/Réflexion Photothèque

p. 172   Bureau de poste : Michel Gagné/Réflexion Photothèque

p. 174   Caravane : Tibor Bognar/Réflexion Photothèque

p. 175   Motoneiges : S. Larose/Réflexion Photothèque

p. 178   Lac Beauport : André Deschênes

p. 180   Canal : Anne Gardon/Réflexion Photothèque

p. 184   Stonehenge : Mauritius-Vidler/Réflexion Photothèque

p. 185   Mars Pathfinder : Extra 7 jours, hors-série n° 1

p. 186   Sarcelle : Bill Terry/Réflexion Photothèque

p. 190   Plate-forme de forage : Hollenbeck Photography/Int'l Stock/Réflexion Photothèque

Plate-forme et remorqueurs : Extra 7 jours, vol. 5, n° 14

p. 203   Camion : Réflexion Photothèque

Pont : Réflexion Photothèque

Route : Clint Clemens/Int'l Stock/Réflexion Photothèque

p. 208   Vache : P.C. Pet/Réflexion Photothèque

Chèvre : Sean O'Neill/Réflexion Photothèque

Poulet : D. Visbach/Réflexion Photothèque

# NOTATIONS ET SYMBOLES

{...} : ensemble

$\mathbb{N}$ : ensemble des nombres naturels = {0, 1, 2, 3, ...}

$\mathbb{N}^*$ : ensemble des nombres naturels, sauf zéro = {1, 2, 3, ...}

$\mathbb{Z}$ : ensemble des nombres entiers = {..., −3, −2, −1, 0, 1, 2, 3, ...}

$\mathbb{Z}_+$ : ensemble des nombres entiers positifs = {0, 1, 2, 3, ...}

$\mathbb{Z}_-$ : ensemble des nombres entiers négatifs = {0, −1, −2, −3, ...}

$\mathbb{Q}$ : ensemble des nombres rationnels

$\mathbb{Q}'$ : ensemble des nombres irrationnels

$\mathbb{R}$ : ensemble des nombres réels

$A \cup B$ : A union B

$A \cap B$ : A intersection B

$A'$ : A complément

$A \setminus B$ : A différence B

$\in$ : ... est élément de ... ou ... appartient à ...

$\notin$ : ... n'est pas élément de ... ou ... n'appartient pas à ...

$\subseteq$ : ... est inclus ou égal à ...

$\subset$ : ... est un sous-ensemble propre de ...

$\not\subset$ : ... n'est pas inclus ...

$\frac{a}{b}$ : fraction $a$, $b$

$a : b$ : rapport de $a$ à $b$

$-a$ : opposé du nombre $a$

$a^2$ : $a$ au carré

$\frac{1}{a}$ : inverse du nombre $a$

$a^x$ : $a$ exposant $x$

$a!$ : factorielle $a$

$|a|$ : valeur absolue de $a$

$\sqrt{a}$ : racine carrée positive de $a$

$-\sqrt{a}$ : racine carrée négative de $a$

$\bar{x}$ : moyenne des valeurs de $x$

$\sum(x)$ : somme des $x$

Méd : médiane

Mo : mode

$a \cdot 10^n$ : notation scientifique avec $1 \leq a < 10$ et $n \in \mathbb{Z}$

$(a, b)$ : couple $a$, $b$

$[a, b[$ : intervalle $a$, $b$ ou classe $a$, $b$

$f(x)$ : $f$ de $x$, ou image de $x$ par $f$

$x_1, x_2, …$ : valeurs spécifiques de $x$

$y_1, y_2, …$ : valeurs spécifiques de $y$

$=$ : … est égal à …

$\neq$ : … n'est pas égal à … ou … est différent de …

$<$ : … est inférieur à …

$>$ : … est supérieur à …

$\leq$ : … est inférieur ou égal à …

$\geq$ : … est supérieur ou égal à …

$\approx$ : … est approximativement égal à …

$\cong$ : … est congru à … ou … est isométrique à …

$\equiv$ : … est identique à …

$\sim$ : … est semblable à …

$\stackrel{\wedge}{=}$ : … correspond à …

$\wedge$ : et

$\vee$ : ou

$\Rightarrow$ : … implique que …

$\Leftrightarrow$ : … est logiquement équivalent à …

$\mapsto$ : … a comme image …

$\Omega$ : univers des possibles ou ensemble des résultats

$P(A)$ : probabilité de l'événement $A$

$\overline{AB}$ : segment $AB$

m $\overline{AB}$ ou mes $\overline{AB}$ : mesure du segment $AB$

$AB$ : droite $AB$

$\parallel$ : … est parallèle à …

$\nparallel$ : … n'est pas parallèle à …

$\perp$ : … est perpendiculaire à …

$\angle A$ : angle $A$

$\overset{\frown}{AB}$ : arc d'extrémités $A$ et $B$

$\overset{\frown}{AOB}$ : arc $AB$ passant par $O$

m $\angle A$ ou mes $\angle A$ : mesure de l'angle $A$

$n°$ : $n$ degré

$\llcorner$ : angle droit

$\triangle ABC$ : triangle $ABC$

$t$ : translation $t$

$r$ : rotation $r$

$\mathbf{\mathit{s}}$ : réflexion $\mathbf{\mathit{s}}$

$sg$ : symétrie glissée

$h$ : homothétie $h$

… $\circ$ … : opération composition

$\mathcal{I}$ : ensemble des isométries

Sim : ensemble des similitudes

k\$ : millier de dollars

M\$ : million de dollars

G\$ : milliard de dollars

km/h : kilomètre par heure

m/s : mètre par seconde

°C : degré Celsius

$C$ : circonférence

$P$ : périmètre

$P_b$ : périmètre de la base

$d$ : diamètre

$r$ : rayon $r$

$\pi$ : 3,141 59… ou $\approx$ 3,14

$A_l$ : aire latérale

$A_b$ : aire des bases

$A_t$ : aire totale

$V$ : volume